중보기도자

리스 하월스

노만 그러브 著
윤 무 길 譯

기독교문서선교회

Rees Howells Intercessor

By
Norman P. Grubb
Translated by
Mu-Gil Yun

Copyright © 1982 by The Lutterworth Press
Originally published by The Lutterworth Press
as *Rees Howells, Intercessor* by Norman Grubb
Translated by permission of The Lutterworth Press
P. O. Box 60, Cambridge, CB1 2NT, U.K.

Korean edition
Copyright © 1997 by Christian Literature Crusade
Seoul, Korea

머리말

　나는 본서 리스 하월스(Rees Howells)의 전기를 쓸 수 있었던 것이 내 생애 커다란 특권 중의 하나라고 생각합니다. 내가 처음으로 하월스를 만난 것은 1928년이었습니다. 그 때 나는 선교사로서 휴가를 맞아, 당시 초창기의 웨일스 성경 대학에서 며칠을 그와 함께 보냈습니다. 그가 주님과 함께 가졌던 내적인 교제 중의 약간을 나에게 이야기해 줄 때에 분명히 내 영혼 속에 빛이 쏟아져 들어왔습니다. 그것은 내 일생의 위대한 경험 중 하나였습니다. 나는 성령의 비결, 곧 인간 대리자들을 통하여 능력 있는 일을 행하시려고 강림하신 분의 비결을 배운 것이었는데, 그것은 그 이후의 내 복음 사역에 혁명을 일으켰습니다.
　그 이후에도 나는 하월스 선생과 두터운 우의를 나눌 기회를 여러 번 가졌는데, 왜 그런 특권을 나에게 허락해 주셨는지 항상 의아해 하면서도 주님께서 그분의 종에게 보여주신 그 증거와 빛과 그 경이로운 성령의 교제를 기록하여 세상에 알렸으면 얼마나 좋을까 하는 생각이 자주 들곤 하였습니다. 이제 보니 그것은 장차 올 일에 대한, 미처 깨닫지 못한 준비였던 것만 같습니다. 주님께서 그분의 종을 그토록 갑작스레 데려가시리라고는 꿈도 꾸지 못했습니다. 그러나 그 소식을 듣자마자 지난날의 생각들이 불현듯 되살아났습니다.
　리스 하월스의 외아들 사무엘 하월스와 미망인 리스 하월스 여사가 그의 전기를 집필하는 큰 영예를 나에게 안겨 준 것은 이런 사연 때문이었습니다. 그러나 나는 단지 집필진의, 말하자면 한 수석 집필자였음을 밝혀 두고 싶습니다. 첫째로, 하월스 선생의 명예 비서였던 메리 헨더슨 (Mary Henderson) 양은 과거 십 년 동안 선생이 조석(朝夕)으로 대학에서 행한 강화(議話)—그 자신의 경험담으로 가득한 80권의 원고—를 충실히 기록해 두고, 또 전기 집필에 도움이 되도록 수주간에 걸쳐 그 원고들에 색인을 붙여 놓았습니다. 그래서 나는 곧장 중요한 부분들에 접할 수 있었습니다. 우리는 책을 만드느라고 매일 함께 일해 왔으며, 그녀는 여러 가지 점에서 사실을 왜곡하지 않고 엄격하게 정확성을 기하도록 나를 도와주었고 매우 중요하고 재미있는 에피소드들을 제공해 왔습니다.

다음으로, 성경 대학(the Bible College School)의 학장 킹슬리 프리디(Kingsley Priddy) 박사는 여러 시간을 바쳐 매 장을 살피고 귀중한 제언을 많이 해 주었습니다. 그는 하월스 선생 생애의 영적인 내용을 예민하고 깊이 이해하고 있었기 때문에 사건의 내적 본질을 드러내기에 필요한 손질을 거듭거듭 해줄 수 있었습니다.

이 프리디 박사의 수고와 합쳐진 것이 메리 스코트(Marie Scott)양의 작업이었습니다. 그녀는 하월스 선생과의 접촉을 통하여 생활이 일변했던 많은 사람들 중의 한 사람이었을 뿐 아니라 학교에서 강의하는 영문학 교수로서 거친 문장을 군데군데 다듬어 주었고 살아 있는 듯한 가필(加筆)까지 보태주곤 했습니다.

여교장인 도리스 루스코(Doris Ruscoe) 여사도 우리 팀의 일원으로 전기를 만들어 내는 가장 좋은 방법을 생각해 내는 일에 특별히 많은 도움을 주었습니다. 끝으로, 모든 것은 성경 대학의 현 경영자인 사무엘 하월스와 미망인 리스 하월스 여사 두 분이 낱낱이 점검해 주었습니다. 여사는 남편 사역의 맨 처음부터 그와 함께 있었으며 친히 이 책에 담겨진 숱한 기록들의 목격자였습니다.

우리는 한 개인 대신에 한 팀을 구성하여 책을 저술하는 것이 극히 건전하고 고무적인 경험임을 알게 되었는데, 매일 주님의 자애로운 손길이 우리 위에 함께 하시는 것을 놀랍도록 느껴 왔습니다.

리스 하월스의 어린 시절 이야기의 얼마는 가족들에게 항상 존경을 크게 받던 하윌스 선생의 맏형 존 하윌스, 전에 탄광 관리자였던 형제 딕 하윌스, 선생에게 깊은 정성을 다한 누이 캐더린 하윌스 간호원, 가족 중 유일한 생존자요 지금도 옛집에 그대로 머물러 살고 있는 톰 하윌스 등 가족 여러분에게 은혜를 크게 입었습니다.

필부로서는 헤아리기 어려운 넓은 마음의 소유자, 억제할 수 없는 주님의 기쁨을 소유한 사람("성령은 농담이 많으시다"라고 그가 한 때 거리낌 없이 말한 적이 있다), 이 세상의 비참한 고통과 죄악을 그 중압감에 못 이겨 쓰러질 때까지 자기 심장에 끌어안았던, 이 하나님의 사람 이야기를 우리로서는 도저히 생생하게 되살릴 수 없었습니다. 그러나 하나님께서 이 책을 통하여, 육체를 입은 인간의 베일을 통하여, "주의 성령으로 말미암아 영광에서 영광으로 주님과 동일한 형상으로 변화된" 한 사람을 통하여 자신을 계시하시기를 기원하는 바입니다.

전 관리이며 하윌스 선생의 친구였던 몰간 제임스는 "그는 내가 만난 가장 큰마음을 소유한 그리스도인이었다"라고 바로 말하였습니다. 래드스톡(Lord Radstock) 경, 케스윅 집회(Keswick Convention)의 의장인 알버트 헤드(Albert Head), 중국 오지 선교회의 간사인 호스트(Mr. D. E. Hoste), 복음 전도와 신유로 아주 크게 쓰임 받았으며 말년에는 하윌스 선생의 신앙에 크게 힘입었던 스티븐 제프리스(Mr. Stephen Jeffreys), 사도 교회의 창설자인 단 윌리암스(Mr. Dan Williams), 일본복음전도회의 파게트 윌크스(Mr. Paget Wilkes), 『바나도 박사 가정의 벤담 양』이라는 소책자에서 선생에 관하여 쓰고 선생에게 한 번 내방하도록 부탁했던 앤드류 머레이 목사(Rev. Andrew Murray), 『사막의 시냇물』의 저자인 찰스 카우맨 여사(Mrs. Charles Cowman) 등, 그와 같은 세대의 하나님의 사람들은 그에게 부으신 하나님의 특별한 기름 부음을 인정하였습니다. 영국 석탄청의 한 회계관인 헨리 그리피스(Mr. Henry Griffiths)는 1921년에 하윌스를 만난 이야기를 이렇게 말하였습니다. "나는 그를 통한 아프리카에서의 강력한 성령 운동에 대해 읽었습니다. 그는 래인리(Llanely)에 오게 되어 그의 설교를 들으려고 그날 밤 3마일을 걸었으며 그 후에 12마일을 걸어 그의 집회에 참석했습니다. 내 생각으로 그는 내가 그때까지 본 선교사들 중에서 가장 놀라운 선교사였습니다. 그의 설교하는 식은 유별났는데 성령께서 그에게 그렇게 역사하셨던 것입니다. 한 젊은 신자가 그에게 어떻게 하나님의 음성을 알아보게 되느냐고 묻던 것이 기억나는군요. 그러자 그가 되물었습니다. "청년은 어머니의 음성을 다른 사람과 구별할 수 없습니까?" "예, 물론 구별할 수 있습니다"라고 그 젊은이가 대답했습니다. 그가, "그야, 나도 꼭 마찬가지로 그분의 음성을 알 수 있지요"라고 하였습니다. 그가 아프리카에서 돌아온 후에 주최한 랜드린도드(Llandrindod)에서의 집회를 나는 평생 잊지 못할 것입니다. 솔직히 말해 그는 홀로 높이 있었습니다. 그는 단지 40세쯤의 나이에 남자다운 힘이 넘쳤습니다. 그가 집회를 저 높은 곳으로 끌어 올렸으므로 모든 사람은 황홀할 정도로 사로잡혔습니다. 모두 꼼짝도 못했고, 누구도 그의 경지를 따라갈 수 없었습니다. 집회에 대해 알아볼 양으로, 그는 그 자신이 했던 것처럼 누가 자신을 하나님께 바치기 원하느냐고 물었습니다. 이에 모든 사람이 일어섰습니다. 성직자도, 평신도도 모두. 그 다음날 성직자들의 한 모임에서, 나도 거기에 허락을 받아 참석할 수 있었는데, 파게트 윌크스(Paget Wilkes)가 간증하고 있었습니다. 그는 예민한 분이어서 하윌스 안에서 성령께서 강하게 역사하심을 간파하고, 다음과 같이 말하였습니다. "여기 우리들 중에 어떤 사람이 있는데, 나는 그의 가방을 메고 신발을 닦아 드리면서 그와 함께 전국을 순회하고 싶습니다."

    하나님께서 이 책의 저술 중에 필자를 만나 주신 것처럼 많은 독자들과도 만나 주시기를 기도합니다.

W. E. C. 선교부
대표 노만 그러브

추천의 말

　교회의 가장 중요한 사역은 중보기도입니다. 예수 그리스도께서는 지금도 하나님의 우편에서 온 인류를 위해 중보기도하고 계시며, 성령께서도 우리들을 통해 아버지 하나님의 뜻을 좇아 간구하고 계십니다. 중보기도란 나 자신을 위해서가 아니라 남을 위하여, 성령의 권능으로, 하나님의 마음에서 나오는 그대로 기도하는 것으로서 그리스도인에게 있어 가장 위대한 부르심입니다. 왜냐하면 중보기도함으로써 우리는 삼위일체의 하나님과 더불어 새 역사를 일으키기 때문입니다.
　중보기도는 우리가 때때로 시간을 내어 기도함으로 끝나는 것이 아니라, 직접 중보기도자가 되어 "성 무너진 데를 막아서서"—모세와 같이 하나님의 진노의 손을 막으며, 바울과 같이 온 민족의 구원을 위해 자기 몸을 산 제사로 바치는 그것입니다.
　리스 하월스는 바로 이런 분이었습니다. 하나님 안에 올바로 거하는 법을 깨달아 그의 성령에서 흘러나오는 강물로 유일하고도 아름다운 생활을 하신 분이었습니다. 그가 누구를 위하여 기도할 때, 언제나 그는 그들의 문제를 자기의 문제로 여기고 그들의 고난에 함께 참여함으로써 주님으로부터 오는 권위를 받아 하나님의 손을 움직이게 하는 그런 기도를 했습니다.
　이 책의 발간은 한국의 교회들을 위한 새로운 깃발을 세우게 할 것입니다. 읽으시는 모든 분들께서 하나님의 음성을 듣고, 온 세계의 복음화로

향한 그의 비밀을 알게 되리라 믿습니다. 많은 분들이 중보기도자로 부르심 받으시길 기원합니다.

예 수 전 도 단
대표 오대원 목사

차례

머리말
추천의 말 - 오대원 목사

제 1 장	어린 시절	11
제 2 장	두 가지의 충격	17
제 3 장	부활하신 주님을 만나다	22
제 4 장	웨일스 지방의 부흥	31
제 5 장	성령께서 사로잡으시다	34
제 6 장	버려진 자를 사랑하여	44
제 7 장	부흥 운동에 영향받지 않은 마을	52
제 8 장	부랑자들	58
제 9 장	강한 자를 결박하고	66
제 10 장	포도나무와 가지	72
제 11 장	폐병을 앓는 여인	77
제 12 장	중보자란 무엇인가	86
제 13 장	죽음에 도전하여	92
제 14 장	고아들의 아버지	96
제 15 장	래드스톡 경	103
제 16 장	숨은 생활로 부름 받아	106
제 17 장	모자 없는 군단	112

제 18 장	나실인의 서원	118
제 19 장	디크 아저씨가 병고침을 받다	127
제 20 장	임금노동에서 불러내심	134
제 21 장	마데이라 섬	139
제 22 장	결혼과 선교 사명	150
제 23 장	빈손으로 줄서서 기다리다	159
제 24 장	아프리카에서의 부흥	166
제 25 장	최초로 학교 부지를 구입하다	186
제 26 장	웨일스 성경 대학	200
제 27 장	두번째의 부동산 구입	203
제 28 장	세번째의 부동산과 어린이집	210
제 29 장	기도서와 에드워드 8세	216
제 30 장	모든 사람을 위한 임무	221
제 31 장	에티오피아	228
제 32 장	성령의 방문	234
제 33 장	네번째의 부흥	241
제 34 장	던커크의 철수를 위한 중보	250
제 35 장	영국 전투	261
제 36 장	러시아, 북부 아프리카, 이태리 공격 개시일	267
제 37 장	본향으로 부름받다	280
제 38 장	후기	286

어린 시절
1

리스 하월스는 1879년 10월 10일, 11명의 자녀 중 여섯번째로 태어났다. 하얗게 색칠한 조그만 집이 지금도 남부 웨일스, 브리나만(Brynamman)의 탄광 마을 랜딜로 거리에 있다. 그 집에서 토마스와 마가렛 하월스 부부는 세 딸과 여덟 명의 아들을 양육하였다. 그 조그만 집에 그들이 모두 살아갈 수 있었다니 놀랍다!

어린 시절은 가정 형편이 어려워 고통스러운 투쟁이었다. 리스의 아버지는 철공장에서, 후에는 탄광에서 일하였다. 가족들을 위한 유일한 수입원인 그의 임금은 하루에 2실링 3페니에서 2실링 6페니였는데, 가끔 파업이 생길 때에는 집에 들어오는 것이 전혀 없었고 실업수당도 없었다. 그가 말년에는 마을에서 구두 판매도 하고 수선도 하는 가게를 열었고, 큰 아이들이 학교를 졸업하고 일터에 나가게 되어 형편은 다소 수월해졌다.

그러나 그들은 경건과 사랑의 분위기가 감도는 행복한 가족이었다. 어머니의 사랑은 리스의 어릴 적 인상 중 가장 강한 것의 하나였다. 후일에 형제들의 곁을 떠나 저 높은 하늘나라로 먼저 간, 세 동생들 중의 하나가 아팠을 때 쉬지 않고 간호하던 자애로운 어머니의 모습이 특히 어린 마음에 깊이깊이 새겨졌다.

그의 아버지는 긍지가 대단했다. 어느 날, 한 방문객이 애들을 쭉 둘러보더니 그의 아버지에게 "아, 당신은 참으로 부자군요!"라고 큰소리로 말하는 바람에 어린 리스는 어리둥절해졌다. 리스는 나중에 "그분이 어째서 아버지더러 부자라고 말할 수 있었나요?"라고 물었다. "그러면 말이야, 내가 너를 얼마에 팔 것 같니?"라고 그의 아버지가 대답했다. "천 파운드에? 아니면 존이나 데이비드나 디크를 각각 천 파운드씩 받고 팔겠니, 값을 계산할 수 없겠지? 그렇기 때문에 내가 부자인 거야!"

대부분의 형제들은 마을 밑 계곡의 기슭에 있는 조그만 함석 공장에서 직장 생활을 시작하였다. 그들이 받은 유일한 교육은 하나밖에 없는 마을 학교에서였다. 열세 살이 되기 전에는 아무도 고용될 수 없었지만, 리스가 겨우 열두 살이 되어 공장에서 일하는 형들에게 음식을 날라주고 있을 때, 하루는 공장 주인이 그에게 조금만 일을 하고 싶지 않느냐고 물었다. 임금은 주되 그의 이름을 지불 명부에 기록하지 않고 형 모세의 이름에 계산을 달아 놓겠다는 것이었다. 이렇게 해서 리스의 학교 공부는 열두 살에 끝나고, 그후 10년 동안 함석 공장에서 일하면서 착실한 일꾼으로 인정을 받았다. 그는 하루에 12시간씩 일해야 했다. 아침 6시에 일어나서 거의 오후 6시까지 집에 돌아올 수 없었다.

리스와 그의 형제들은 모두 교육을 더 받아야 할 필요를 느껴 마을 학교의 야간 반에 매주 출석했다. 그 때에는 마을에 도서실 같은 시설이 없었다. 도서실 비슷한 역할을 하는 곳은 신문 취급소뿐이어서, 그들은 한 달에 1페니씩 지불하고 거기에서 신문을 읽고 책을 빌려 볼 수 있었다. 이런 방법을 이용해서 그의 형제들 중 두 사람은 여러 가지 시험에 합격했다. 맏형 존은 철도 회사에 들어가고 디크는 석탄을 캐는 탄갱의 관리인이 되었다. 리스 자신은 특별히 공부하는 방법을 택하지 않았지만 비범한 조직력의 재능이 싹을 나타냈다. 그의 어머니가 사내아이들에게 특별한 일을 시킬 때면 다른 아이들은 각기 자기 맡은 것을 자신들이 했지만, 리스는 보통 어떻게 해서인지 대여섯 명의 친구들을 데리고 와서 함께 했다. 그리고서는 그들 모두에게 저녁을 대접하도록 어머니에게 부탁드리는 것이었다. 그의 어머니는 아예 리스에게 일을 시켜 덕을 볼 것이 있겠는가고 고개를 갸우뚱했으리라.

그의 생활의 아주 뚜렷한 특징이었던 관대함은 소년기에도 찾아볼 수

1. 어린 시절

있었다. 그는 자신이 가진 모든 것을 주어 버리곤 했다. 그의 아버지가 부재중에 한 고객이 구두를 사기 위해 상점에 들어왔던 일을 그의 형제 중의 한 사람이 이야기했다. 그 고객은 값을 3실링 9페니에서 2실링 6페니로 깎아 달라고 이 형제에게 졸랐지만 거절당하고 말았다. 며칠 후에 고객이 다시 와서 그의 아버지에게 그 판매원의 인상착의를 그리면서 그 이야기를 하였다. 리스 혹은 그 형제에게 들어맞을 수 있는 인상착의였지만 아버지는 일초도 걸릴 필요 없이 누구 이야기인지를 곧 알 수 있었다. 리스라면 그녀의 청을 거절할 수 없었을 것이다!

리스는 훌륭한 체격을 갖기에 힘썼으며 육체의 단련에 관심을 쏟았다. 그는 아령과 권투 장갑 등을 집에 가져와 형제들간에 시합을 붙였다. 몸이 건강하며 왕성한 식욕이 따랐다. 디크와 리스는 여러 가지 일을 보다가 밤늦게 서야 귀가하는 때가 종종 있었다. 그럴 때는 이런 식이다. 디크가 먼저 들어오면 이층에 올라간 그의 어머니는 "디크 너니? 타트(과실파이) 먹어라"라고 큰 소리로 말했다. 그러나 리스가 먼저 도착하면 "리스니? 식탁에 타트가 있어, 디크 몫은 남겨야 한다"라고 말했다.

그러나 리스가 아주 어릴 적부터 하나님을 생각하는 마음은 유별났다. 마치 보이지 않는 한 임재(臨在)가 그의 출생 때부터 그를 덮어 감싸주는 것 같았으니, 바울에게 있어서처럼 모태에서부터 그를 구별하여 은혜로 부르신 바로 그분의 임재였다.

이 점에 있어서 리스의 조부모가 그의 어린 시절에 가장 강한 영향을 끼친 분이었다. 그들의 집도 펜튠(Pentwyn)이라고 불린, 작고 흰색 칠을 한 아담한 집이었는데, 블랙 마운틴(the Black Mountain)에 있었다. 리스는 후년에 그들의 문지방을 건너는 것은 지상에서 천국으로 옮겨 가는 것과 같았다고 말했다. 그들은 1859년의 대부흥 운동 때에 개심하였는데, 리스는 항상 그들의 축복이 자기에게 내려왔다고 믿었다.

그 작은 가정에는 무엇인가 그를 끌어당기는 것이 있었으니 "하나님이 바로 그 집의 분위기였습니다"라고 그는 말하곤 했다. 그는 암반 계곡에 있는 자기 집을 출발하여 인가를 하나씩 지나 철거덩하는 철문 소리를 뒤로 하기까지 들판을 통과하면서 거니는 산보를 좋아했다. 그는 또 경사진 산허리의 한적한 곳에 나가곤 했는데, 이곳들은 후에 하나님과의 잦은 밀회 장소가 되었다. 거기서 정적을 깨는 것이라고는 종달새들의 노래와 어쩌다 들리는 양들의 울음소리, 그리고 계곡을 굴러 흐르는 물줄기의 은은한 노래 소리뿐이었다.

리스는 산마루를 넘고 산을 따라 8마일에 걸쳐서 눈앞에 펼쳐지는 초록색의 웨일스 계곡을 음미하면서 내려가면, 가파른 언덕에 세워진 사랑스런 『펜튠』에 도착하곤 했다. 그 넓은 황무지에도 개간의 손길이 미쳐 울타리와 밭이 뜸뜸이 들어서 있었다. 문간에 들어서면, 그는 병든 디크 아저씨에게 성경을 읽어 주고 있는 할머니의 음성을 듣곤 했다. 이야기가 이렇게 되니, 하나의 다른 블랙 마운틴 기슭에 루스드라(Lystra)를 거느리고 있는 카라다프(Karadagh) 산 위에서 아마 수많은 시간을 보냈을 다른 한 젊은이가 생각난다. 루스드라에서 성장한 젊은 디모데도 역시 "외조모 로이스와 어머니 유니게"의 경건한 영향하에 양육되었던 것이다.

참으로 요셉과 다윗과 같이 소년 시절부터 하나님을 경외하고 섬긴 성경 시대의 젊은이들이 리스에게 굉장한 감화를 끼쳤다. 지혜로운 그의 아버지는 성경 이야기로 자녀들을 길렀다. 리스의 가장 어릴 적 기억들은 저녁에 성경 이야기를 읽어 주던 것과 듣고서 받은 감동에 관한 것이었다. 무엇보다도 구세주에 관한 이야기, 그분의 탄생과 생애와 죽음에 관한 이야기는 다른 모든 이야기를 압도하여, 빈말로 그분의 이름을 들먹거리거나 그분께 반대되는 죄를 감행하지 않도록 지켜 주었다.

세상의 정상적인 즐거움을 주는 것들도 그에게는 매력이 없었다. 수마일을 걸어가서 설교를 듣고 '하나님의 감화하에' 들어가곤 했지만, 길 건너 음악회에는 가려 하지 않았다. 꼭 한번 그가 축구 시합을 구경한 일이 있다. 군중이 주위에서 '떠들고 아우성칠' 때 그는 그런 곳은 자기에게 합당한 곳이 아니라고 느끼고, 거기에서 빠져나가면서 다시는 그런 곳에 가지 않겠다고 다짐했다. 그리고 그는 한 번도 다시 가지 않았다.

사도 바울은 그의 신앙의 조상들이 그러했던 바와 같이, 순전한 양심으로 하나님을 섬긴 일에 대하여 저 인상적인 이야기를 하고 있는데, 리스가 그 다른 하나의 실례일 듯 싶다. "나는 죄 속으로 달려가지 않았습니다"라고 그는 후년에 이야기했다. "나에게는 항상 하나의 억제력이 있었습니다. 개심 전에도 다른 사람들보다 감성이 훨씬 예민한 사람들이 있는 것 같습니다. 나는 한 번 양심을 상하게 한 적이 있었습니다. 나의 아버지께서 단골손님에게 구두를 갖다 주라고 심부름을 시켰을 때 나는 그 손님에게, 합당한 가격이 1실링 9페니인데도 1실링 10페니를 요구해서 그 1페니로 사과를 사 먹었습니다. 나의 죄를 아버지께 고백했지만 내 마음에서 그것이 결코 지워지지 않았습니다. 특히 사과를 보게 될 때마다 나의 양심은 괴로웠습니다. 물론 그것이 나에게 그런 결과를 초래했기 때문에 더 큰 죄를 짓지 않도록 나를 막아 주었습니다." 그러나 그것은 또한 다른 효과를 빚어내 그 때문에 후에 그릇된 환각(幻覺)에서 깨어나야만 했으니, 그는 이렇게 덧붙였다. "나는 착한 본성을 갖고 태어났거니 하고 그 당시 착각하고 있었습니다."

그는 열세 살 때에 당시의 깨달음에 의해 이제 "구세주의 가르침에 따라 살아야 한다"고 결심하고 교회의 한 회원이 되었다. 그가 이런 생각을 갖게 된 것은 쉘돈(Sheldon)의 저서인 『예수라면 어떻게 할 것인가』를 읽고서였지만, 후에 물론 그대로 살 수 없음을 깨달을 수밖에 없었다.

함석 공장에서의 다른 젊은 동료들과의 접촉은 그의 취향을 바꾸지 못했다. 스완제(Swansea)시가 겨우 한 20마일 떨어져 있었지만 "도시 생활 같은 피상적인 생활은 마음을 조금도 끌지 못했습니다"라고 그는 말했다. "극장에 가지 않는 것은 내게 시험이 되지 못했습니다. 나는 그런 장소를 싫어했던 것입니다. 나는 교회와 기도 모임에서 편하고 자연스러웠습니다. 자연—언덕과 계곡과 달리는 시냇물—이 내 마음을 끌었습니다. 주일 아침은 나에게 있어서 놀라운 시간들이었습니다. 그런 시간에는 경이로운 고요와 평화가 모든 것 위에 머물러 있는 것 같았습니다. 나는 그렇게 깨끗하고 순수한 생활을 했기 때문에 매일 밤 하나님을 뵈올 수 있을 것 같이 느꼈으며, 그렇게 생활하는 사람들이 웨일스에는 수백 명이 있었습니다."

　고요하고 착한 생활, 근면…사실 웨일스의 이 젊은이를 경탄의 눈으로 주목하거나 굉장한 장래를 내다볼 만한 것은 별로 없었다. 웨일스 사람들에게는 그렇지 않았을 것이지만 다른 영국 사람들에게는 이상야릇하게만 보였을, 특별한 경건심이 있었다고나 할까. 그러나 기회가 있으실 때 평범한 사람을 비범한 인물로 만드시는 분은 바로 하나님이 아니신가?

두 가지의 충격
2

리스의 나이 22살이 되기까지 고향에서의 조용한 그의 생활에는 아무런 변화가 오지 않았다. 당시에 그는 '섬세한 감각의 손, 웨일스 지방 사람들 중에 가끔 발견되는 네모지게 깎은 인상적인 이마, 무엇보다도 주목할 만한 눈, 수정같이 맑고 꿰뚫어 보는 듯한 예언자의 눈, 6피트에 가까운 키, 아름다운 외모, 딱 벌어진 어깨를 소유한 청년이었다. 하지만 그 조용한 표면 밑에는 거센 조류가 흐르고 있었으니 그것은 바로 야망이었다. 그는 세상을 구경하고 싶었고 돈을 모으고 싶었으며, 미국은 거대한 천연 자석이 되었다.

마을에서 몇 명의 젊은이들이 미국에 건너가서 남부 웨일스에서는 1주일 걸릴 것을 하루에 벌어 돈을 모으고 있다는, 눈에 불이 켜지는 소식들을 보내 오고 있었다. 리스는 이 소식을 듣고서 어떤 것도, 정든 가정의 만류마저도 그를 말릴 수 없었다. 그는 득실을 계산해 보았지만 항상 미국 쪽이 우세했다. 그의 형제들은 출세를 위해 공부를 하고 있었지만 그는 "돈을 모아 생활 전선에서 빨리 물러나 앉아야겠다"라고 결정했다. 그에게는 미국에 건너가 피츠버그 근방의 강철 지대에 있는 뉴 캐슬에서 일하고 있는 에반 루이스라는 사촌이 있었는데, 리스는 배를 타고 그에게로 가서 함석 공장에서 일자리를 얻었다. 그러나 그가 브리나만을 떠나기 전에 하나님으로부터 한 말씀이 왔다. 그는 그것을 개심 전에 받은 최대의 축복이라고 말했다. 그가 항해하기 한달 전 어느 주일 밤 교회에 늦게 갔다. 이미 예배당 안은 교인들로 꽉 차 있었으므로 현관에 서 있었다. 그 때 목사님은 히브리서 12장 1절을 봉독하고 있었다. "이러므로 우리에게 구름같이 둘러싼 허다한 증인들이 있으니…." 목사님은 이렇게 말씀하셨다. "이 증인들은 전장(前章)에서 말한 믿음의 사람들이며 우리는 그들이 우리 주위를 둘러싸고 있음을 깨달아야 합니다. 모세와 엘리야가 변화산에서 구주께 말씀드리고, 제자들도 그들을 목도했기 때문에 그들이 실제의 증인들임을 우리는 압니다."

그리고 나서 목사님은 리스가 듣고 있는 것을 마치 꼭 알고 있는 것처럼 직통으로 맞는 말을 하였다. "젊은이여, 당신이 집을 떠나 부모님들이 볼 수 없는 곳으로 가려고 할지 모릅니다만 기억하십시오. 구름 같은 증인들과 하나님이 당신을 보고 계실 것입니다." 그 말은 리스의 폐부를 찔렀다. 그 말씀은 그에게 새로운 것이었으며, 그 감동은 마치 딴 세계에서 오는 인상처럼 그에게 임했다. "나는 히브리서 12장 22절의 시온산과 살아 계신 하나님의 도성과 장자들의 총회와 교회를 보았습니다"라고 그가 말하였는데, 그들을 탐색자로서가 아니고 그를 격려하고 힘을 주고 있는 자들로서 보았던 것이다. 그것은 하나님께서 그에게 독생자를 보여주시기까지, 택하신 그릇에 외부적인 억제력을 행사하며 위에서 감싸주시는 하나님의 손길이었다. 그 날이 올 때까지 이 구름 같은 증인들은 그의 생활의 '가장 위대한 실제'로 남아 있었다.

리스는 고국을 떠나 미국에 가서도 똑같은 경건 생활을 계속했다. 한 교회의 성도가 되고 기도 모임에 빠진 적이 없었다. 꼭 한번, 한 친구가 사람들의 관심을 모은 권투 시합에 구경하러 가자고 권하는 바람에 세속적인 오락의 유혹에 넘어갈 뻔했다. 틀림없이 전에 권투에 대해 가졌던 관심이 크게 작용했으리라. 그러나 억제하는 큰 손길이 그 위에 있었다. 시합 전날 이런 생각이 났던 것이다. "너의 아버지나 아저씨가 여기 계시다면 너 가겠니? 또 허다한 구름 같은 증인들은 어떻게 하고?" 그는 용케도 그날 밤 그 친구에게 함께 갈 수 없다고 말했다.

그렇게 바른 생활을 하는데 하나님께서 어떻게, 그가 죄 중에 출생했으

2. 두 가지의 충격

며 구원이 필요하다는 것을 깨닫도록 할 수 있었을까? 그의 교회의 목사님마저도 그가 "성도들 중에서 가장 훌륭한 청년"이라고 생각했으니—이것은 목사 자신에게도 리스가 필요로 하는 것이 필요하였다는 표지임에 틀림없다! 리스의 경우는 "율법에 있는 의에 관해서는 흠이 없었던" 바울의 사정과 다를 바 없었다. 결핍의 자각이 있기까지는 변화에의 욕구가 있을 리 없다. 그러나 하나님께는 자신의 방법이 있다.

하나님께서 그에게 겨냥하신 첫번째의 표적은 그의 사촌 에반 루이스를 통해서였다. 그는 어느 날 밤 리스에게 "거듭났느냐"고 물어 갑작스런 충격을 주었다. 리스는 전혀 그런 표현을 들어보지 못했었다. 그는 니고데모만큼 그런 일에 대해서 무지했다. 그러나 그는 모욕감을 느껴 반격을 했다. "너 무슨 말을 하고 있는 거야? 내 생활은 네 생활과 진배없어." "문제는 그게 아니야. 말하자면, 네가 구원받았는지를 아느냐 하는 것이야"라고 그의 사촌이 말했다. "나는 그리스도인이고 그것으로 얘긴 충분해"라고 무슨 무의미한 소리를 하느냐는 식으로 리스는 큰소리쳤지만, 내심으로는 자신감이 흔들렸다. 항상 열매 없는 논쟁으로 끝나는 것 같았을지라도 성실한 그의 사촌은 그 문제를 중도에서 포기하지 않았다.

그러던 어느 날 화살이 과녁에 제대로 꽂혔다. 그의 사촌은 누이가 죽으면서, 그가 개인적으로 예수님을 구주로 영접해야 할 필요성을 증거하던 일과, 그녀가 이야기할 때에 그가 갈보리를 보았던 것을 리스에게 이야기하였다. 그래도 리스는 그의 사촌의 말을 이해하지 못했지만 본능적으로 그가 거룩한 곳에 있는 것을 느꼈으며, 한 목소리가 "더 이상 우기지 말라"고 경고하는 것 같았다. "거듭나야 된다"는 충격이 아주 강하였으므로 "그 금지된 것을 건드리지" 않으려고 다른 곳으로 옮겨 일자리를 구하기로 결심했다. 리스는 약 백 마일 가량 떨어진 마틴스 페리로 옮겼지만 그의 사촌이 역까지 와서 배웅할 때의 그 마지막 말은 더 깊이 그의 내부로 파고들었다. "네가 중생했다면 떠나가도 아무렇지 않았을 테지만 네가 하나님과의 바르지 못한 상태로 떠나가는 것을 보니 내 마음이 아프구나"라는 마지막 말을 리스는 잊을 수 없었다. 은혜로운 '하늘의 추적자'는 서둘지 않는 추격과 한결 같은 속도로, 지칠 줄 모르는 저 강인한 발로 그를 뒤쫓고 계셨다.

그가 어느 날 당시의 유명한 책, 헨리 드러몬드 교수(Professor, Henry Drummond)의 『영적 세계에서의 자연법』(Natural Law in the Spiritual World)을 읽고 있을 때에 드디어 빛이 비쳐 오기 시작했다. 드러몬드는 "생명이란 환경과의 상호작용이라고 말한 허버트 스펜서(Herbert Spencer)의 한 저서를 발견하기까지는 생명을 정의할 수 있다고 생각해 본 적이 없다"고 말하고 있었다. 어린아이는 오관과 여러 가지 육체적 기관을 갖고 태어나며, 그 각각은 주위 환경의 어떤 것과 상호작용한다. 눈은 주위의 광경을 보고, 귀는 소리를 들으며, 허파는 공기를 마시는 등등이다. 스펜서는 "나는 나의 주위 환경과 서로 연락을 할 수 있으며 생명이 있지만, 어떤 것이 내게 발생하여 나의 주위 환경과의 상호작용을 불가능하게 하면 그때 나는 죽을 수밖에 없을 것입니다. 죽음은 교호작용의 결여입니다"라고 말했다.

드러몬드는 그 정의를 아담에게 적용하였다. 하나님께서는 불순종하는 날에는 반드시 죽으리라고 아담에게 말씀하셨다. 그는 죽었는가? 스펜서의 정의로 말하면 그는 영적으로 죽었으니, 이유는 그가 자연적인 생명을 계속하여 소유하고 있었다 해도 하나님과의 상호 관계를 상실하였고, 희생의 방법, 즉 그 대신에 죽은 한 희생물의 방법에 의해서만 하나님께로 돌아올 수 있었기 때문이다.

이것을 읽은 리스의 마음에 맨 먼저 일어난 생각은 그가 하나님과 교제를 갖고 있는가였다. '나는 나의 어머니만큼 구세주가 나에게 생생하다고 말할 수 있었는가?' '나는 하나님을 일상생활에서 매일 매일의 임재로서 알고 있었는가?' 혹은 겨우 기도 집회에서나 그분을 생각해 보는 식이었는가? '만일 내가 육체적으로 죽었다면, 또 하나의 물질적인 환경과 교류를 하고 있는 것인가?' 리스는 자기 양친의 분신과 같아서 거리상 떨어져 있는 것도 그들의 교제를 방해하지 못했다. 그러나 하나님과는 그 같은 관계가 없었으며 그의 사촌이 항상 인용하던, "사람이 다시 나지 아니하면…하나님 나라에 들어 갈 수 없느니라"라는 말씀이 그에게 다시 생각났다. 리스는 이렇게 말했다. "나는 그것을 깨달았습니다. 나는 구세주를 믿었지만 내가 알고 있는 한 가지 사실은 내가 그분으로부터 태어나지 않았다는 것이었습니다. 구세주께서 계시는 영적인 세계와 상호 소통을 갖기까지는 나는 죽은 사람이요, 나의 모든 착한 생활과 종교 생활로서도 도저히 들어갈 수 없었던 하나님의 왕국 밖에 처해 있었습니다. 주정뱅이나 도둑이 아니었어도 나는 밖에 버려져 있었습니다. 하나님과의 교제 관계를 갖지 않았기 때문입니다."

그의 종교적인 자만심은 꺾였다. 큰 죄의 자각은 없었지만, 그와 하나님 사이에 심연이 가로놓여 있는 것을 알게 되었으며, 그의 영원한 운명에 대한 깊은 관심이 인생의 어떤 관심사보다 그의 마음을 더 크게 차지했다.

부활하신 주님을 만나다
3

"성령님의 추격은 점점 더 가까워져 왔다." 리스는 이론적으로만 상상하기 시작했던 것을 이제 곧 현실적으로 맞아들여야 했다. 그는 갑작스레 장티푸스에 걸렸다. 장티푸스는 항상 위험한 병이지만, 그 당시는 가끔 죽음을 부르는 무서운 것이어서 그는 이윽고 죽음을 응시하고 있었다. 고향 길과는 멀리 떨어진 이역 땅 하숙방에서 그는 홀로 이런 고통을 겪고 있었는데 이것 또한 하나님의 섭리였다. 그는 후에 이렇게 말하였다 "나는 처음으로 내 속에서 공포를 발견하였습니다. 이 세상을 떠나 미지의 세계로 가야 하는 현실에 직면하니 전에는 전혀 느껴 보지 못한 고통스런 번민이 나를 사로잡았습니다. 나의 부모님이 그곳에 계셔 그 공포를 달래 주시지 않은 것을 나는 하나님께 감사합니다. 인간적인 동정으로 영원한 세계에 내가 눈멀지 않도록 한 것을 하나님께 감사합니다. 우리가 군중 속에 살지라도, 홀로 하나님을 뵙고 영원한 세계를 마주 대하게 되기 때문입니다."

그는 죽지 않게 해주십사고 주님께 부르짖었다. 영원한 생명을 주시라고 주님께 간구할 때에 돈벌고 여행하고 구경하면서 누렸던 즐거움은 온데간데없이 잊혀졌다. "한 번 더 기회를 주십시오. 그리하면 내 생명을 주님께 바치겠습니다"라고 그는 부르짖었다. 그 울부짖음 속에는 맹세가 들어 있었다.

주님께서는 응답해 주시기도 전에, 심지어 소리 높여 울부짖는 중에도 자기가 죽지 않으리라는 것을 리스가 마음속으로 알 수 있도록 해 주셨다. 그 순간부터 그는 회복되기 시작했다. 그리고 이제 그는 변화된 사람이 되었다. 그는 이렇게 말했다. "모든 것을 잃고 영원한 어둠 속으로 들어가는 것을 눈 앞에 두게 되었을 때에 나는 처음으로 진정한 생명에 접촉하게 되었습니다", "세상은 기껏해야 영원한 멸망으로 나를 이끌고 가는 것을 보았으며, 나의 모든 것은 나를 구원해 주신 하나님께 빚진 것을 내가 압니다."

그때부터 그는 영원의 문제를 결코 가볍게 보지 않았으니 그가 지옥의 실제, 곧 하나님과의 영원한 분리를 직면했기 때문이다. 건강이 회복되면서 그의 최근의 경험이 너무 중대했기 때문에 새롭고 진지한 태도로서 자기의 입장을 검토해 보지 않을 수 없었다. 그는 죽음으로부터 구조되었지만 죽음의 공포로부터 구원된 것은 아니었다. 그는 성육신(成肉身)과 속죄와 부활을 항상 믿었다. 그것들은 그의 인생에서 가장 귀중한 진리였다. 그런데 왜 그 진리들이 그에게 현실적이지 못하는가? 그리스도께서 사망을 이기셨다면 왜 그는 사망을 두려워하는가?

그가 생애의 이 기간에 겪은 자기 형편에 관해 이야기하는 것을 들어본 사람들은 이런 의문들에 대한 다음과 같은 심금을 울리는 그의 대답을 결코 잊지 못할 것이다. "나는 단지 역사적인 그리스도를 소유하고 있었을 뿐 저편으로 나를 인도하실 수 있는 내 개인의 구주를 소유하지 못했음을 발견했습니다."

다섯 달 동안 매일 그는 하나님께로 가는 길을 찾아 헤매었다. 영원한 생명에 이르는 길을 그에게 보여줄 사람을 만날 수만 있다면 모든 돈을 기꺼이 쓰며 그 광대한 나라의 이 끝에서 저 끝까지 달려갔을 것이라고 그는 말했다. 그가 생각해 낼 수 있는 꼭 한 사람, 그는 그 사람에게로 갔다. 100마일 떨어진 뉴 캐슬에 다시 가서 그의 사촌에게 영생에의 길을 물은 것이다. 그러나 그의 사촌 자신은 그 길을 알고 있어도 리스에게 그것을 분명하게 해 줄 수 없는 것 같았다.

이러는 동안 그는 펜실베니아의 코넬스빌(Connelsville)로 또 이사했다. 여기서 드디어 그 추격은 끝을 맺게 되었다. "내 곁에 그 발걸음이 다가와 멈춰 섰다. 결국 나의 침울함은 부드럽게 뻗치신 그 분의 손 그림자가 아니었던가?" 하나하나의 쉼 없는 움직임은 오직 추격과 사냥감의 포획에 있어 앞으로 전진하는 새 국면이었으니 얼마나 놀라운 일인가!

한 개종한 유대인, 모리스 르우벤(Maurice Reuben)이 복음 전파를 위해 그 도시에 와 있다는 소식을 리스가 들은 것은 그가 새 집으로 이사 온 지 얼마 되지 않아서였다. 그가 설교를 들으러 간 첫날 밤, 르우벤은 그의 개종에 관한 이야기와 성령께서 그에게 갈보리를 보여주신 일을 말한다. "나는 전에 갈보리에 대한 설교를 수십 번 들었고 또 믿었지만, 그 날 밤까지는 갈보리를 본 적이 없었습니다"라고 리스는 말했다. 그는 사촌의 증거에서 그에게 큰 충격을 주었던 바로 그 점으로 다시 이끌려 가고 있었다.

모리스 르우벤은 자기가 부유한 집에 태어나서 세상이 줄 수 있는 가장 좋은 것들을 소유했었으며, 돈을 벌기 위해 살던 이야기를 했다. 그는 피츠버그에서 가장 큰 백화점의 하나인 솔로몬과 르우벤이라는 백화점의 한 경영주였다. 그러나 한 고객의 생활을 보면서 깊은 양심의 가책을 받곤 했다. 그는 어느 날 "당신은 아주 행복하게 태어났음에 틀림없습니다"라고 그 고객에게 말하였다. "예, 그렇습니다. 두번째 출생에서 나는 주 예수 그리스도를 영접하여 하나님에게서 태어났습니다. 첫번째 출생에서는 당신보다 행복하지 못했습니다"라고 그 손님이 대답했다.

르우벤은 이 증거의 말을 듣고 크게 감동되었으므로 신약성경 한 권을 샀는데, 예수님을 따르던 사람들이 모두 유대인이었던 사실에 인상을 받았다. 그분을 가리켜 하나님의 어린양이라고 증거한 세례 요한, 수제자인 베드로와 야고보와 요한, "이 반석 위에 나의 교회를 세우리라"라고 구주께서 말씀하신 것도 한 유대인을 보고 하신 말씀이었다. 다음에 그는 돈 많은 젊은 관원의 이야기에 이르렀다. 그것은 하나의 극적인 순간, 곧 죄책에 눌려 있으며 돈 많은 20세기의 한 유대인이 1세기의 돈 많은 한 유대인에게 주신 예수님의 말씀을 읽고 있는 순간이었다.

르우벤이 그 이야기를 읽고 느낀 바는 예수님께서 그 청년에게 영생을 얻기 위하여 모든 것을 팔라고 말씀하셨다면 르우벤 자신도 동일한 조건에서가 아니고서야 어떻게 동일한 선물을 얻을 수 있겠느냐는 것이었다. 그것은 극한적인 시험이었다. 예수님의 제자가 된다면 그도 또한 모든 걸 잃게 되는 것을 알았다. 그러나 돌아서기에는 너무 늦었다. 이미 깨달았으니 그는 따라가야만 한다. 르우벤이 그런 말을 할 때에 리스는 그의 마음에 공감을 느꼈다. 그도 물러서기에는 너무 늦었던 것이었다.

르우벤은 그것을 똑바로 직시하여 그 손실을 계산하였다. 그의 아내는 그의 곁을 떠날지 모른다. 그의 형은 동업을 중단하고 유대인은 어느 한 사람도 그와 상종하지 않을 것이다. 그러나 그는 결심하였다. 모든 것을 잃더라도 영생을 얻기로 뜻을 세웠다. 그 후 어느 날 르우벤은 백화점에 가는 도중에 한 음성이 "나는 길이요 진리요 생명이니 나로 말미암지 않고는 아버지께로 올 자가 없느니라"는 요한복음 14:6의 말씀을 되풀이하여 들려주는 것을 들었다. 그 진리가 그에게 확 비쳐졌다. 그는 그리스도를 영접하고 그 순간 생명에 들어갔다. 그 후 그는 형과 다른 사람들에게 이야기하였다. 그가 종교를 바꾸면 아버지의 유언에 따라 모든 재산을 몰수당하게 되어 있었지만, 그가 미국을 횡단하여 몬타나에 가서 은거 생활을 하면 사업에 대한 그의 몫으로 7만 파운드를 주겠다고 그의 형이 제의했다. 그러나 르우벤은 "피츠버그에서 진리의 빛을 받아 생명을 얻었으니 피츠버그에서 증거하려고 합니다"라고 대답했다.

그날 토요일 밤늦게 형사들이 와서 그를 경찰서로 연행해 갔다. 월요일에는 두 사람의 의사가 그의 감방에 찾아와서 그가 들었던 음성에 대하여 물었다. '저들이 내가 정신이 돈 것으로 의심하는 것인가?' 라고 그는 생각했다. 두 시간 후에 수용소로부터 간수들이 와서 29명의 정신이상자들이 들어 있는 방에 그를 수용시켰다. 그곳의 고통이 그를 압도했다.

그는 감방에서는 승리했지만 이것은 도저히 참지 못할 것 같았다. 그는 침대 곁에 무릎을 꿇고 주님께 마음을 쏟았다. 그는 거기에 얼마나 오랫동안이었는지 모르지만 정신이 나간 것 같았고, 갈보리의 환상이 그에게 나타났다. 십자가에 못박히는 모든 장면이 보였다. 그는 구주의 고통 속에서 자기 자신의 고통을 잊었다. 그가 십자가를 쳐다보고 있을 때 주님께서 친히 그에게 말씀하셨다. "나만 홀로 십자가를 져야 하고 세상 모든 사람들은 홀가분하게 가야 하느냐?" 르우벤은 상한 심정으로 대답하였다. "아닙니다. 모든 사람에게 십자가가 있으며 저에게도 제 몫의 십자가가 있습니다." 그 시간부터 그는 새로운 사람이 되었다. 수용소에 갇히게 된 것을 불평하는 대신에 다른 29명의 환자들을 위하여 기도하기 시작했으며 "주님을 위하여 고난을 받게 해주십시오. 주께서 내가 무슨 일을 겪게 해주시든지 다시는 불평하지 않겠습니다"라고 주님께 간구하였다.

두 주일 후에 그의 형이 찾아와서 그런 곳에 머물러 있는 그의 어리석음을 꾸짖었다. "좀더 현명해라. 여기에서 나와 몬타나로 가면 되지 않아?"라고 그의 형이 말했다. "그 제안이 이제까지 유효하군요? 그러면 나를 여기에 가두어 둔 것은 의학적인 이유가 아니라, 다른 어떤 이유에서였구나!" 르우벤은 분명하게 파악할 수 있었다. 그가 관계 맺고 있는 몇몇 그리스도인 친구들이 조사를 신청했다. 6주 후에 그는 풀려 나오고 이 문제는 법정 사건이 되었다. 재판 심리는 그 목소리에 관해서였다. 재판관은 의사를 불러 왜 이 사람을 정신이상자로 판정했느냐고 물었다. "목소리를 들었기 때문에"라고 의사는 대답했다. "사도 바울은 음성을 듣지 않았습니까? 이런 처사는 미국 국기에 대한 모욕이요"라고 기독교 신자인 재판관은 반격하고서, 관계된 모든 사람들을 고소하라고 르우벤에게 말했다. "나는 한 사람도 고소하지 않겠습니다. 나는 한 가지 일을, 곧 그들을 위해 기도하는 일을 하겠습니다"라고 르우벤이 대답했다. 그는 법정 안을 걸어가 그의 형에게 손을 내밀었다. 그러나 그의 형은 그에게서 등을 돌렸다. 그는 자기 아내에게로 갔지만 그녀도 마찬가지였다. 그러나 그의 영혼은 놀라운 승리를 맛보았다!

그는 시카고에 조그만 방을 얻어 2년 동안 충분한 식사를 거의 한 번도 해보지 못했지만 주님과 함께 살면서 많은 결신자를 얻었다. 일년 후에 그의 아내가 천막집회에 와서 그의 전도를 받고 개종하였으며 처음으로 아내와 헤어진 후에 태어난 그의 어린 아들을 보았다. 그가 다른 그리스도인들처럼 생활비를 벌어 오기만 한다면 그녀는 그와 함께 가정을 꾸미려고 했다. 그의 마음이 어린 아들에게 쏠렸으므로 이 시험은 첫번 것보다 더 컸다. 그녀의 요구는 매우 합당하게 느껴졌지만, 주님께서 세상으로부터 이런 믿음의 증거 생활로 자기를 부르신 것을 그는 알았다. 주님께 간청하였지만 그가 받은 유일한 대답은 다시 '애굽'으로였다. 그것으로 충분했다. 르우벤은 한번 더 십자가를 끌어안았다. 그는 그의 아내와 아들을 배웅했다. 그것은 뼈를 깎는 경험이었지만 기차가 증기를 토하면서 역을 빠져나갈 때에 하나님께서 천국의 기쁨을 그의 영혼 속에 내리붓는 듯 했다. 그는 글자 그대로 정거장의 플랫폼에서 춤을 추었다.

그 후 3년 동안 그는 아내를 만나 보지 못했다. 그런데 또 천막집회에 참석하였다가 그녀도 십자가의 계시를 받아, 그 결과로 전에는 그리스도인으로서 그녀가 남편의 헌신적인 생활을 함께 나누지 못한데 반하여, 이제는 하나님의 영광을 위해서라면 문전걸식이라도 달게 하겠다고 표명했다. 그들은 재결합하였고 그녀는 복음 사역에 있어서 그의 놀라운 동역자가 되었다.

리스 하월스를 전에 자꾸 방해하던 한 가지는 사람들이 자기들은 중생하였노라고 말은 하지만, 그들의 생활에서 리스의 생활보다 나은 것을 발견할 수 없는 점이었다. 그러하거든 어떻게 그들이 그가 갖지 못한 어떤 것을 소유하고 있다고 인정할 수 있겠는가? 그래서 그는 때때로 주님께 이렇게 아뢰었다. "산상수훈대로 살고 있는 사람을 보기만 하면 내가 산을 들겠습니다." 르우벤이 자기 이야기를 끝마치기 전에 주님께서 리스에게 "이 사람이 네가 찾던 사람이냐?"라고 말씀하셨다.

그 작은 감리교 예배당에서 무슨 일이 뒤따랐는지를 리스 하월스는 이렇게 말한다. "모리스 르우벤이 그 성스러운 장면들을 우리들 앞에 설명해 보일 때에 나도 십자가를 보았습니다. 나는 구주의 발 앞에 한정 없이 있고 싶었으며 울고 또 울었습니다. 나는 그분이 바로 나를 위하여 죽으신 것처럼 느꼈습니다. 나는 나 자신을 잊고 있었습니다. 나는 죽음의 공포 속에서 살아왔었는데 그분이 나를 대신하여 그 죽음을 받으시는 것을 보았습니다. 나의 부모님들은 나를 매우 사랑하여 그때까지도 나에게는 그들 같은 사람들이 없었지만 그들도 나를 위하여 대신 죽임을 당하지는 않았습니다. 그분이 그렇게 하셨습니다. 나를 위하신 그분의 사랑은 부모님의 사랑과 비교할 때에 하늘이 땅보다 높음같이 높았으니 그분은 나의 사랑을 송두리째 하나도 남김없이 차지하셨습니다. 나는 부수어졌고 내 안에 있는 모든 것은 곧장 그분께로 향하였습니다."

"그때 그분이 내게 이야기하셨습니다. '보라 내가 문밖에 서서 두드린다. 내가 르우벤에게 들어가서 아내와 아들과 집과 백화점과 세계의 자리를 차지한 것처럼 너에게로 들어가도 좋으냐? 너는 나를 받아들이겠느냐?' 라고 말씀하셨습니다. 내가 '예' 하였더니 주님께서 들어오시고 그 순간 나는 변화되었습니다. 딴 세계에 태어난 것입니다. 나는 하나님의 왕국에서 살게 되었고 창조주는 나의 아버지가 되셨습니다. 그날 밤 나는 영원한 생명을 선물로 받았는데 돈으로 살 수 없는 선물입니다."

"집에 갔을 때, 나와 함께 집회에 참석했지만 거기서 아무 것도 발견하지 못한 내 친구가 내게 매우 거칠어 보였습니다. 중생하지 못한 모든 사람이 거칠어 보였습니다. 구주께서 내게 모든 것이 되셨습니다. 그분은 일만 중에 빼어나실 뿐만 아니라 억만 중에 빼어나셨습니다. 그러한 그분의 사랑이 항상 존재해 있었으되 그것을 내가 보기 전까지는 나로부터 아무런 반응이 없었으나, 그 이후로는 반응이 풍성했습니다. 이 세상의 모든 것이 초라했지만 그분에 관한 것이라면 모든 것이 거룩하고 순수하며 아름다웠습니다. 나는 완전히 변했습니다. 오래 사귀어 온 한 친구도 나의 이 변화는 이해할 수 없었습니다. 영적이지 못한 자연적인 일과는 관계를 끊었습니다. 내가 본 것은 교리가 아니었습니다. 결코 아니었습니다. 그것은 갈보리였습니다. 그것은 두뇌의 동의를 구하는 것이 아니었습니다. 결코 아니었습니다. 가리개가 제거되고, 눈이 열리고, 내가 그분을 본 것입니다. 그날 밤 이 세상이 저주받은 곳으로 보였으며 다시는 그것을 만지지 말아야겠다는 생각이 들었습니다."

"구주의 사랑이 내게 계시되었습니다. 계시가 어떠한 것인지는 설명으로 알 수 있는 것이 아닙니다. 나는 구주와 아버지께서 내가 고난을 당하기 전에 나를 대신하여 고난을 기꺼이 당하고자 하시는 것을 보았습니다. 그분의 사랑의 세계에는 자연적인 사랑 같은 것은 끼일 수 없습니다. 구주께서는 단순히 그분의 밖에 있는 나를 도우신 것이 아니었습니다. 결코 아니었습니다. 그분이 내 자리, 내 입장을 취하셨습니다. 다른 모든 사랑은 비교해보면 아주 하잘것없는 것으로 보였습니다. 다른 모든 사랑은 자아가 그 동기입니다. 그러나 그 사랑은 영원토록 참으시는 것을 볼 수 있었습니다. 우리가 구주를 받아들일 때 하나님의 그 사랑을 받아들이게 됩니다. 그 사랑이 내 존재에 넘치도록 부어졌고 그 이후 쭉 넘쳐 왔습니다. 그분이 내 안에 들어오심으로써, 나를 사랑하신 것처럼 나를 통하여 그분이 죄인들을 사랑하시고자 하는 것을 깨달았습니다. 구주께서 억지로 나를 사랑하신 것이 아닌 것처럼, 내가 다른 사람을 억지로 사랑하는 것을 그분이 원치 않으셨습니다. 내가 전에는 하나님께 원수였으나 그분과 화목하였으므로 아무도 내게 원수가 될 수 없었습니다. 내가 그분이 계시는 세계에 산다면 긍휼을 베풀고 친절하며 다른 사람들을 사랑하는 삶을 살 것입니다. 내 안에 있는 하나님의 사랑이 아무에게라도 해를 가할 수 있겠는가. 나는 세상과 그 어리석음을 떠나 오직 하나님의 사랑이 있는 그 왕국에 태어났습니다. 그것이야말로 지상에서 가장 매력적인 삶이었습니다."

리스는 항상 이것에 관하여, 즉 그의 영적인 출생일에 관하여 자기 생애의 가장 의미 깊은 날로 이야기하였다. 그것은 또한 그의 미국 체류에 종지부를 찍은 날이기도 하였다. 그는 자신이 구주를 발견한 것이 미국에서 한 유대인을 통해서이며, 그가 앞으로 갚아야 할 빚을 하나님의 택하신 백성들에게 지고 있음을 결코 잊지 않았다.

그러나 그가 제일 먼저 증거해야 할 사람은 자기를 하나님의 교훈으로 양육하여 준 자기 친족들이라고 느꼈다. 고향으로 돌아가야겠다는 생각은 그의 이전의 약점, 곧 돈에 대한 사랑에 대한 날카로운 유혹 때문에 며칠

내에 결정되었다. 그가 일하고 있던 직장의 경영자가 그를 높이 평가하여 하루 2파운드 10실링씩에 일을 하라고 제의해 왔는데 그것은 그에게 더 많은 체류를 요구하는 것이긴 하였지만 당시 미국에 있어서도 높은 임금이었다. 리스는 친구에게 "경영자가 마음 끄는 것을 내 앞에 들이밀고, 나는 주님께 돈을 위해서는 결코 살지 않겠다고 말씀드렸기 때문에 될 수 있는 대로 빨리 떠나려고 한다"고 말했다.

새 생명은 재빠르게 옛 생활을 밀어 제치고 있었다. 그가 말한 대로 그는 세상을 구경하러 갔었지만 과연 세상에서 가장 위대한 광경, 곧 갈보리를 보았던 것이다.

웨일스 지방의 부흥 4

리스의 귀향은 아주 중요한 해에 있었다. 그것은 1904년, 그러니까 대부흥의 시기였으며, 그 자신의 최근 경험은 이 운동에 참여하기에 꼭 들어맞는 셈이었다. 그는 이렇게 말했다. "삽시간에 지역 전체가 불붙었습니다. 교회마다 감동으로 깊숙한 곳까지 뒤흔들렸습니다. 완고한 남자들이 참회의 눈물을 흘리고 여자들은 새로운 뜨거움으로 활동했습니다. 사람들은 오순절 날에 있었던 것처럼 성령으로 충만하여 마치 술 취한 사람들과도 같았습니다. 그들은 늘 예배를 드리면서, 기도하고 찬양하며 간증했습니다. 그것은 도처의 그리스도인들을 '진정으로 우리가 보고들은 바를 말하지 않을 수 없습니다' 라고 증거할 수 있도록 전환시킨 교회 부흥이었습니다."

참된 그리스도인들은 교회에 있어서의 성령의 임재와 능력을 하나의 사실로서 항상 인정하여 왔다. 그래서 그것은 성령의 임재를 간구하는 문제라기보다는 그분의 임재를 인정하고 바로 그분의 능력을 체험하는 일이었다. 하지만 그들은 때때로 축복에 거리끼는 장애물들을 기도로서 토해내야 했다. 불순종과 용서하지 않는 마음은 항상 문제시되는 두 가지 죄였다. 한편 성령의 촉구에 대한 순종과 그리스도께 대한 공적인 신앙고백은 축복을 가져왔다. 첫 찬송이 시작되면 집회는 자동적으로 진행되어 갔다. 인도자는 없었지만 사람들은 하나의 보이지 않는 통제를 느꼈다. 강사들은 말씀을 전하다가도 찬송과 기도에 의해 가끔 중단되었지만 불일치나 조화의 파괴 같은 것은 느낄 수 없었다. 집회는 떠드는 소리와 흥분과 격한 감정이 있었지만 그것은 사람들이 속박으로부터 자유롭게 되는 결과였을 뿐이다. 어떤 사람이 불평하니까 한 늙은 설교자가 말했다. 자기는 묘지의 정적보다 도시의 소음을 택하겠다고!

그 부흥 운동은 오순절 날처럼, 한 마음 한 뜻으로 똘똘 뭉쳐진 성도들을 통하여 성령께서 무엇을 하실 수 있는지를 증거로 보였다. 우리는 무디나 피니 같은 철저하게 순종하는 한 사람의 전도자나 목사를 통하여 주님께서 하신 일을 거듭하여 많이 보아 왔으나, 웨일스 부흥에서는 교회를 통한 하나님의 능력이 중시되었다. 그 기본 방침은 "교회를 굽혀 세상을 구원하라"였다. 그 유일한 목표는 영혼들의 구원이었다. 회개하는 한 사람의 죄인으로 인해 천사들 가운데 기쁨이 있다고 구주께서 말씀하셨는데, 개심자들로 인해 교회에 기쁨이 있다고 그들은 말할 수 있었다. 시간마다 저 하늘나라의 종소리가 울리고, 진영에서는 승리의 함성 소리가 메아리쳤다.

성령의 역사하에 항거할 수 없는 능력이 따랐다. 가장 연약한 사람들도 형언할 수 없는 위엄으로 옷 입고, 구주께서 우리의 죄를 위하여 죽으시고 우리의 의를 위하여 다시 사신 사실을 증거할 때에 그들의 말은 감격적이었다. 전 회중은 녹아 버린 듯 했으며 사람들은 "우리가 어찌해야 구원을 얻을 수 있습니까?"라고 영혼의 고통 속에서 부르짖었다. 수많은 사람들이 모든 죄로부터 깨끗케 하시는 예수 그리스도의 보혈의 능력을 체험했다. 그러나 부흥이 진행되고 수천 명의 사람들이 교회에 더해져 감에 따라 곤란한 문제가 발생하였다. 새로 태어난 갓난아이들이 많아 그들을 보살펴 줄 간호원들이 부족한 격이었다. 초신자들을 굳게 세우는 일이 해결되지 않으면 부흥 운동의 가장 위험스런 취약점이 될 중대한 문제가 되었다. 열정이 누그러지면 보다 감정에 더욱 치우쳐, 그들의 신앙을 하나님의 말씀에 굳게 기초하는 것을 아직 알지 못하는 사람들이 많이 있게 마련이었다. 사단이 이것을 놓칠 리 없었다. 어떤 사람들은 냉담하고 무관심하게 되었으며 영적인 투쟁이 시작되었다.

리스 하월스와 같이 성령 안에서 어릴지라도 그래도 부흥 운동 때의 초신자들보다 앞서 있는 사람들은 중재자와 교사들이 되어 갓난 젖먹이들을 보살펴 기도하고 인도해 줄 필요가 있었다. 그러나 이 젊은 중재자들은 곧 그 영적인 적이 얼마나 막강하며, 혈과 육에 대한 것이 아니라 이 세상 어두움의 주관자들에 대한 전투는 육신적인 무기로써는 싸울 수 없음을 깨닫기 시작했다. 그들은 자신들이 아직 받지 못한 것, 즉 성령 충만이 그들의 사역을 위하여 필요했다. 리스 하월스는 후에 "이 악한 세상에서의 성도들을 위한 성령의 중보는 성령 충만한 신자들을 통하여 수행되어야 합니다"(롬 8:26, 27)라고 말하였다.

이렇게 해서 그와 다른 사람들이 충만함의 필요성을 절감했다. 리스는 예수님 안에서 발견한 기쁨과 만족감에 자기 자신의 개인 생활을 위하여서는 아무런 부족한 것이 없었지만 사역을 위한 능력의 비결은 모르고 있었다. 그는 이렇게 말했다. "많은 사람들은 초신자들이 뒤로 나자빠지는 것을 보고 나무랐습니다. 그러나 그들이 끝까지 승리하도록 기도로 밀어 주어야 하는 우리의 위치를 지키지 않았기 때문에 우리는 스스로 책임을 통감했습니다. 오, 비극이여, 원수가 밀을 까부르듯이 어린 결신자들을 키질하고 있을 때 그 앞에서 어찌할 도리 없는 비극이여! 이사야 59장을 보면 하나님께서 찾으시나 한 사람도 없었고, 중보할 사람이 하나도 없었음을 이상히 여기시는데, 이것이 바로 우리의 형편이었습니다. 우리들 중에서 많은 사람이 '위로부터 능력을 받을' 필요를 느꼈습니다. 우리는 성령을 받을 때까지 머물러 있으라고 주님께서 말씀하신 그 제자들과 동일한 입장에 놓여 있었습니다. '그들이 주를 경배하고 큰 기쁨으로 예루살렘에 돌아왔다'라고 성경의 기록은 더 나아가 말하고 있습니다. 그들은 능력을 얻기 전에도 기쁨을 소유했으나, 기쁨은 그 능력 부여의 증거가 아니었습니다. 우리는 부흥 운동과 다시 사신 그리스도에 대한 지식과 영생의 확신에서 그와 동일한 기쁨을 갖고 있었지만, 동시에 봉사를 위한 능력의 결핍을 느끼고 있었던 것입니다."

성령께서 사로잡으시다
5

 미국에서 돌아온 후 리스는 아주 기뻐하며 맞이하여 준 가족들과 함께 정든 옛 집에 살게 되었다. 그러나 그의 몇몇 형제들처럼 함석 공장으로 돌아가지 않고 계곡 안의 약 1마일 가량 떨어진 인근 탄광에서 일자리를 얻어 지하에서 석탄을 캐는 힘든 작업을 하였다.

그는 나머지 시간을 부흥 운동에 참가하여 활동하였으나, 영적인 갈급함이 주의 일꾼들 가운데 증대하고 있었다. 그래서 그들은 1906년에 랜드린도드 웰스 집회(Llandrindod Wells Convention)에 참석하여 주님을 찾으면서 여름 휴가를 특별하게 보내기로 결정했는데, 그 집회는 영적 생활의 개혁에 있어서 웨일스 지방에서 영국 케스윅 집회(English Keswick Convention)에 해당하는 것이었다. 리스 하월스에게 있어서 이 집회는 그의 중생 이후의 생애에서 가장 혁명적인 사건이 되었다.

그들이 떠나기 조금 전에 리스는 브리나만에서 한 집회에 참석하게 되었다. 거기서 한 젊은 여자가 로마서 8장 26절부터 30절까지를 읽고 있었다. 그녀는 아주 느리게밖에 읽지를 못했는데, 그것이 도리어 단어 하나하나가 명확하게 박혀 오도록 만들어 주었다. "예정하시고…의롭게 하시고…영화롭게 하셨다." 리스는 말씀을 들으면서, '나는 하나님의 미리 아심을 따라 예정되었고 의롭게 된 것을 안다. 그러나 내가 영화롭게 되었는가?'라고 생각했다. 그것은 그를 의아하게 만들었으며 이런 질문이

마음속에서 떠나지 않았다. '영화롭게 된다는 것은 무엇을 의미하는가?'

이틀 후 랜드린도드로 가는 열차 안에서도 이 생각에 골몰하고 있을 때 한 음성이 그에게 들렸다. "네가 돌아올 땐 새 사람이 되어 있으리라", "그렇지만 나는 이미 새 사람입니다"라고 그가 항의했다. 그 음성이 대꾸해 왔다. "아니야, 너는 어린애일 뿐이다." 열차 안의 다른 동료들은 최신의 부흥 성가인 '더 글로리송'(영광의 노래)을 부르고 있었지만 리스에게는 그것이 전혀 들리지 않았다. "너는 새 사람이 되리라"라는 그 음성이 귀에 울려, 그는 열차 복도를 왔다갔다 하면서 생각에 잠겨 있었다.

첫번째의 오전 집회 시간에 성령 안에서의 생활에 대한 강해자로서는 아마도 케스윅에서 가장 권위가 있을 에반 홉킨스 목사님이 에베소서 2장 1절부터 6절에 관하여 설교를 했다. "너희를 살리셨도다…. 또 함께 일으키사…그리스도 예수 안에서 함께 하늘에 앉히시니."

그는 부활 후에 제자들에게 나타나신 분은 다시 사신 주님이셨으나, 성령께서 강림하신 때에는 아버지의 오른 편에 앉아 계시는 승리하신 구주를 계시하신 것을 지적했다. 그리고 나서 홉킨스 목사님은 이렇게 질문했다. "당신은 그리스도로 말미암아 살아났습니까? 당신은 하늘에 올리워 그분과 함께 앉아 있습니까?"

리스는 마음속으로 "예, 내가 살아난 것을 알고 있습니다. 그러나 그리스도와 함께 그 능력의 장소로 올려지지 못했습니다"라고 대답했다. 그렇게 말하는 순간 그는 영광을 입으신 주님을 보았다. "내가 십자가에 달리신 그리스도와 부활하신 주님을 보았을 때처럼 생생하게 영화롭게 되신 그리스도를 보았습니다. 열차 안에서 들었던 그 음성이 '그분과 함께 그 곳에 앉기 원하느냐? 네가 앉을 장소가 거기 있다' 하길래 내가 보니 주님과 함께 내 자신이 올리워져 있었습니다. 영화롭게 된다는 뜻이 무엇인지 이제 알게 되었습니다. 나는 사도 요한이 밧모섬에서 본 것처럼 그분을 보았으며, 사도 바울처럼 눈이 부셨습니다. 그분이 어떤 것을 계시하실 때에는 사실 그대로이지 상상이 아닙니다. 그날 밤 내내 나는 하나님과 나의 영화로우신 구주의 존전에 있었습니다. 그것을 빗대어 표현할 만한 질적으로 순전한 것이 이 세상에 아무 것도 없었습니다. 사람들은 걸어다니는 나무토막처럼 보였습니다."

다음날 아침 홉킨스 목사님은 성령에 관한 말씀을 전했다. 그는 성령께서 구주와 똑같이 인격의 모든 요소를 갖고 계신 인격자이심을 밝혔다. 그분은 지성과 사랑과 그분 자신의 의지를 갖고 계시며 한 인격자로서 그분이 어떤 사람 안에 살게 되시기 전에 그 사람의 몸을 완전히 소유해서야만 한다. 리스는 이렇게 말했다. "내가 메시지를 전할 때 성령께서 내게 나타나셨으며 나는 그분이 전날 내게 말씀하시고 그 빛나는 영광의 장소를 내게 보여주신 그분이심을 알았습니다. 내가 전에는 성령께서 구주와 똑같이 인격자시요 혈육 안에 오셔서 거하셔야 한다는 것을 감도 잡지 못했습니다. 사실 교회는 33년 동안 지상에 사신 구주에 대하여 2000년 동안 여기에 계셔 온 성령에 대해서 보다 더 많이 알고 있습니다. 나는 그분을 단지 집회 때 임하는 영향력쯤으로 생각했으며 그것은 부흥 운동을 위해 활동하고 있는 우리들 대부분의 생각이기도 하였습니다. 구주께서 지상에서 자신의 육체 속에 사신 바와 같이 성령께서도 육체들 안에 사셔야 함을 내가 전혀 깨닫지 못했습니다."

성령과의 만남은 몇 년 전에 구주를 만났던 것과 똑같이 리스 하윌스에게 현실적인 것이었다. "나는 그분을 혈육과는 전혀 상관없는 인격자로 생각했는데, 그분이 내게 이렇게 말씀하셨다." "구주께서 몸을 가지셨던 것처럼 나도 신자의 깨끗해진 성전 속에 거한다. 나는 인격자이고, 하나님인데 그것을 네가 알도록 하기 위하여 너의 몸을 달라고 너에게 요청하러 왔다. 나는 나의 성전으로서 한 몸이 필요 하나(고전 6:19) 그 몸은 유보 없이 내게 속해야 한다. 뜻이 맞지 않는 두 인격자가 같은 한 몸 안에서 살 수 없기 때문이다. 너의 몸을 나에게 주겠느냐?(롬 12:1). 그러나 내가 들어가면 나는 하나님으로서 들어가며 너는 물러가야 한다(골 3:2, 3). 나는 내 자신과 너의 자아를 혼합하지 않는다."

"그분은 나의 생애를 결코 함께 나누어 갖지는 않을 것이라고 분명히 하셨습니다. 그분이 내 안에 내재하시겠다는 제의를 하심으로 무상의 영예를 나에게 주셨습니다. 그러나 내가 애지중지하는 것들이 많이 있었는데, 그분이 그것들을 하나도 보존하여 주시지 않을 것임을 나는 알고 있었습니다. 그분이 이루실 변화는 분명했습니다. 그것은 나의 타락한 본성의 하나하나가 십자가에 못박히고 그분이 자신의 생명과 본성을 가져오실 것을 의미했습니다."

그것은 무조건적인 양도였다. 리스는 집회에서 나와 들로 나아가서 거기서 가슴을 짜며 울었다. 그의 심정이 그가 말하는 대로였기 때문이다. "나는 피고석에 있는 죄수처럼 실제적으로 사형 선고를 받았습니다. 내가 내 몸 안에서 26년 동안을 살아왔으니 그것을 쉽게 포기할 수 있었겠습니까? 죽는 것이 쉬운 일이라면 죽음이 임박해 올 때 왜 사람은 몸부림칩니까? 나는 옛 성품에 알맞은 유일한 장소는 십자가 위라는 것을 알고 있었습니다. 바울은 로마서 6장에서 그 사실을 분명히 밝혀 주고 있습니다. 그러나 이것이 일단 사실로 이루어지면 그것은 영원한 것입니다. 나는 이 속으로 달려갈 수 없었습니다. 나는 그것을 하려고도 해보았습니다. 그러나 오, 그 희생! 나는 며칠을 울었습니다. 그분이 나에게 제안해 온 것을 알았기 때문에 나는 몸무게가 7파운드나 빠졌습니다. 내가 그것을 몰랐으면 하고 얼마나 후회했던가! 그분이 나에게 상기시키시는 한가지 사실은 내가 구주께 이미 약속한 것을, 일부분이 아니라 전부를 그분이 가지러 오셨을 뿐이라는 것이었습니다. 그분이 나를 대신하여 죽으셨기 때문에 나는 이미 그분 안에서 죽어 있었으며 새생명은 그분 것이지 내 것이 아니라는 것을 알고 있었습니다. 그 사실은 3년 동안 내 마음에 분명한 것이었습니다. 그래서 그분이 자기의 것을 가지러 오신 것뿐이었습니다. 그리고 내 안에 계시는 성령만이 구주처럼 사실 수 있다는 것을 알고 있습니다. 그분이 말씀하시는 것은 모두 내가 수긍할 수밖에 없었습니다. 문제는 단지 그렇게 함으로써 일어날 손실이었습니다. 나는 즉시로 응답하지는 않았습니다. 그리고 그분도 그것을 바라지 않으셨습니다."

결정을 내리는 데 5일이 걸렸는데 그 동안 그는 홀로 하나님과 함께 보냈다. 그는 이렇게 말한다. "이사야와 같이 나도 하나님의 거룩하심을 보았습니다. 그분을 보니 내 자신의 부패한 본성이 드러났습니다. 내가 본 것은 낱낱의 죄가 아니고 타락으로 망가진 본성 자체였습니다. 나는 정수(精髓)까지 부패해 있었습니다. 나는 깨끗하게 씻겨져야 하는 것을 알았습니다. 성령과 나 자신 사이에는 빛과 어둠만큼의 차이가 있음을 보았습니다."

그는 계속하여 말한다. "그 주간 동안 내가 겪은 경험보다 나에게 더 현실적인 것은 없습니다. 성령께서는 내 본성의 뿌리가 결국 자아인 것을 들추어내시면서 계속하여 나를 다루셨으니, 우리로서는 그 근처에 무엇이 있는지 암중모색(暗中摸索)일 뿐입니다. 죄는 말소되었으므로 그분이 지금 취급하고 계시는 것은 죄가 아니었습니다. 그것은 인간 타락으로부터 오게 되어 있는 것, 곧 자아였습니다. 그분은 피상적인 양도 같은 것은 원치 않으셨습니다. 그분은 내 자아 중심적인 생활의 각 부분을 지적하시고, 나는 적나라한 사실 앞에 피가 얼어붙은 듯 옴짝달싹 못하고 내 판단을 말씀드려야 했습니다. 내가 동의를 표시할 때까지 어느 것 하나도 그냥 지나쳐 버릴 수 없었습니다. 그런데 내가 수긍하면 그 순간 어떤 정화가 일어났습니다(사 6:5~7). 그것은 다시 경험할 수 없는 것이었습니다. 내 자체가 정화되었고 또 그 사실이 계속적으로 나를 지배했다는 뜻이 아닙니다. 아니, 오히려 그것은 내 자신의 붕괴요, 성령의 지배였습니다. 연일연야 나를 다루시는 작업은 계속되었습니다. 그분은 하나님으로서 내게 들어오시려 하셨고, 나는 인간으로서 살아왔던 것입니다. 그분이 내게 이렇게 말씀하셨습니다. "보통 사람에게 허용되는 것이 너에게는 허용되지 않으리라.""

이 '랜드린도드 경험'은 중대한 고비였으며 이어 성화 과정이 뒤따랐는데(100페이지에 있는 하월스 선생 자신의 진술을 보라) 그 과정 중에 성령께서는 그의 최소의 순복 위에서 단계적으로 점점 그의 자아 중심적인 옛 성품을 제하시고 대신에 그분 자신의 거룩한 성품으로 채워 주셨다(벧후 1:4).

첫째로, 전에 리스를 미국으로 몰고 갔으며 "악의 뿌리"인 저 돈에 대한 사랑이 있었다. 주께서 그의 성품으로부터 돈에 대한 맛과 돈의 소유에 대한 야망을 모조리 거두어 가겠다고 말씀하셨다. "나는 그것이 무엇을 의미하는지 생각해 보아야 했습니다. 돈은 이제 내게 세례 요한이나 구주의 경우와 마찬가지로 아무것도 아닌 것이 되어야 한다는 의미였습니다. 나의 중생 때에 이 문제가 어느 정도 정리되었지만, 이번에는 성령께서 그 뿌리에까지 손을 대시려 하셨습니다." 그 문제에 관한 취급은 하루 종일 계속되다가 저녁이 되어서야 그의 돈에 대한 태도는 완전히 변화되었다.

다음으로, '가정'을 이루어 가는데 있어 그가 선택의 권리를 전혀 갖지 못하리라는 사실이 있었다. "나는 내 생명을 어떤 타인에게 주어 오로지 그 사람에게 맞추어 살 수는 결코 없다고 생각했습니다. 주님께서는 잃어진 세상 대신에 어느 한 개인에게 생명과 관심을 오로지 쏟아 주실 수 있었을까? 성령께서도 그리하실 수 없다고 나는 생각했습니다. 그분은 그분이 사시고자 하는 생활이 세상을 위한 것이라 함이 무엇을 뜻하는 건지 나에게 분명히 보여 주시기 위해 많은 시간이 걸리셨습니다. 내가 그런 생활을 진정으로 바라고 있었을까요?"

취급되고 있던 다른 문제들 중에 야망이 포함되어 있었다. 성령께서 들어오신다면 그는 어떻게 될까? 이에 관해 주께서 그에게 보이신 것은 이러했다. 그가 어떤 도시에서 전도 집회를 하고 다른 전도 집회가 동시에 같은 도시에서 열렸다고 하자. 양자간에 시기가 있고 또 그 도시를 위하여 한 집회만 열리는 것이 유익하다면 물러가야 하는 것은 그의 집회가 될 것이다. 혹은 그와 어떤 다른 사람이 한 직장에 들어가고자 한다면 그가 그 자리를 타인에게 양보해야 할 것이다. 또는 그가 하루에 12실링을 버는데 가족을 거느린 어떤 사람은 그보다 훨씬 적게 번다면 자기 직장을 그 사람에게 물려주라고 성령께서 그에게 말씀하실 수 있다. 그는 성령께서 그와 같은 방법으로 타인의 입장을 취하시어 그 사람 대신에 고난을 당하시는 것을 깨달았다. "예"하고 그는 그런 삶을 받아들였다.

닷새째 되는 날에는 주께서 그의 명성에 손을 대셨다. 그가 성령에 충만했던 성경의 인물들, 특히 세례 요한을 생각하고 있을 때에 주께서 그에게 말씀하셨다. "그런데 내가 그를 통하여 살았던 그런 생활을 너를 통해서도 살 수 있다." 한 나사렛 사람이 약대 털옷을 입고 광야에서 살았다! 심지어 이런 생활, 혹은 절대적으로 이에 대응하는 생활에 대한 단호한 결단이 내려져야 했다. "내가 네 안에서 나의 삶을 살며, 그것이 내가 바라는 삶이면 너는 나를 중단시킬 수 없다"는 것이 그 결정에 대한 주님의 언급이었다. 그는 구주께서 멸시당하신 것과 같이 동일하게 멸시당하는 사람이 되고자 하였음에 틀림없다.

금요일 밤에 이르러서 각 문제점의 면밀한 검토가 끝났다. 그는 자기에게 제의된 것이 무엇인지, 즉 잠깐과 영원 사이의 선택인 것을 정확하게 알게 되었다. 성령께서 요점을 다음과 같이 간추려 그에게 말씀하셨다. "나는 네가 어떤 이유에서라도 자기 중심적인 생각을 품고 있는 것을 일체 허용치 않을 것이며, 내가 네 안에 살려고 하는 생활은 백퍼센트 남을 위한 것이다. 구주께서 이 세상에 계실 때 자신을 조금도 아끼지 않으셨던 것처럼 너도 네 자신을 조금도 아낄 수 없을 것이다. 이제, 네가 원하느냐?" 그는 최종적인 응답을 해야 했다.

그날 밤 한 친구가 그에게, "집회가 끝난 뒤에 우리 몇 명이 너 있는 데로 갈테니, 그리스도 안에서의 너의 위치를 설명해 주겠니?"라고 물었다. 즉시로 성령께서 그에게 도전해 오셨다. "네가 어떻게 그것을 할 수 있겠느냐? 너는 승리자들의 위치는 보아 알았지만 그 곳에 아직 들어가지는 않았다. 내가 5일 동안 너를 붙들고 다루어 왔는데 오늘 밤 6시까지는 너의 결단을 내게 말해야 한다. 그리고 기억하라, 너의 의지는 죽어야 한다는 것을. 나는 어떠한 경우에도 네가 적당히 나와 타협하려 드는 것을 용납하지 않을 것이다. 내가 보내는 곳에 너는 가게 되고 내가 말하는 것을 실행하게 될 것이다." 그것은 의지에 관한 마지막 결전이었다.

리스는 이렇게 계속하여 술회한다. "나는 시간을 더 주시라고 그분께 요청했으나, 그분은 '6시가 지나면 1분도 유예하지 않겠다'라고 단호히 말씀하셨습니다. 그 말씀을 들을 때 영락없이 내 속에서 야수가 일어나는 것 같았습니다. '주께서 나에게 자유의지를 주셨는데, 이제 와서 그것을 버리라고 강요하십니다' 라고 내가 대꾸하였습니다. 그분이 이렇게 대답하셨습니다. '강요하는 것이 아니다. 너는 3년 동안 네 자신이 너의 것이 아니며 구주께서 너를 위하여 완전히 생명을 버리신 것처럼 너도 완전히 너의 생명을 그분께 바치고 싶다고 말해 오지 않았느냐?' 나는 삽시간에 미끄러지며 떨어졌습니다. 내가 그렇게 한 태도는 실로 삼위일체 하나님께 모욕적인 짓이었습니다. '죄송합니다. 제가 진정으로 의미하는 것은 그런 것이 아니었습니다' 라고 그분께 아뢰었습니다. 그분이 다시 말씀하셨습니다. '너는 의지를 버려라. 강요당하는 것이 아니다. 그러나 6시에 너의 결정을 들을 터인데 그 이후에는 다른 기회가 결코 없을 것이다.' 그것은 나의 마지막 제의요, 마지막 기회였습니다! 나는 저 보좌(계 3:21)와 내 장래가 영원히 계속되는 것을 보았습니다. '저를 용서해 주세요. 그렇게 하기를 원합니다' 라고 나는 아뢰었습니다."

"한 번 더 질문이 왔습니다. '원하느냐?' 6시 10분 전이었습니다. 나는 그렇게 하기를 원했으나 그렇게 할 수가 없었습니다. 시험을 받을 때에는 생각이 아주 예민해지는 법인데, 자아가 어떻게 자아를 기꺼이 포기할 수 있겠는가? 라는 생각이 불현듯 내게 떠올랐습니다. 6시 5분 전이 되었습니다. 나는 그 마지막 5분이 두려웠습니다. 시계의 째깍째깍하는 소리가 선명하게 울려왔습니다. 그때 성령께서 다시 말씀하셨습니다. '네가 바랄 수 없으면 내가 너를 도와주기를 원하느냐? 네가 바라게 되기를 원하느냐?' 원수가 '조심하라'고 속삭여 왔습니다. '상대방이 네 마음을 마음대로 요리할 수 있을 만큼 강할 때에 원하게 되기를 바라는 것은 원하는 것이나 전혀 다름없는 거야' 라고 원수는 속삭였습니다. 6시 1분 전이었습니다. 나는 머리를 조아리고 말씀드렸습니다. '주여 그렇게 되기를 원합니다.'"

한 시간 이내에 하나님의 제3위께서 들어오셨다. 그분은 히브리서 10장 19절에 있는 말씀, "예수의 피를 힘입어 성소에 들어갈 담력을 얻었나니"라는 말씀을 그에게 하셨다. 리스는 이렇게 말했다. "즉시 나는 그 거룩한 휘장 안에 있는 하나님 아버지와 구주와 성령께서 사시는 딴 세계로 옮겨졌습니다. 거기서 나는 주께서 나에게 말씀하시는 것을 들었고, 그 이래 쭉 거기서 살아왔습니다. 성령께서 들어오실 때에는 '영원히 거하시러' 들어오십니다. 주님의 보혈에 영광이 있을 지어다!"

"얼마나 내가 하나님의 은혜를 찬미했는지요! 우리에게 심지어 회개를 주시는 분도 하나님이십니다. 내가 나의 의지를 버릴 수 있도록 도와주신 분도 하나님이셨습니다. 그 주간 동안에 그분이 요구하시는 대로, 내가 그것들의 주인인지라 드릴 수 있던 것들이 몇 가지 있었지만, 그분이 나의 자아와 의지를 포기하라고 요구하실 때에는 나는 도저히 그렇게 할 수 없는 것을 발견했습니다. 그분이 철저하게 나를 도와주시기까지는"

직접 경험했던 한 증인이 그날 밤 집에서 열렸던 작은 집회를 어떤 말로도 표현할 수 없다고 증언한다. 하나님의 영광이 임하고 리스가 "주의 보혈 능력있도다"라는 노래를 시작하자 곧 합창이 되었고, 그들은 2시간 동안 노래하는 것을 중단할 수 없었다. 그 다음에 밤 9시부터 새벽 2시 30분까지는 "바로 내가 전에 꿈도 꾸지 못했던 말씀을 성령께서 증거하시고 구주를 높이시는 시간"이었다.

그는 그 다음 날 아침에 일어났을 때를 이렇게 회상했다. "성령께서 '영원히 거하시려고' 내 안에 오셨다는 것이 실감났다. 내가 느낀 것은 '그분이 나를 잔치 집에 인도하셨으며 내 위에 그분이 세워 놓으신 깃발은 사랑이었다'는 것이었습니다. 잇따라 넘쳐 온 기쁨의 물결을 형용할 길이 없었습니다."

리스 하웰스는 군중 앞에서 자신 있게 말할 수 있는 사람이 아니었다. 그는 천성적으로 조용하고 혼자 있기를 좋아했다. 그러나 성령께서 들어오셔서 그의 혀를 풀어 주시고, 그분의 담대함을 불어넣어 주셨다. 그 날 아침, 약 200명의 성직자들을 포함하여 1천여 명의 청중이 참석한 가운데 집회 천막에서 찬양 집회가 열렸다.

리스가 군중 속에서 제일 먼저 발견한 사람은 자기 교회의 목사였는데, 어떤 것이 리스의 증거하는 것을 막을 수 있었다면 그것은 자기의 군중 속에 그가 참석해 있다는 사실이었을 것이다. 그러나 그는 집회 동안 꿋꿋이 서서, 오순절 날 사도들에게 들어가셨던 성령께서 자기에게도 들어오셨으며 비슷한 결과들을 나타내실 것을 그들에게 분명하면서도 조용하게 말했다. 그 결과는 매우 커서 그 다음 주에 있을 한 유명한 설교자의 메시지를 듣기 위해 모여들었던 군중들 가운데 글자 그대로 수백 명이 찾아와 성령께서 어떻게 그에게 들어오셨느냐고 리스에게 물었다. 그것은 예수님께서 말씀하신 대로, 성령께서 내재하시는 사람들에게 흘러 넘치는 저 약속된 생명수의 첫 흐름이었다.

버려진 자를 사랑하여
6

거룩하신 소유주께서 한 재산을 소유하실 때에 그분은 이중의 목표를 가지신다. 집약적인 경작과 풍성한 수확이 그것이다. 그러나 그 토지가 미개간의 땅일 때에는, 한 부분씩 그분이 경작해 가신다. 우리는 이제 그 소유주께서 이제 막 그분 것이 된 토지에서 작업하시는 것을 보게 될 것이다.

그분이 리스 하월스에게서 개간하기 시작한 첫 땅은 기도 생활이었다. 리스는 일반적인 기도를 하는 데는 익숙해 있었지만, 어떤 사람이 기도의 응답을 받게 될 것을 아느냐고 그에게 물으면 어떻게 대답해야 할지 당황하였다. 그런데 성령께서 그에게 말씀하셨다. "기도의 의미는 응답받는 데 있다. 내가 너에게 주는 모든 것 중에서 하나도 잃어버리지 않도록 하라." 효과적인 기도를 하려면 성령께 이끌린 기도를 해야 하며 이제부터는 기분과 상상에 잡히는 대로 이것저것 아무 것이나 구할 것이 아니라 성령께서 그에게 주시는 기도만을 하라고 또 일러주셨다.

이 교훈과 아울러 다른 하나의 중요한 교훈이 있었다. 하나님께서 그를 통하여 기도에 응답해 주실 수 있는데도, 다른 사람을 통하여 응답해 달라는 기도를 다시는 하지 말라는 것이었다. 돈에 관한 기도가 그 한 예이다. 돈에 관하여 기도를 했으면, 먼저 자기가 갖고 있는 돈이 쓰여지도록 해야 한다. 성령께서 그에게 보이신 바는 그가 순복하지 않은 상태에서, 해외 선교나 다른 목적의 자금 조달을 위하여 시간을 들여 하나님께 아뢰면서도 그를 통하여 기도의 응답을 해주시기는 바라지 않을 수 있으며, 주님께서 가끔 "우리의 말뿐인 기도 때문에 곤비해 하신다"는 것이었다. 이런 모든 모순들은 한 쪽으로 제쳐놓아야 했으며, 일단 그렇게 하자 성경은 가장 현실적인 의미로 작용했다.

그를 통하여 성령께서 하신 이런 종류의 최초의 기도는 윌 배터리는 한 젊은이를 위한 것이었다. 그는 뇌막염에 걸려 아주 쇠약해진 몸으로 자기 아저씨와 함께 살기 위해 그 지방으로 몇 년 전에 왔었다. 이런 상태에서 알콜에 중독되어 그의 병세는 점점 악화되어 갔다. 그는 2년 동안 한번도 침대에서 자본 적이 없으며 함석 공장의 보일러 위에서 밤을 보내곤 했다. 그는 더럽고 덥수룩하고 양말도 신지 않았으며 구두끈도 매지 않았다.

부흥 운동이 그 지방에서 일어나고 수백 명이 새롭게 결신하였으나 아무도 그에게는 복음을 전하지 않았다. 리스 자신도 깜짝 놀랐는데, 자기 속에서 성령께서 진통을 겪고 계신 것이 바로 이 사람을 위해서임을 그가 알아차렸다. 리스는 기도로써 그를 본래의 정신과 구원에로 끌어 올려야 했으며 "말과 혀로가 아니라 행함과 진실함으로" 그를 사랑해야 했다. 그가 이렇게 말했다. "그를 사랑한다는 것은 내게 있어서 생각할 수도 없는 일이었을 것입니다. 그러나 성령께서 들어오실 때에는 구주의 사랑을 갖고 오십니다. 이 사람을 위하여 나는 목숨이라도 버릴 수 있을 것 같았습니다. 전에는 알지도 못했던 사랑이 내게서 쏟아져 나왔습니다. 자연적인 심정을 두고 말한다면, 내게 아무리 많은 여가 시간이 있다 하더라도 그를 가까이하면서 쓰지 않았을 것이며, 그 주석 공장 같은 데는 내가 얼씬도 하지 않을 곳이었습니다."

시간이 날 때에 그는 이 사람과 친구로 사귀었고 주일마다 온 종일 그와 함께 지냈다. 그의 말인즉, 그가 예배당에서 여러 다른 신자들과 함께 어울리는 것보다 이 한 영혼을 구하려고 애쓰는 데서 더 많은 기쁨을 얻었다. 사람들이 뒤돌아 희한한 듯 쳐다보는 통에 도중에 한두 번 괴로운 무안을 당하면서도 그는 마을 거리를 그와 함께 걸어다니기도 하였다.

"주님께서 그렇게 하지 않을 수 없도록 나를 끌어 당기셨습니다"라고 그가 말했다. 크리스마스 약 열흘 전에 성령께서 리스의 생활 속에 들어오신 이래 처음 맞이하는 크리스마스인 만큼 그분은 무슨 선물을 원하느냐고 그에게 물으셨다. 리스의 선택은 분명했다. 윌 배터리가 복을 얻는 것이었다. 그러나 그날로부터 배터리가 사라져 버렸다. "나는 열흘 동안 오후마다 그를 찾으러 다녔습니다"라고 리스는 말했다. "한 어머니가 자기의 애를 찾는 것처럼 말입니다. 허나 나는 아직 성령의 방법과 내가 그분을 신뢰하기를 그분께서 원하신다는 사실을 모르고 있었습니다"라고 그는 말했다. 그런데 크리스마스 전날 배터리가 그를 찾아 왔다. 리스는 계속하여 말했다. "나는 지금도 그의 발자국 소리를 들을 수 있습니다. 오, 그 감격이란! 성령께서 나를 통하여 한 영혼을 사랑하시기까지는 잃어버린 영혼에 대한 그분의 사랑을 나는 일부분이나마 전혀 깨닫지 못했습니다. 우리는 얼마나 기쁜 저녁을 함께 보냈던지요!"

"그 다음 날, 아침 10시부터 저녁 6시까지 함석 공장에서 나는 성령께서 내재하신 이후의 나의 첫 크리스마스를 이 청년과 함께 보내는 기쁨을 누렸습니다. 나의 어머니께서 우리들을 위해서 크리스마스 만찬이 담긴 바구니를 내게 가져오셨습니다. 그러나 나의 기쁨이 너무 벅차서 먹을 수가 없었습니다. 배터리가 내 몫까지 차지했습니다! 오후 4시에는 그가 한 작은 집에서 열리고 있는 집회에 나와 함께 갈 수 있느냐고 물었습니다. 나는 그곳으로 그와 함께 걸어가면서 얼마나 큰 기쁨을 맛보았던가! 나는 그가 당황할까 봐 집회에 가자고 한 번도 요구하지 못했던 것입니다."

그러나 일은 몇 주 혹은 몇 달 내로 간단히 끝나지 않았다. 그는 조금씩 향상되어 리스가 하숙방을 얻어 주고 광산에서 일자리를 얻도록 주선해 줄 수 있게끔 되었다. 그러나 그 이후에도, 리스가 불려 가서 하숙집 아주머니의 성난 얼굴을 대해야 하는 등 어려운 점들이 있었다. 윌 배터리가 탄갱의 작업복을 그대로 입고 잠자리에 들어갔던 것이다. 그 새까만 장화를 신은 채! 리스는 지체없이 하숙집 아주머니에게 세탁비는 자기가 지불할 터이니 그 이부자리를 세탁소에 보내 달라고 부탁했다. 어느 날 예배당 안의 교인들은 배터리가 근사하게 옷을 입고 집회에 참석하여 앉아 있는 것을 보고 놀랐다. 그러나 리스가 드디어 그를 설득시켜, 신앙을 갖고 수년 동안 아들을 인해 기도해 온 자기 어머니가 계신 집으로 돌아가게 하였고, 이러한 최후의 승리를 맞기까지는 3년의 세월이 걸렸다. 리스는 이렇게 말했다. "이렇게 나는 밑바닥에서 출발하여 꼭 한 사람을 사랑하였습니다. 우리가 한 사람을 사랑하게 되면 많은 사람을 사랑할 수 있게 되고 여러 사람을 사랑하게 되면 모든 사람을 사랑할 수 있게 되는 법입니다."

그를 통하여 성령께서 하신 두번째의 특별한 기도는 본명은 제임스 토마스이나 짐 스테익스로 통하는 사람을 위한 것이었다. 이 일은 또한 성령께서 "관대하게 주는" 것에 관한 첫 교훈을 리스 하월스에게 주시기 위한 방법이었다. 그가 술회하는 내용은 이렇다. "나의 돈은 이제 '새 거주자'께 속해 있으므로 '옛 거주자'는 그분이 주시는 양(量)에 대하여 군소리를 해서는 안됩니다. '새 거주자'는 본질상 '옛 거주자'보다 관대하십니다. 후자는 애굽에서와 후에 율법하의 광야에서 매우 오랫동안 살아왔으므로 기껏해야 십일조를 바치는 일에 익숙해져 있을 뿐입니다. 그래서 '새 거주자'께서 후한 선물을 주시고자 원하실 때에는 먼저 철저한 순복의 실제성을 시험하십니다. 이 시험을 통하여 그 진실성이 판명될 때에 그 이후 거대한 양이 요청되더라도 아무런 갈등이 없을 것입니다." 짐 스테익스의 경우는 리스에 대한 시험이었다.

이 사람은 워낙 성질이 못된 인물이어서 이런 말이 돌았다. 짐 스테익스가 하고자 하지 않는 것은 마귀도 할 수 없을 것이라는…. 그는 지독한 주정뱅이인지라 어느 기도 집회에서 그가 죄를 깨닫고 구원을 바라고 주님 앞으로 나오자 부흥기간 동안 그것은 크나큰 놀람과 감동을 불러 일으켰다. 그는 아이들이 집에 가득할 만큼 많은 데다 그의 오래된 음주벽 때문에 심한 가난에 찌들어 있었다. 리스 하월스는 그를 꼭 한번 만났지만 나쁜 평판이 하도 나서 잘 알고 있었다. 어느 날 아침 기도하고 있을 때에 전혀 뜻밖에 이 사람이 불현듯 그 앞에 나타났다. 리스는 이렇게 말했다. "영적인 영역에서 한 영혼을 위한 그러한 투쟁을 전에는 전혀 모르고 있었습니다. 성령께서 나를 통하여 기도하시도록 하기 위해서 나는 한 시간 동안 죽을 힘을 다하였습니다. 나는 마귀가 그를 공격하고 있으며, 만일 마귀가 그를 되돌아서게 한다면 그것은 부흥의 사역에 마귀가 가할 수 있는 가장 큰 가해 중의 하나가 되리라는 것을 깨달았습니다. 그것이 한 영혼을 두고 하나님과 마귀 사이에 벌어진 싸움이라는 것을 알고, 주님께서 그를 지키시려 하신다면 무슨 일이든 하겠다고 그분께 말씀드렸습니다."

바로 그 날 저녁 어떤 사람이 그를 만나려고 문을 두드리고 있었다. 그는 이보다 더 깜짝 놀랄 수가 없었다. 짐 스테익스였다! 그의 말대로, 그날 오전 그가 탄광에서 일하고 있는데 10시에 리스 하윌스가 '그 앞에 나타나 섰기' 때문에 2마일의 거리를 찾아 온 것이었다. 그것은 짐 스테익스가 리스 '앞에 나타나 서고' 기도의 무거운 짐이 그를 내리누르던 그 아침 바로 그 시간이었다! "괴로운 일이 있습니까?"라고 리스가 물었다. 그는 과연 그랬다. 그는 2년 치의 집세가 밀려 있어서 그 날 아침에는 집 관리인이 그의 가구에 강제 집행의 딱지를 붙였으며 이제 그 가구들을 가져가게 되었다. 2년간의 집세! 그것은 거액이었다. 잠깐 망설이다가 리스가 말했다. "내가 일년 분의 집세를 아저씨에게 드리겠습니다. 그리고 한 친구가 있는데, 틀림없이 그 친구가 나머지 반을 줄 것입니다."

그가 돈을 가지러 위층으로 올라갔으나, 계단 꼭대기에 이르기 전에 성령께서 이렇게 말씀하셨다. "그를 구원하기 위해서 네가 해야 하는 모든 것을 하겠다고 오늘 아침 내게 말하지 않았느냐? 왜 반만 주려 하느냐? 구주께서 너의 빚을 모두 갚아 너를 자유롭게 해주시지 않았느냐?" 리스 하윌스는 방향을 돌려 층계를 달려 내려와서 그 사람에게 말했다. "일년 분의 집세만을 드리겠다고 말해서 미안합니다. 2년간의 집세와 그 외에 필요한 모든 것을 드리겠습니다. 나는 마귀가 이 기회를 이용하여 아저씨를 더 이상 건드리지 못하게끔 아저씨를 구해 드려야 합니다." 리스는 후에 이렇게 말했다. "내가 그렇게 말하는 순간 하늘나라의 기쁨이 임했습니다. 어떤 것이 내 본성 속에서 갑자기 확 꺾여져 나가는 것 같았으며, 주는 것이 받는 것보다 더 행복하게 되었습니다." 그 선물의 액수는 70파운드였다.

리스는 그날 저녁 한 친구에게 찾아가 함께 기도하려고 곧장 짐 스테익스를 데리고 갔다. 가는 도중에 그는 짐에게 아내가 예수를 믿는지 물었다. 그녀는 남편에게서 한 변화를 목격하고 기뻐하지 않았을까? "예, 기뻐했지요. 그러나 아내는 구원받지 못했습니다. 집회에 입고 갈 옷이 없는걸요"라고 짐이 대답했다. 그 말을 듣고 있을 때 리스 하웰스는 능력이 그녀에게로 가는 것을 성령 안에서 느꼈으며, 그녀도 예수를 믿게 될 것을 알 수 있었다. 다음 주일 그가 그들의 집에 가보니 그녀가 죄로 상한 심령이 되어 있었다. 그 '관대한 선물'을 받고 그녀는 큰 충격을 받다시피 사랑에 감동되었고, 또 성령의 이끄심을 따라 십자가 밑에 나아가 거기서 훨씬 더 무거운 빚을, 그녀 자신을 대신하여 훨씬 더 위대한 값, 곧 그리스도의 보배로운 피로 갚아진 것을 깨달았다.

리스는 이 부부의 축복을 그 지역의 '새로운 날들의 시작'이라고 불렀는데, 가정 집회가 매주 토요일과 주일 오후에 리스 하웰스와 그의 친구들에 의하여 열리기 시작했기 때문이다. 많은 사람들이 그들에게 왔으며 가장 악명 높은 몇 사람이 주님께 그들의 마음을 드렸다. 성령 안에서의 이 새로운 삶을 영위해 감에 있어, 함께 교제하며 리스에게 많은 의미를 지녔던 한 사람이 있었으니 그는 바로 그의 삼촌인 디크 아저씨였다. 그가 랜드린도드에서 돌아왔을 때 모든 신자들이 이러한 성령께의 전적인 양도(讓渡)의 필요성을 이해할 수 있었던 것은 결코 아니며, 심지어 어떤 사람들은 반대까지 하였다. 그러나 하나님께서는 그가 동일한 마음과 뜻을 가진 사람을 그의 삼촌에게서 만날 수 있도록 섭리하셨다. 그 지역의 모든 신자들 중에서 적어도 디크 아저씨만은 전적으로 양도하여 순복 하는 생활의 필요성을 절감하고 있었다고 생각할 만했다. 그는 26년 동안을 환자로 살면서 연속하여 여남은 발걸음 이상을 걸을 수 없었으며 몇 분 이상을 계속하여 독서할 수 없었다. 그는 이런 상태를 하나님의 뜻으로 받아들여, 매일 기도로써 혹은 가족들에게 성경을 읽게 하여 들음으로써 시간을 보냈다. 부흥 운동 전에 전국적으로 영적인 상태가 맥없이 가라앉아 있었을 때, 그는 여러 사람과 뜻을 같이하여 부흥을 위한 기도에 동참하였으며 기도가 응답되는 것을 보고 크게 기뻐했다.

그런데도 그 역시 자신의 결핍된 상태를 느끼고 있었다. 부흥 운동 전에 교회 내의 가장 경건한 사람들 중에서도 영생은 값없이 주시는 선물이며, 죄의 용서는 확실하다는 것을 알고 있었던 자들은 소수에 불과했다. 그리고 부흥 운동 후에도 성령은 신자들의 몸 안에 거주하시는 한 위(位)를 가지신 인격적인 하나님이시라는 진리가 대부분의 신자들로부터 숨겨진 채로 있었는데, 디크 아저씨에 있어서도 마찬가지 형편이었다. 그는 기도의 더 큰 능력을 갈망하고 있었으나 그것을 어떻게 얻는지 전혀 모르고 있었다.

그는 리스의 회심을 기뻐했고, 리스는 그의 삼촌을 그의 가장 귀중한 영적인 안내자로 존경했던 터인지라, 리스가 랜드린도드에서 돌아온 즉시 그의 새로운 경험을 이야기하기 위하여 제일 먼저 찾아 간 사람은 당연히 그의 삼촌이었다. 그러나 그 방문은 곤란한 점이 없었던 것은 아니었으니, 주님께서 자기를 통하여 삼촌에게 성령을 주실 것을 리스에게 보여 주셨기 때문에, 즉 연소자가 연장자로부터 은혜를 입어 오다가 이제 그 형세가 뒤바뀌어진 판국이었기 때문이다. 그러나 디크 아저씨는 준비가 되어 있었다. 리스가 그 축복과 그 대가(代價), 즉 의지의 조금도 남김 없는 완전한 양도에 관하여 그에게 이야기하자 그의 삼촌은 주님의 말씀과 성경의 진리로서 받아들였다. 그가 그 문제를 해결하는 데는 3주간이 걸렸다. 리스가 찾아갈 때마다 그의 삼촌은 "수일 지나면 결단을 내릴 수 있으리라고 확신한다"라고 말하곤 하였다. 그가 결단을 내렸을 때 그것은 영광스러운 승리였다. 그는 어떤 사람이 경건하고 헌신적인데도 여전히 성령의 결핍을 겪으며 전적인 양도가 그토록 어려울 수 있다는 한 실례가 되었다.

그때부터 삼촌과 조카간에 성령 안의 교제는 매우 깊어졌다. 그것은 하나의 영적인 동역자 의식이었는데 디크 아저씨는 리스의 주요한 기도 동역자가 되었던 것이다. 그는 여전히 하루에 약 8시간씩 기도하는 일을 계속 하였으나 이것이 이전과 다른 점이었다. 성령께서 완전히 지배하시기까지는 그때마다 발생하는 필요가 기도의 제목이 되었지만, 이제부터는 리스에 있어서와 같이, 특정한 목표가 주어지고 승리를 향하여 진통하듯이 간구하고 명확하게 응답을 받는 인도함을 받아 하는 기도였다.

부흥운동에 영향받지 않은 마을
7

짐 스테익스의 집에서 약 반 마일 떨어진 곳에 예배 처소라곤 한 군데도 없고, 믿는 사람이 단 한 사람도 없는 한 마을이 있었다. 부흥 운동이 한창 일어날 때에 그 마을에서도 기도 집회가 시작되었지만 금방 사람들은 떨어져 나갔다. 짐 스테익스와 그의 아내가 축복을 받은 후 어느 날 주님께서 리스에게 이렇게 말씀하셨다. "네가 이 두 사람을 도우면서 큰 기쁨을 얻은 것처럼 한 마을 전체를 돕고 싶지 않느냐? 그러나 거기로 보냄에 있어서 너에게 가르칠 교훈이 또 하나 있다. 너는 첫 수난자가 되어야 한다는 것이다." 이 말씀은 그가 가정에서 제일 먼저 고난을 당하는 아버지나, 양들을 위하여 목숨을 버리는 선한 목자와 같이 되어야 한다는 것을 의미했다.

성령은 구주께서 죄인의 자리에 서시어 죄와 질병과 짐을 대신 짊어지신 것을 가르쳐 주셨다. 이제 그는 그 마을에 가서 성령께서 구주의 사랑을 실제적인 방법으로 그를 통하여 나타내시도록 해야 할 것이다. 성령께서 그분의 종을 그곳으로 이끄시어 첫 수난자가 되게 하시고, 결핍 중에 있는 사람들은 모두 그 필요한 것을 그에게서 충당하도록 하시려는 것이었다.

그래서 어느 주일 아침, 리스는 그의 친구인 조니 루이스와 엘리자베스 한나 존스(Elizabeth Hannah Jones) 양—후에 리스 하월스의 부인이 된다—그리고 전부터 그와 함께 일해 온 다른 젊은 신앙인들과 함께 그 마을을 방문했다. 그들은 전에 그런 광경을 목격해 보지 못했다. 술통들을 아예 밖에 내다 놓고 마시고 도박하고 온갖 놀음으로 그야말로 난장판을 이루고 있었다. 그곳은 지옥 불속의 수라장이라 불러 마땅했다. 그러나 리스 하월스는 후에 이렇게 말했다. "내 생각은 오직 한가지뿐이었습니다. 성령께서 그곳에 오실 것이며, 그분은 마귀를 추방하시고 죄를 용서하실 권위를 갖고 계신다는."

과연 그것이 그가 방문한 첫 집에서 증명되었다. 그 집 부인은 주일에 빵 굽고 있는 것을 방문객들에게 드러내 놓고 싶지 않아서 오븐 속에서 빵이 타고 있어도 손을 댈 수 없었다. 리스는 이 이야기를 듣고 그 집에 다시 가서 그가 끼친 손해를 갚으러 왔다고 그녀에게 말하고 1파운드를 탁상 위에 내어놓았다!

이 한 선행이 파문을 몰고 왔다. 삽시간에 동네 사람들은 탄광이나 공장에서 노동하는 이 한 떼의 젊은이들이 말뿐이 아닌 그 이상의 어떤 것을 갖고 있다고 생각하게 되었다. 그 부인은 자기 집을 집회 장소로 개방했으며 둘 다 술 주정꾼인 그녀와 그녀의 남편은 그 첫 결신자가 되었는데, 특히 그녀는 그 마을에서 모범적인 한 사람으로 일관했다. 성령께서는 리스 하월스가 그 마을 사람들에게 "성경적 삶을 보여야" 한다는 것을 그에게 명백히 보이셨다. 그들의 의복은 그의 것보다 더 허술했기 때문이 옷에 눈길을 끌지 않게 하기 위해서 그는 더 검소하게 옷차림을 해야 했다. 그는 미국에서 돌아올 때 금시계를 가져와서 형제들과 누이들에게 한 개씩 나눠주고 자기도 한 개 갖고 있었는데, 이제 그것을 찰 수 없었다. "네가 제일의 수난자라면 이 사람들이 가질 수 없는 물건을 갖지 말라"고 주님께서 그에게 말씀하셨다. 그 마을의 거의 모든 사람이 도움을 필요로 하는 실정이었으며 성령께서 산상수훈의 "네게 구하는 자에게 주라"는 말씀을 그에게 상기시키셨다. 그분이 이렇게 말씀하셨다. "궁핍한 사람마다 너에 대해 주장할 권리가 있다. 너는 네 모든 소유를 나에게 바쳤다. 그것은 모두 이 사람들을 위한 것이니, 그들도 너만큼 그것에 대한 권리를 갖고 있는 것이다."

최대의 돌파구는 주께서 주정꾼 중의 우두머리를 휘어잡자 열렸다. 리스는 오랫동안 그를 위하여 기도하면서 그와 관계할 수 있는 기회를 주시도록 간구했다. 이 사람은 하나님의 사랑에 관하여 듣고 무슨 말인지 이해할 수 있었지만 그 자신이 그것을 체험하지는 못했다. 기회가 왔다. 마을 밖에서 발생한 어떤 분쟁에 이 사람이 연루되어 법정 문제로 번질 참이었다. 주께서 그때, "지금이 네가 찾는 기회다. 그를 위해 그 문제를 해결해 주겠다고 말하라"고 리스 하월스에게 말씀하셨다. 그래서 그는 그 사람의 집에 찾아가서 물었다. "이 사건이 법정에 가지 않고 해결되기를 원합니까? 다른 사람들이 배상을 기꺼이 받아들인다면 내가 배상할까요?" 그는 말이 없었다. 리스 하월스는 이렇게 말하고 있다. "그 역시 다른 사람과 하나도 다를 바 없는 똑같은 사람이었습니다. 말만 가지고는 그에게 전혀 먹혀 들 수 없었으나, 하나님의 사랑을 접하고 그는 급소가 찔린 듯이 무너졌습니다. 그는 지탄을 받아 마땅하다고 고백하고 집회에 나오기 시작했습니다. 그가 이제 사람들을 사랑한다는 것을 느낄 수 있었습니다."

오래지 않아 열댓 명이 결신하게 되고 주일학교와 '소망의 모임'을 포함한 정규 집회가 시작되었다. 수많은 사람들이 술집을 떠나 주님께로 돌아오므로 전도 대원들은 전 시간을 바쳐 그들과 함께 보내야 할 필요성을 절감했다. 그들은 일주일에 다섯 번 집회를 갖고 다른 날 저녁에는 집집을 방문했다. 성령의 역사하심은 이 마을을 넘어 멀리까지 퍼져 나가 잠시 후에 모든 인근 지역의 도처에 결신자들이 생기게 되었다. 그 사역에 굉장한 능력이 있었으므로 "리스가 어느 집을 방문하면 그 집의 누군가가 예수를 믿게 된다"라는 말이 입에 오르내릴 정도였다!

리스 하월스는 탄광의 갱도에서 일하면서 주급으로 노임을 받고 있었으며, 약간의 다른 저축도 갖고 있었으나 이런 식으로 돈을 쓴다면 곧 바닥나게 될 것을 알았다. 성령께서 그에게 하신 명령과 약속을 보여 주신 것은 바로 그때였다. 돈 많은 청년에게 주님께서 말씀하셨다. "네가 가진 모든 소유를 팔아 가난한 사람들에게 나누어주고 와서 나를 좇으라." 그리고 그분은 그렇게 따르는 사람들에게 약속하셨다. "나와 복음을 위하여 집이나 형제나 전토를 버리면 금세에 백배를 받지 않을 자가 없으리라."

리스 하월스는 그가 1파운드를 주면 100파운드를 얻게 된다고 주님께서 말씀하신 것을 깨달았다. 이것이 사실일 수 있을까? 그것이 사실이라면 그는 분명히 마지막 판국에 이르게 되는 날을 기다릴 것이다. 그러나 실제로 그러할까? 그의 상상을 사로잡은 것은 이것이었으니, 곧 돈이 다 떨어지는 사태가 아니라 약속을 통하여 이 사태가 역전되는 가능성이었다. 그 교환이 실제로 발생하고 그가 백배를 받을 수 있었는가?

드디어 돈이라고는 마지막으로 1파운드밖에 남지 않았다. 그때 성령께서 말씀하셨다. "줄을 끊고 약속을 붙들어라." 그것은 하나님을 의지하여 발걸음을 내딛으라는 직접적인 말씀이었다.

그러나 항상 그런 일을 이야기하기는 실제로 행하는 것보다 훨씬 쉽다. 풍부한 데서 100파운드 주는 것은 이렇게 마지막으로 남은 한 파운드를 내주고 15년만에 처음으로 무일푼이 되기보다는 훨씬 쉬웠다. 그는 이렇게 말했다. "오, 마귀는 얼마나 나를 불쌍한 신세라고 비웃고 그럴듯하게 속삭여 왔던가! 그렇게 하는 것은 어둠 속을 헤매는 짓이요, 한 파운드라도 남겨 두지 않는다면 설사 어디서 집회 같은 것이 열린다 해도 갈 수 없을 것이라고 마귀는 나를 설득시키려 했습니다. 그러나 성령께서 나에게 보이신 것은 어디든 내가 가는 것을 하나님께서 원하신다면 그 방법을 틀림없이 마련하여 주실 것이라는 점이었습니다. 위험이 오히려 그 반대의 경우에 있었습니다. 다시 말하면 사람이 돈을 갖고 있으면, 하나님으로부터 도망가기 위하여 뱃삯을 지불할 수 있었던 요나와 같이 하나님께 의논도 드리지 않고 제멋대로 갈 수 있기 때문입니다. 사실 하나님께서 우리의 수단을 통제하지 않으신다면 우리는 진정으로 완전히 붙들린 종이 될 수 없다는 점입니다."

그리하여 그는 과감히 모험을 단행하여 그의 극단적인 곤궁이 하나님의 기회라는 복된 진리를 터득하게 되었다. 그가 스스로 공급할 수 없는 것을 위하여 하나님께 간구할 수 있는 권리를 갖고 있다는 사실에 그의 눈이 띄었다.

　성령께서 말씀하신 대로 그 마을 사람들이 그들의 필요를 채우기 위하여 그의 돈에 대해 권리를 갖고 있는 것처럼, 이제 그도 그의 필요를 충족시키기 위하여 하나님의 자원에 대해 권리를 갖고 있음을 깨달았다. 첫 주간에 그에게 2파운드가 필요했으며, 그는 기도로써 그가 그 돈을 갖고 있었더라면 주님께 나아오지 않았을 것이라고 말씀을 드릴 수 있었다. "내가 그 돈을 갖고 있다면 그 돈으로 내가 할 그 일을 주님께서 하여 주시기를 구하고 그것은 그분의 사업을 위한 것임을 그분께 아뢰었을 뿐입니다. 그 기도가 응답되었습니다. 내가 이제 유한한 인간의 자원과 결별하고 하나님의 무한한 자원과 손잡게 된 것을 생각하고 얼마나 기뻐했던가! 하나님의 약속이 은행의 돈을 대신했고 내게 있어서는 통화와 다름없는 것이었습니다. 보고(寶庫)가 어디에 있으며 어떻게 거기에 이를 지를 내가 알고 있었기 때문에 이제 내가 어디에 가든지 더 이상 내 돈주머니를 채비하고 다닐 필요가 없었습니다!"

　그 마을에 있어 최대의 시험이 다가왔다. 최근의 파업이 노동하는 주민들에게 큰 타격을 주면서 8개월 동안 계속되었으므로 리스는 이번의 것도 그 정도로 오래갈 것이라 생각했다. 그가 이런 짐으로 시름하고 있는데 주님께서 그에게 한 질문을 제기하셨다. 그가 자신의 가족을 위하여 할 일을 그 마을 주민들을 위하여 성령께서 그를 통하여 하시도록 허용하겠느냐는 것이었다. 성경은 먹고 마시는 것을 염려하지 말라고 약속하고 있다. 그가 그 약속을 마을에 고하고 빵과 치즈와 차와 설탕을 그들에게 공급하러 나서야 할까? 두 사람의 식료품 상인이 마을 사람들에게는 어느 것 하나 외상으로 주지 않을 것이지만 리스에게는 신용하여 대부해 줄 것을 그는 알고 있었다. 그가 100파운드쯤 빌리면 될까? 그것은 굉장한 도전이었다. 그가 그런 일을 어떻게 할 수 있을까? 파업이 시작되기 전 날인 주일 밤까지 그것을 결정하지 못하다가 그때 가서야 그는 집회 시간에 그들에게 이렇게 말하였다. "이번 파업은 9개월간 계속될지 모르겠습니다만, 여러분 중의 한 사람도 하나님의 약속하신 것이 떨어져 배고파하지 않을 것입니다. 아무도 염려하거나 두려워하지 마십시오." 그날 밤 임한 축복이 너무 커서 그들은 집회를 중단하고 밖으로 나와야 했다고 그가 말하고 있다. "찬양이 하늘에 오르고 천사들이 우리를 맞으러 내려오는 것 같았습니다."

다음 날 아침, 그는 우연히 잘 알려진 한 불가지론자를 만났는데, 그는 대뜸 교회의 무익함을 불평하고 파업의 원인으로서 광산 당국을 비난하기 시작했다. "그런데 고난을 겪고 있는 주민들을 위하여 당신 자신은 무엇을 하려고 합니까?"라고 리스가 그에게 물었다. 그리고 지난밤에 주님께서 그에게 주민들 앞에서 약속하게 하신 것을 그에게 이야기했다. 그는 입을 다물었다. 이것이 대항하여 오는 반론을 꺾는 능력있는 기독교이다. 천만 뜻밖에도 신문 배달 소년이 파업이 해결되었다는 소식을 갖고 왔다.

삼 년 동안 매일 밤 리스 하월스는 하루의 노동이 끝난 후에 1마일을 걸어 그 마을에 다녔다. 날씨도 그를 중단시키지 못했다. 어느 날 밤 그가 폭우를 맞으면서 황량한 들판을 걸어오느라 홈뻑 젖어 집에 도착하니 그의 아버지가 이렇게 말했다. "나 같으면 20파운드를 준다 해도 오늘 밤 그 곳을 걸어오지 못하겠다. "나도 20파운드 받고 이런 일을 하지 않을 것입니다"라고 리스가 대답했다.

부랑자들 8

 하나님의 모든 젊은 종들은 육체를 제어하는 것을 배워야 한다. 그들은 젊은 날에 필요한 교훈을 경험하게 된다. "너의 오른 손이 너를 범죄케 하거든 찍어버리라…."

하나님께서는 리스 하웰스에게 있는 한 단순한 기호, 곧 식욕을 다루시기 시작하셨다. 사단의 공격에 의하여 전열이 흐트러진 어느 집회 때문에 그가 번민하고 있을 때였다. 주께서 그에게 기도와 금식으로 하루를 보내라고 지시하셨는데 그것은 그에게 새로운 것이었다. 안락한 집과 하루 네 끼니에 익숙해 있는 그인지라 정찬을 생략하라는 지시는 충격처럼 느껴져서 내심으로 동요를 일으키고 있었다. 그것은 한 번으로 끝날 것인가? 하나님께서 그에게 매일 그렇게 하라 하신다면 어쩔 것인가!

정오가 되었을 때 그는 침대에 무릎을 꿇고 있었으나 한 시간 동안 기도가 나오지 않았다. 그는 후에 이렇게 말했다. "내 속에 그런 욕망이 깃들어 있는 줄은 몰랐습니다. 내 마음의 분란은 그 욕망이 나를 강하게 움켜쥐고 있는 증거였습니다. 그것이 나를 사로잡지 않았다면 왜 내가 발뺌을 하려고 궁리했겠습니까?"

한 시에 그의 어머니가 그를 부르자 점심을 들지 않겠다고 대답했다. 그러나 어머니가 다시 불러, 항상 어머니들이 그러하듯이 "밥 먹는데 무슨 시간이 걸리느냐"라고 재촉했다. 아래층에서 올라오는 음식 냄새가 참고 억제하기에는 너무나 강렬하게 느껴져 그는 아래층으로 내려갔다. 그러나 식사를 한 후 그의 방에 돌아와서는 다시 하나님의 존전에 도저히 들어갈 수 없었다. 성령께 불순종했다는 생각에서 벗어날 수가 없었다. 그는 이렇게 말했다. "나는 에덴 동산의 그 사람과 같다고 느꼈습니다. 산에 오르고 수마일을 걸으면서 내 안에 있는 그 '옛 사람'을 저주했습니다. 내 일생이 끝나는 날까지 하나님께서 나로부터 점심을 빼앗아 가신다 해도 마땅하여 그분께 드릴 말이 없으리라 느껴졌습니다. 어떤 사람들에게 있어서는 그것이 아무것도 아닌 것으로 보일지 모르지만, 일단 하나님의 역사하시는 손에 특별히 붙잡힐 때에는 어떤 이유에서도 그분을 불순종할 수 없으며 자기 딴의 변명을 주장할 수 없습니다. 나는 많이 울었으며, 그분이 이렇게 말씀하시기까지는 그 존전에 다시는 나를 받아들이지 않으실 것만 같았습니다. '내가 너를 용서하겠다. 그러나 벌을 받지 않고 그냥 지나가는 것은 아니다. 6시부터 9시까지 네가 기도하는 동안 손을 들고 있으라' (출 17:11, 12; 딤전 2:8)." 사람이 하나님께 가까우면 가까울수록 가장 작은 죄라도 크고 무섭게 보인다.

그 후 그는 수일 동안 점심을 들지 않고 그 시간을 하나님과 함께 보냈다. 그는 후에 이렇게 말했다. "내가 그 일에 승리한 순간, 그것은 대단한 것이 아니었습니다. 그것은 단지 그분이 나에게 다음 번의 지시를 하시기 위한 디딤돌에 불과했습니다. 아직도 어떤 것을 바라고 있는 동안에는 그것을 마음으로부터 떨쳐 버릴 수 없습니다. 그 위에 우리가 치솟아 올라섰을 때 그분이 그것을 우리에게 다시 주실 지도 모릅니다. 그러나 그때는 우리가 그 속에 파묻혀 있지 않게 됩니다."

이로부터 오래지 않아, 또 그 마을에서 그가 복음 사역을 시작한 지 겨우 2, 3개월 후에 더 중대한 분부를 그에게 내리셨다. 이 임무를 위하여 여러 훈련들이 준비 과정으로서 필요했던 것이다. 그분은 뜨내기들, 그 지역에서 집과 일터가 없이 이곳저곳을 떠돌아다니는 많은 사람들을 돌보는 직무를 그에게 맡기셨다. 전도단은 그들에게 오는 모든 부랑자에게 재기의 기회를 제공해 주어야 했다. 그것은 무가치한 죄인에 대한 하나님의 사랑이 어떠한 것인지를 보여주는 실제적인 교훈이어야 했다. 성령께서는 그들이 해야 할 것을 명백히 하셨다. 부랑자들의 각 사람에게 새 옷을 입히고 거처와 일터를 마련해 주며 그가 첫 봉급을 탈 때까지 그의 집세를 대신 지불해 주는 것 등이었다. 리스는 이렇게 말하고 있다. "우리는 이사야 58장을 실천에 옮기도록 명령받았습니다. '주린 자에게 네 식물을 나누어주며 유리하는 빈민을 네 집에 들이며 벗은 자를 보면 입히며….' 우리는 성경이 문자 그대로 사실인 것을 믿지 않는 사람들을 사랑으로 꾸짖었습니다. 이제 성령께서 우리 자신의 신앙을 실천으로 증거해 보이도록 강권하시는 것이었습니다! 산상수훈은 천국의 법을 개진하고 있는데 우리는 철두철미하게 그 법을 따라 행동해야 했습니다. '속옷을 가지고자 하는 자에게 겉옷까지도 가지게 하며 네게 구하는 자에게 주며…너희 원수를 사랑하며….'"

"이것을 통한 성령의 목적은 조금도 사랑스럽지 않은 사람들을 사랑할 수 있는 삶의 단계로 나를 이끄시려는 것임을 곧 알아차렸습니다. 한 부랑자를 나의 친 형제처럼 사랑하자면 먼저 나의 자아 중심적인 성품과 자연적인 사랑이 하나님의 성품과 사랑으로 바꾸어져야 했습니다. 마을의 일반 주민을 돕는 것은 부랑자들을 돕는 일에 비하면 쉬운 일이었습니다. 그들은 보통 생의 의욕을 상실하여 아예 자립하려고 하지 않는 사람들이며, 가끔 타인의 도움을 고맙게 여기지도 않기 때문이었습니다. 그러나 나는 나의 친 형제를 보살피듯이 그들 각 사람을 도와야 했습니다."

이 새로운 임무를 부여받은 바로 그날 그들은 처음으로 집회에 참석한 한 부랑자를 보았다. 그는 일과 일정한 잠자리도 없이 수개월 동안 길거리에서 지냈는데 집회 중의 노랫소리를 들어왔다. 그는 그들이 베푼 환대에 녹아 버렸다. 신자 중의 한 사람이 그에게 방을 주고 직장을 구해 주었다. 이틀이 지나서 또 한 사람이 왔다. 리스는 이렇게 말하고 있다. "자선을 베푼다는 소식이 전파를 탄 것처럼 삽시간에 멀리멀리 퍼져 나가 우리가 생각했던 것보다 훨씬 더 많은 사람이 찾아왔습니다. 우리는 그들을 막을 수가 없었습니다. 그들 자신들이 오고 싶어 왔을 땐 우리가 그들에게 돌아가라고 감히 말할 수 없었습니다. 나는 그들을 부랑자라고 부르지 않고 구주께서 사용하신 이름을 더 좋아하여 그들을 탕자들이라고 불렀습니다. 그리고 요한일서 4장 20절의 말씀에 따라 구주께서 위하여 죽으신 가장 작은 소자를 우리가 사랑하는 이상으로 우리가 구주를 조금도 더 사랑하지 않는다는 것을 깨달았습니다."

이 모든 것을 통하여 성령께서는 자기의 종을 중보의 비결―중보자가 자기 자신을 위하여 기도하는 사람들과 동일시하는 것―속으로 점점 더 이끌어 가고 계셨다. 그분은 윌 배터리와 어울리라고 그에게 말씀하셨는데 그것은 리스 자신의 자존심을 꺾는 일이었다. 그분이 짐 스테익스의 부채를 책임지라고 하셨을 때는 그의 돈주머니를 완전히 털어 바쳐야 했다. 이제 그분이 부랑자들의 육체적 고통을 같이 나누라고 그에게 분부하시니 그의 육체가 고난을 겪어야 할 것이다. 그는 그들이 느끼는 대로 느끼고 그들이 앉는 곳에 앉는 법을 약간 배울 수 있었다. 부랑자들은 다른 사람들처럼 풍부한 음식을 먹지 못한다. 하나님께서 그에게 그들의 위치로 내려가라고 명령하셨다. 정부가 운영하는 숙박소는 부랑자들에게 하루 두 끼니를 제공하였는데, 주님께서 리스 하월스에게 그와 같이 빵과 치즈와 죽을 두 때만 먹고 살라고 말씀하셨다. 점심의 금식은 이것을 위한 준비였던 것이다.

자연히 그는 집안에서 난처하게 됐으니, 광부의 중노동을 하면서 그가 그런 생활을 하는 것을 그의 어머니가 가장 싫어했다. 그러나 절제의 기간이 지난 후에 나머지 소년들보다 "얼굴이 더욱 아름답고 살이 더욱 윤택하게" 된 바벨론의 네 소년에 관한 성경 역사를 들어가면서 그는 자기의 주장을 끈질기게 내세워 굽히지 않았다. 그의 어머니는 아들의 주장에 동의해야만 했다. 애틋한 모성애의 지혜에서 그녀가 만들 수 있는 모든 자양분을 저녁 국에 넣었다. 하지만 충분치 못했으리라!

그는 아침 6시 30분에 식사하고, 탄광에서의 그의 일과가 끝난 후 그 마을로 향하기 전인 저녁 6시 30분에 또 한번의 식사를 했다. 다른 식구들과 한 식탁에 앉아서 그들과 다른 음식을 드는 것은 처음에는 육체적으로나 정신적으로 정말 고역이었다. 그는 이렇게 말하고 있다. "나는 이 새로운 일이 어디쯤에서 끝날는지, 이렇게 하는 목적이 무엇인지 아주 의아해 했습니다. 다른 식구들이나 나나 금식하는 것을 본 일이 없으므로 이 '실험'은 곧 끝나게 될 것이라 생각했습니다. 그러나 2주간도 안 걸려 주님께서 나의 식욕을 바꾸어 버리셨으므로 전에의 하루 네 끼니 식사보다 두 끼니의 식사를 더 좋아하게 됐습니다. 강렬하던 식욕은 사라졌으나, 그 기간 동안 내내 나의 건강은 어떤 사람보다도 더 훌륭했습니다. 두통의 낌새도 느껴 보지 못했으며 나의 육체는 최상으로 적합했습니다."
그렇게 2년 반 동안 살았다.

부랑자들의 필요를 공급하다 보니 작은 전도단의 모든 수입이 바닥나고 말았다. 그들은 더욱더 깊이 믿음의 생활로 나아갈 수밖에 없었다. 한밤중의 친구 비유는 당시의 그들에게 정말 생생한 현실로 느껴졌는데, 단 한가지 차이점은, 그 친구는 하룻밤만 친구에게 가서 귀찮게 하였지만 그들은 거의 매일 밤 찾아갔던 것이다! 리스가 말하고 있는 바와 같이, 그들은 에반 홉킨스 목사(Rev. Evan Hopkins)가 세 가지 입장, 즉 고투와 붙듬과 안식의 입장들에 관해서 가르치던 것을 실증했다. 홉킨스 목사가 사용한 도해적인 설명은 배가 난파하여 사람들이 바닷물 속에 빠진 경우에 관한 것이었다. 고투하는 입장에서는 사람들이 물 속에서 파도와 싸워 자신을 구조해야 한다. 붙들고 있는 입장에서는 그들이 구명정을 붙들고 있으므로 그들 자신은 매우 안전하나 다른 사람을 아무도 구조해 줄 수 없다. 그들의 손을 다른 데 사용할 수 없기 때문이다. 쉬는 입장에서는 구명정 안에 앉아 다른 사람들에게 자유로이 손을 내밀어 도울 수 있다. 타인을 구조하는 일은 항상 그들이 편히 쉬는 믿음을 소유했을 때에 가능했다.

리스는 이렇게 말했다. "우리가 그들을 처음 돕기 시작했을 때에는 너무 많은 사람이 몰려와서 그들에게 필요한 것을 우리가 제공할 수 없게 되면 어쩌나 하고 두려워했습니다. 두려움이 있는 한 내적으로 고생스런 투쟁이 있었습니다. 우리는 곧 그들의 필요를 제공할 수 없는 것을 발견하게 되었는데, 그것은 주님께서 우리가 이르기를 바라시는 그곳이었습니다. 그때에 우리가 하나님을 신뢰하고자 하면 그분이 다 하실 수 있다는 것을 깨달아야 했습니다. 성령께서는 우리가 한두 번 실패자들이 되게 하셔서, 우리가 스스로 투쟁하고 그것을 자력으로 해내려고 애쓰는 것을 포기하도록 하셨습니다. 우리는 하나님의 약속을 붙들고, 우리에게 오셔서 구조해 달라고 그분께 호소했습니다. 그분은 우리를 결코 실망시키지 않으셨습니다.

"많은 시련을 거친 후에 우리는 안식처를 찾아냈습니다. 우리는 식당에서 봉사하는 웨이터처럼 된 것입니다. 10명이 오든, 15명이 오든, 20명이 오든 우리가 관여할 바가 아니었습니다. 우리의 주인께서 필요한 모든 것을 틀림없이 제공하실 것을 우리는 알았습니다. 우리는 주님께 원하시는 만큼 많이 보내 달라고 아뢰었습니다. 우리는 2주마다 식료품상에 청구서의 액수를 지불했는데, 그때마다 함께 모여 우리의 호주머니를 전부 털었습니다. 이런 경우가 있었습니다. 청구 액수가 많을 것으로 예상되었는데 몸이 아파 돈을 벌지 못하고 있던 한 형제가 '나는 부끄럽게도 45센트밖에 갖고 있지 않아. 그것이라도 내놓을까?'라고 말했습니다. '물론이야. 그것은 과부의 두 엽전과도 같을 것이다'라고 우리가 대답해 주었습니다. 우리가 상점에 들어가 청구서를 받아 보니 45센트가 필요한 잔돈을 꼭 떨어지게 충당하고 있었습니다. 우리는 그날 밤 작은 선물을 멸시하지 말아야 한다는 것을 배웠습니다. 우리는 거듭거듭 돈이 필요한 액수와 한 페니도 틀리지 않게 들어오는 것을 경험했으며, 그것이 10파운드 더 여유 있게 갖는 것보다 우리를 더 기쁘게 했습니다."

세 달쯤 지나니 부랑자들 중 많은 사람들이 도움을 받게 되었다. 각기 새 옷을 받고 직장에 알선되고 좋은 숙소에 들어가게 되었다. 어떤 사람들은 영생을 얻었다. 어느 날 저녁, 집회에 그러한 사람들 중의 16명이 좋은 옷을 입고 참석하여 "내 영혼 평안해"라고 마음으로부터 노래를 하고 있었다. 리스의 옆에 앉아 있던 한 형제가 속삭였다. "예, 그리고 우리의 육체도!"

그러나 그러한 봉사를 해 온 사람들만이 그 진정한 값어치를 알 수 있었다. 좋은 새 옷을 갈아 입혔는데도 다시 부랑자의 모습으로 나타나는 경우가 종종 있었다. 그 옷을 팔아 버리고 또 옷을 얻어 입으려고 온 것이었다. 음주로 자신을 완전히 망쳐 거리의 이 구석 저 구석을 구경하면서 떠돌아다니는 한 초로의 부인이 있었다. 그들이 그녀에게 숙소를 구해 주었으나 폐렴으로 몸져눕게 되니, 그녀의 아들도 딸도 그들의 어머니를 간호해 주기를 기피하고 있었다. 리스 자신이 한 밤을 꼬박 새워 그녀를 간호하고 아침에 집으로 돌아오자 그의 어머니마저 "그 늙은 죄인을 시중드느라 온 밤을 지새웠느냐"고 그를 꾸짖었다. 하나님 아버지께서 더러운 누더기를 걸친 것 외에 아무것도 없는 우리 모두를 다시 받아 주신 것을 리스가 그의 어머니에게 상기시켜야 했다. 또 이런 사례가 있었다. 리스가 부랑자 가족을 위해 집을 구해 주고 남편에게는 직장을 알선하여 주었다. 또 한 가족이 도움을 구하러 왔다. 그는 지난번 가정에 찾아가서 집이 충분히 넓으므로 그 집을 후에 온 가정과 함께 사용하라고 부탁했다. "뭐요! 부랑자들을 우리 집에 받아들이라고요!" 이것이 그가 받은 대답이었다. 말 한마디 못하고 그는 돌아서서 다른 장소를 구해야 했다.

리스는 이렇게 말하고 있다. "이 믿음의 학교에서 수개월이 지난 후에는 성령께서 이런 사람들에 대한 뜨거운 사랑을 우리의 심령 속에 부어 주셨으므로, 우리는 그들을 궁핍 속에 내버려두기보다는 차라리 죽고 싶을 정도였습니다. 우리는 그들에게 아버지처럼 되었습니다. 낙망한 적도 많았습니다. 그러나 우리를 훈련하는 일부분이었기 때문입니다. 친절을 고마워하지 않고 오히려 종종 성령을 슬프시게 하며 언약의 피를 짓밟아 버리는 사람들도 있었습니다. 하여간 우리는 수많은 비평자들을 침묵케 할 사건들 속에서 살았습니다."

부랑자들의 일로 리스가 당한 최후의 시험은 그 자신의 집에서 발생했다. 그는 입지 않고 내버려진 옷들을 되는대로 그 마을로 가져가는 버릇이 생겼다. 그들은 늘 큰 상자에 낡은 옷들을 가득 채워 두었으나 잠시 후 어떤 것에 대고 기울 한 조각의 천도 마련할 수 없을 만큼 바닥난 것을 발견하고서는 그의 어머니는 웃음으로 넘겨 버렸다. 그러나 부랑자들이 집에까지 찾아오기 시작하자 시험은 더욱 심각해졌다. 집에서 부랑자들을 구별하여 취급하지 말도록 주님께서 리스에게 말씀하셨다. 리스는 이렇게 말하고 있다. "그들을 밖으로 내보내는 것은 구주를 돌려보내는 것과 같은 것임을 알았습니다. 그리고 큰 시험이 다가오는 것을 예견할 수 있었습니다. 내가 일어서서 집밖으로 떠나야 하는 사태일지도 몰랐습니다." 그러던 어느 날 밤 극한 점에 이르렀다. 가족 몇 사람이 형편이 그대로 계속된다면 집을 떠나겠다는 것이었다. 그들이 직장에서 귀가할 때마다 이 부랑자들이 와 있었고, 또 아버지의 의자에 앉아서는 아버지가 방에 들어와도 일어나지도 않았다. 그러자 가족들은 자기들이 다 집을 나간 뒤 어머니에게 무슨 일이 일어나건 책임지지 않을 것이라고 으르렁댔다. 리스는 이렇게 말하고 있다. "내 아버지의 가정이 무너질지도 모르는 위험을 목격하는 것은 내 일생 최악의 시련 중의 하나였습니다. 그러나 나에게 놀라운 지혜가 주어져 이렇게 대답하였습니다. '내가 뜨내기들의 발을 막는다면, 너희들의 친구들도 우리 집에 오는 것을 막아야 하지 않겠니? 우리들은 모두 친구들을 집에 데리고 오잖아. 내가 만약 내 자신을 낮추어 그 뜨내기들을 내 친구들로 여긴다면 그들도 자유롭게 우리 집에 와야 하지 않겠니?' 승리가 왔습니다. 그런데 이상한 일은 그 후로 한 부랑자도 우리 집에 오지 않은 것이었습니다."

강한 자를 결박하고
9

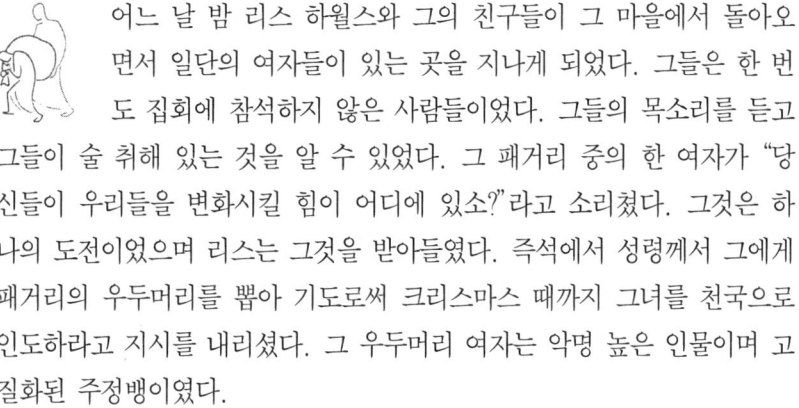
어느 날 밤 리스 하월스와 그의 친구들이 그 마을에서 돌아오면서 일단의 여자들이 있는 곳을 지나게 되었다. 그들은 한 번도 집회에 참석하지 않은 사람들이었다. 그들의 목소리를 듣고 그들이 술 취해 있는 것을 알 수 있었다. 그 패거리 중의 한 여자가 "당신들이 우리들을 변화시킬 힘이 어디에 있소?"라고 소리쳤다. 그것은 하나의 도전이었으며 리스는 그것을 받아들였다. 즉석에서 성령께서 그에게 패거리의 우두머리를 뽑아 기도로써 크리스마스 때까지 그녀를 천국으로 인도하라고 지시를 내리셨다. 그 우두머리 여자는 악명 높은 인물이며 고질화된 주정뱅이였다.

이것은 새로운 일이었다. 그는 많은 주정뱅이들이 개심하는 것을 보아 왔으나, 언제나 그들과 함께하는 개인적인 친밀한 접촉을 통하여 주님께서 역사 하셨다. 그러나 이 경우에는 그 여자와의 접촉이 요구되지 않았으며, 인격적인 감화를 사용하지 말고 보좌를 움직이는 기도를 통하여 그녀에게 접촉하라고 주님께서 말씀하셨다. 그것은 진정한 능력의 시험이 될 것이다. 성령께서 그를 통하여 그녀의 인생을 좌우하는 마귀의 지배권을 분쇄하는 속죄의 능력을 행사하시어 강한 자를 결박하고 그 재물을 탈취한다는 마태복음 12:29에 있는 예수님의 말씀을 성취하실 수 있을까? 마귀가 패배하는 이 하나의 가시적인 증거를 그가 얻을 수 있다면 성령께서 그 승리를 대규모적으로 그를 통하여 적용하실 수 있음을 그는 깨달았다. 이렇게 하시기 위하여, 성령께서 그에게 요한복음 15:7의 말씀을 보이셨다. "너희가 내 안에 거하고 내 말이 너희 안에 거하면 무엇이든지 원하는 대로 구하라 그리하면 이루리라." 그것은 전적으로 그가 주님 안에 거하느냐 거하지 않느냐에 달려 있었다.

이 '거하는 것'이 앞으로의 그의 중보 생활에서 중심적인 위치를 차지하므로 성령께서 그것에 관하여 리스에게 가르쳐 주신 것이 무엇인지 깨닫는 것은 중요한 일이다. 이 관건이 되는 요한복음 15:7의 본문 말씀은, 그 약속이 무한하나 그 성취는 그의 안에 거한다는 사실에 달려 있음을 분명히 하고 있다. 그렇기 때문에 중보기도하는 모든 경우에 있어서 리스가 항상 그의 '거하는 처소'에 머물러 있어야 할 것을 이야기하곤 하였다. 안에 거하는 성경상의 관건은 "저 안에 거한다 하는 자는 그의 행하시는 대로 자기도 행할지니라"라고 한 요한일서 2:6의 말씀 안에 있다. 다른 말로 하면, 구주께서 우리 입장에 계시다면 그분은 어떻게 사실까를 생각하여 그분이 사실 그 삶을 성령께서 우리를 통하여 사시기를 바라는 것을 의미한다.

리스가 이 '안에 거하는 것'을 유지하는 방법은 이러하였다. 중보의 사역이 계속되는 동안 그는 매일 일정한 시간을 하나님을 바라면서 기다렸다. 그때 성령께서 말씀을 통하여 그에게 말씀하시고 그가 이르러야 할 표준, 특히 '천국의 법칙', 곧 산상수훈에 있는 표준을 보이셨다. 성령께서 그에게 주신 명령은 어떤 것이든 그가 이행해야 했다. 내재하는 방법은 그분의 계명을 지키는 것이기 때문이다(요 15:17). 성령께서는 또한 그의 마음을 살펴 그의 일상생활을 조명하시고, 고백과 피의 씻음이 필요한 동기들과 행동을 밝히시곤 하셨다. 그러나 성령께서 취급하시는 것은 외면적인 부족들이라기보다 그 잘못들이 솟아나는 원천인 자아 중심적인 본성이었다. 어떤 범죄도 되풀이돼서는 안되었으며, 그 문제된 것에서의 특정한 순종이 근본적으로 내적인 변화가 이루어질 때까지 요구되곤 하였다. 그는 "성령을 통하여 진리를 순종함으로 깨끗하여졌다"(벧전 1:22). 전 날 그에게 주어진 모든 것을 순종하지 않고는 그가 하나님의 존전에 결코 나아갈 수 없었다.

내재의 필요성은 그 동일한 장인 요한복음 15장에서 보게 된다. 생명은 포도나무 안에 있다. 가지가 나무에 붙어 연결되어 있을 때, 포도나무의 생명이 가지를 통하여 포도를 맺는다. 다시 말하면 능력은 그리스도 안에 있다. 중보자가 그분 안에 내재하여 그분에게 연합되어 있으면 그분의 능력이 중보자를 통해 역사하여 필요한 일을 성취한다.

리스가 이 내재의 장소에 매일매일 계속하여 거하면, 성령께서 적과 싸워 분쇄하고 계심을 그가 점차 의식하게 될 것이며, 결국 승리를 완전히 확신하게 될 것이다. 그때 성령께서 중보는 끝났고 목적지는 점령되었다고 그에게 말씀하실 것이니, 그는 이제 찬양과 믿음으로 눈에 보이는 구원을 기다릴 것이다. 내재하는 데에는 정도와 단계가 있다. 연합이 깊으면 깊을수록 그리스도의 부활하신 생명의 능력이 통로를 통하여 더 크게 역사하며 영적 권위의 새로운 위치가 확보된다. 리스 하월스의 내재하는 생활은 항상 그때까지 비춰진 빛에 의한 것이었다. 그런 의미에서 특정 기간의 내부 생활은 '완전하다'고 말할 수 있었고 승리를 주장할 수 있었다. 그가 더욱더 그리스도를 닮아 가기 위한 장도(長途)가 아직도 그를 기다리고 있지만, 내재 생활의 첫 주 동안 주께서 매일 밤 그에게 여러 가지를 말씀하셨다. 그는 이렇게 말하고 있다. "그분은 내 성품을 살피기 시작하시고 나의 동기 깊은 곳까지 파헤쳐, 내가 꿈에도 생각지 못했던 것을 거기서 지적해 내시기 시작하셨습니다. 그것은 매일 죽는 일이었습니다. 나는 되씹어 생각해 보았습니다. '물러나는 것이 가능할까?' 그러나 순종함으로 깨끗하게 씻겨지고 결국 둘째 주가 되어서 그는 이렇게 말하기에 이르렀다. "나는 내 위치에 더욱 익숙하게 되었습니다. 성령께서 마귀를 결박하고 계시는 것을 볼 수 있었습니다. 내가 혈과 육에 대항하여 싸우고 있는 것이 아니라 공중에 있는 악한 영들과 싸우고 있는 것을 곧 깨닫게 되었습니다." 그 후 몇 주 동안 그가 "모든 일에 성령님께 즉각적으로 순종하였으므로" 놀라운 교제의 기간이 이어지더니 여섯째 주 주말이 되었을 때, 성령께서 그에게 내재 생활이 완전하고 승리가 확실하게 되었다고 말씀하셨다. "나는 이제 내주하라는 명령이 없이도 내주하고 있었으며 내 위치에서 행하였습니다. 이제 이 여자가 움직이는 것을 볼 수 있을 것이라고 주께서 말씀하셨습니다."

바로 그날 밤 야외 집회에 처음으로 그녀가 참석한 것을 보고 영혼에 전율을 느끼면서 그가 마귀에게 말했다. "성령께서 너보다 더 강하시다는 것을 내가 알고 있다. 너는 이미 갈보리에서 아무런 힘도 쓸 수 없게 되어 버렸다."

그는 모른 체하고 그녀에게 일체 관여하지 않았지만, 그녀는 곧 가정 집회에 참석하기 시작했다. 리스의 기도 제목에 관하여 듣고 알고 있었으므로 많은 사람들이 호기심 차서 넘겨다보았다. 이제 우리는 승리를 손에 얻기도 전에 찬양부터 불러야 할 형편이었다. 크리스마스에 이르는 6주 동안 그가 그녀를 위해 기도하는 것을 성령께서 허락하지 않으셨다. 그는 이렇게 말하고 있다. "원수가 우리를 기도해야만 할 것 같은 압박감으로 내리누르는 상황인지라 기도하지 않기란 투쟁하는 것만큼 어려웠습니다. 그러나 그런 기도는 의심하는 것을 뜻하는 것이었습니다." 그 기간 동안 그 여자에게는 회개의 외적인 표시가 아무것도 없었다.

크리스마스 아침이 왔다. 그가 받은 말씀은 가서 그것을 소유하라는 것이었다. 그는 이렇게 말한다. "모세와 같은 사람들이 될 일을 미리 말하면서 경험하던 것을 나도 맛볼 수 있었습니다. 그날 추호의 의심도 내 마음에 일지 않았습니다. 나는 얼마나 힘에 넘쳐 있었던가! 온종일 주님을 찬양했습니다. 크리스마스 선물이나 카드 같은 것은 거들떠보고 싶지도 않았습니다. 내 크리스마스 선물은 바로 이것이었습니다!"

집회 시간이 되니 그 여자가 나와 있었지만 많은 사람들이 아이들을 데리고 와 있었고 소음이 가득 차서 어떤 사람이 회개할 수 있는 분위기 같은 것은 조금도 찾아볼 수 없었다. 그러나 집회의 중간쯤에 접어들자 "그녀가 꿇어 엎드려 하나님께 용서해 달라고 울부짖고 있었습니다. 그것은 값어치로 따질 수 없는 승리였습니다. 그녀는 오늘날까지 승리의 생활을 하고 있습니다."

얼마 지나지 않아 리스 하월스는 위대한 비결이 터득된 것을 입증할 수 있었다. 인근에 한 공장의 주인이 있었는데, 이 사람은 한번도 무릎꿇고 기도하지 않은 것을 자랑하는 사람이긴 하지만, 젊은이들이 부랑자들을 위해 그토록 열심히 일한다는 이야기를 듣고 감동을 받아 부랑자들을 고용해 그 공장에서 일하게 했다. 그들이 그에게 찾아올 때마다 "당신이 그 젊은 사람들의 등에 업혀 살고 있소? 내일부터 여기서 새로 출발해 보시오!"라고 말했다.

그의 아내가 이미 신앙인이므로 젊은 전도 대원들은 그의 구원을 위해 중보기도를 하기 시작했다. 그들이 하나님을 바라보며 기도하는 중에 그들이 어떻게 하면 그와 접촉할 수 있을까? 하는 의문이 일어났다. 그들은 결국 그가 집으로 그들을 초대하도록 해주시리라는 길로 분명히 이끌리고 있었다. 그런데 정말 그가 다음 주 주일에 그들을 초대했다. 그러나 그들은 그가 놀라는 것을 피하기 위해 기도에 대하여 한마디도 꺼내지 않고 그저 찬송하면서 행복한 한때를 함께 보냈다. 그들이 다시 초대되어 차를 함께 나누었는데 이번에는 그가 더 평안을 느꼈다. 그때 그가 그들에게 오는 목요일에 집회를 개최해 달라고 부탁했다. 리스는 이렇게 말하고 있다. "우리가 그날 밤 그의 집을 떠나자마자 성령께서 그에게 이미 얻은 중보의 직책을 활용하라고 말씀하셨습니다. 우리는 둥글게 모여 이렇게 기도했습니다. '주여, 이제 마귀는 결박을 당하였습니다. 이 사람을 도망가게 하지 마옵소서. 다시 그에게 도망갈 기회를 주지 마옵소서.' 그때 주님께서 우리에게 다음 목요일까지 기다리면 우리가 승리를 얻을 것이라고 말씀하셨습니다."

목요일 저녁이 되어 그들 중의 네 사람이 그 마을을 향해 걸어가다가 여러 집들이 모여 있는 곳을 지나가게 되었다. 그때 성령께서 리스에게 아무런 예고도 주시지 않고 "저 집에 다가가 문을 두드리라"고 말씀하셨다. 그가 어떻게 그런 일을 할 수 있을까? 그 부락에 그가 알고 있는 사람은 하나도 없었다. 아무런 이유도 모르고 나누어줄 전도지도 가지고 있지 않았는데, 어떻게 난데없이 문을 두드린단 말인가? 그 인도가 하도 이상하게 느껴져서 그대로 행동에 옮길 수가 없었다. 그가 그 집을 지나쳐서 몇 백 미터를 나아갔을 때 주님의 손이 그를 제지했다. 그가 그 집을 경유하지 않으면 집회에 갈 수 없을 것이라고 그분이 그에게 강력하게 말씀하셨다. 이제 피할 수 없는 것을 알고 그는 돌아서서 그들 중의 한 친구를 대동했다. 그들이 문을 두드리니 어린 소녀가 문을 열고 누구냐고 묻지도 않고 안으로 맞아들였다. 들어가 보니 한 여자가 침대에 누워 죽음의 최후 단계를 맞고 있었다. 리스가 그들이 이러저러한 사람들이라고 그녀에게 이야기하니 그녀는 두 손을 쳐들고 소리쳤다. "하나님께서 내 기도를 응답해 주셨습니다! 나는 오늘 종일 당신을 이리 보내 달라고 기도했습니다!" 전날 밤 그녀의 친구들은 그녀가 죽을 것이라고 생각하고 목사를 모셔 왔었다. 그 목사는 성례를 베풀려고 했으나, 그녀는 평화를 얻지 못했기 때문에 그것을 거절했다. 어떤 사람이 리스의 전도 활동에 대해 그녀에게 이야기해 주었다. 그 마을에 그토록 축복을 가져온 그들이라면 확실히 자기가 평화를 발견할 수 있도록 도와줄 수 있을 것이라고 그녀는 생각하게 됐다. 그 여자는 수년 동안 교회에 다니는 교인이었지만 구원의 확신을 얻지 못했다. 그녀의 생이 꺼져 가고 있을 때에 죽음의 공포가 그녀를 덮쳐 왔던 것이다. 그들이 갈보리를 가리키니 그녀는 그날 밤 그리스도를 영접했다. 그녀가 확신을 얻어 자유롭게 되었을 때 그 기쁨은 "대양처럼 그 깊이를 측량할 수 없는" 것이었다. 그 후 매주 목요일 저녁에 그녀의 집에서 집회를 가졌으며, 그녀는 평안히 하나님 나라에 갈 때까지 그들에게 감사하다는 말을 끊이지 않았다.

그들이 공장 주인의 집에서 열리는 집회 시간에 늦게 도착하기는 했지만 주님께서는 그들이 여러 시간을 걸려 할까말까 한 일을 그들의 순종을 통하여 몇 분 동안에 달성하셨다. 그들이 그 죽어 가고 있던 여자에게 일어난 일을 전해 줄 때에 그 주인은 총탄에 맞은 듯 충격을 받아 무릎을 꿇고 의자를 부여잡고 하나님께 자기를 불쌍히 여겨 달라고 탄원했다. 리스 하월스는 이렇게 말하고 있다. "하늘이 열리고 우리는 회개한 죄인 한 사람 때문에 기뻐하는 천사들의 즐거움에 동참하였습니다."

포도나무와 가지
10

어느 날 밤 그 마을에서 특별 집회가 있었고, 리스의 한 친구가 메시지를 전하게 되어 있었다. 두 사람이 그곳에 함께 가자고 약속해 두었으나, 출발 시간이 되어서야 그 설교를 맡은 친구가 갈 수 없다는 전언을 보내 왔다. 이 말을 듣고 리스는 크게 당황하였다. 그는 왜 그렇게 당황하는지 그 이유를 반성해 보았다. 보통 때와는 달리 그날은 그가 집회에 대한 책임감을 갖지 않았으며, 성령께보다도 그 친구에게 더 의지하고 있었던 것이다. 그는 즉시 밤에 그 마을로 보행할 때마다 함께 하던 하나님의 임재가 그에게서 떠나고 성령께서 슬퍼하시는 것을 깨달았다. 무거운 마음을 안고 중간 정도는 걸어갔지만 그 이상은 도저히 견뎌낼 수 없었다. "오! 저를 용서하여 주십시오. 다시는 이렇게 되지 않을 것을 약속드립니다. 오늘 밤의 집회에 주님께서 오셔서 승리를 주시기만 하시면, 돌아오는 길에 주님께서 요구하시는 것을 무엇이든지 드릴 것을 서원합니다."

집회는 굉장한 성과가 있었다. 집으로 돌아오는 길에 서원하던 곳에 이르러 그는 자기에게서 무엇을 받으시기 원하시는지를 주님께 여쭈었다. 대답은 뜻밖이었다. "오늘 이후로는 너는 소유자가 되지 않고 청지기가 되어 주기를 원한다. 너의 돈에 대한 모든 권리를 나에게 양도하겠느냐?" 리스는 이 말씀을 이해할 수 없었다. 그의 돈은 이미 주님의 것이 아니었던가? 그때 주님께서 그가 어떤 위치에 처해 있는지를 보여주셨다. 그에게 돈이 있어 필요를 스스로 충당할 수 있을 때에는 그 필요를 채워 달라고 하나님께 구할 수 없음을 전에 그는 경험했었다. 그래서 그의 모든 돈은 실제로 주님의 사업을 위해 쓰여졌다. 그러나 그것은 아직도 그의 돈이었으며 그 돈을 소유하는 기쁨을 갖고 있었고 주거나 그만 둘 권리를 보유하고 있었다. 주님께서 이렇게 말씀하셨다. "앞으로 너는 청지기로서 남에게 주는 것도 내 허락 없이는 마음대로 할 수 없을 것이다. 내 돈의 한 페니도 필수적인 것 외에는 쓸 수 없을 것이다." 이 말씀이 어떤 의미를 품고 있는지를 설명하시고자 주님은 그에게 물으셨다. "네가 먹을 것과 입을 것이 없는 애들을 거느리고 있다면 일간 신문지나 긴급한 것이 아닌 것에 한 페니인들 소비할 수 있겠느냐?" "그럴 수 없습니다." "그렇다면 세계는 나의 교구(敎區)이니 한 사람이라도 생을 영위하기 위한 생활 필수품이 부족한 사람이 있다면 그 밖의 것에는 한 페니도 소비하지 말아야 할 것이다."

주는 기쁨을 잃고 앞으로의 평생 동안 속박을 받게 되는 일이 그의 마음속에 부담이 되었다. 그러나 그는 서원한 것을 이행하기 위하여 하나님 앞에 나아온 것이었다. 그래서 그는 길에서 벗어나 풀 위에 무릎을 꿇었다. 입회한 사람이 아무도 없었으므로 그는 하늘의 별들과 구름을 증인으로 삼고, 그 밤 이후로는 자신은 단지 통로일 뿐이라는 것을 기록해 두라고 그들을 향하여 말했다.

걷는 도중에 원수가 소곤거렸다. "네가 한 것이 무엇인지 아느냐? 네 형편은 스완제 형무소에 있는 사람보다 궁색하게 돼 버렸다. 그는 출감할 때에는 마음대로 쓸 수 있는 약간의 돈을 소지하고 나온다. 그러나 너는 돈이라고는 한 푼도 소지하지 못할 것이다." "그렇다. 그러나 이것을 기억하라. 나의 선택에 의해서 그렇게 한 것임을." 그가 그렇게 말하는 순간 온 하늘이 빛나는 것 같았으며 성령께서 그에게 이렇게 말씀하셨다. "네가 한 일이 무엇인지 내가 말해 주겠다. 오늘밤 내가 너를 포도나무에 접붙였으니 모든 수액이 너를 통하여 흐를 수 있다. 너는 구주 안에 있는 가지이다. 가지는 아무런 이(利)도 취하지 않는다. 열매의 이를 보아야 할 사람은 궁핍한 자들이다. 그러나 오늘밤 이후, 즉 이곳에서의 내재(內在)를 결단한 이후로 하나님 아버지께서 너를 통하여 세상에 부으시고자 하시는 것이 무엇이든 간에 그렇게 하실 수 있다. '너희가 과실을 많이 맺으면 내 아버지께서 영광을 받으실 것이다.' 네가 나에게 이것을 행했으니 너는 더 이상 종이 아니며, 내가 너를 친구라 부를 것이다." 성삼위일체 하나님의 친구! 그것은 요한복음 15장에 있는 구주의 말씀을 개인적으로 보여주신 것이었다. 며칠 동안 그것을 깨달은 기쁨이 너무 겨워 억제할 수 없었다고 리스는 말하고 있다.

그 후로 18개월 동안 그는 불가결한 것 외에는 한 페니도 쓰지 않았다. 그 기간 동안 내내 그는 자신이 돈의 소유자라는 생각을 씻어 내버렸다. 보통 그러하듯이, 시험다운 시험은 미묘한 것과 관련된 것이었는데 4개월 후에 찾아 왔다. 그것은 한 페니에 관한 문제였으며 그가 천명한 바와 같이 "그것은 농부가 얼마나 세밀하게 그 가치를 살피는지를 보여주는 것이었습니다."

랜드린도드 집회 마지막 날 그는 런던에서 온 존 고셋(Mr. John Gosset)이라는 한 신사를 만났다. 이 사람에 관하여 더 이야기하게 되겠지만, 이 친구가 그의 주소를 묻더니 그 후 크리스마스 때 그에게 책 두 권과 카드를 보내 왔다. 감사의 편지와 함께 신년 카드를 그 친구에게 보내고 싶은 충동 때문에 갈등이 생겼다. 그는 이렇게 말하고 있다. "자연히 나는 답례를 하고 싶었습니다. 나는 생각하기를 그것은 한 페니밖에 소요되지 않을 것이라 했습니다. 그러나 성령께서 문제되는 것은 양이 아니고 원리이며 위치를 계속 지키는 순종인 것을 명백히 하셨습니다. 신년 엽서 같은 것은 생활에 꼭 필요한 것은 아니었습니다!" 그래서 그는 책을 보내 주셔서 감사하다는 편지를 고셋 씨에게 씀과 동시에 카드를 보내지 못하는 이유도 전했다. 편지를 부치고 난 후에 형제들의 참소자인 마귀로부터 공격이 가해져 왔다. "너는 네 친구를 모욕했다! 그에게 돈을 잘못 사용하고 있다고 암시를 준 것이나 다름없다." 그러나 그 젊은 청지기는 자기 주인을 신뢰하여, 원수가 리스가 의도하지 않은 잘못된 인상을 친구

10. 포도나무와 가지

에게 주지 못하도록 그분이 해주실 것을 믿었다.

2주 후에 그들은 2파운드를 위해 기도하고 있었는데, 그 돈은 정해진 날까지 들어와야 했다. 바로 그날 아침 런던에서 편지가 날아왔다. 고셋 씨로부터 온 편지였다. 리스가 뜯어보니 첫눈에 뜨인 것이 동봉된 2파운드였다. 편지의 내용은 이러했다. "당신의 편지를 잘 받았습니다. 그 편지를 통하여 내가 받은 축복은 모든 크리스마스 카드와 신년 카드를 합쳐 놓은 것보다 더 값진 것이었습니다. 나는 매주일 웨스트민스터 병원을 방문합니다. 지난 주일에는 당신의 편지가 환자들에게 한 나의 설교가 되었습니다. '은혜를 통해 얻은 위치'라는 제목으로 말입니다. 사업을 위하여 돈이 필요 할 때에는 언제든지 나에게 알려주시기만 하면 기쁨으로 그 일에 나도 동참할 것입니다." 물론 리스는 그렇게 한 적이 없었다. 그의 필요한 것들은 오직 보좌를 경유해서만 알려져야 했다. 그는 이렇게 말을 잇고 있다. "그러나 그와 같은 방법으로 이 신사에게 연결되는 것은 아주 쉬운 일이었습니다. 그는 절친한 친구가 되었으며 주께서는 자주 그를 사용하셔서 우리의 기도에 응답해 주셨습니다."

그는 성령께서 그를 이렇게 근본적으로 취급하여 다루신 것에 대해 후에 이렇게 말하고 있다. "나는 단번에 소유권과는 영구한 절연을 했습니다. 길바닥에 뒹구는 돌에 대해서처럼 돈에 대해서 무감각하게 되었습니다. 구주께서 나를 가지로, 즉 그분 자신의 부활의 생명을 그것이 필요한 세상으로 흘러내릴 수 있는 통로로 삼으신 것을 생각하니 그때의 기쁨은 놀라운 것이었습니다. 가지와 포도나무 사이의 관계보다 더 가까운 관계는 없습니다. 그러나 저 농부께서 하실 수 없는 한 가지 일은 옛 생명을 포도나무에 접붙이는 것입니다. 자아는 그 한 조각이라도 구주 안에 거할 수 없습니다. 우리가 포도나무에 접붙여지려면 먼저 옛 생활을 끊어 버려야 합니다. 내가 이렇게 접붙임을 받기까지는 그 옛 생활이 계속되어 왔으며 내 인생 여정에 여러 단계가 있었습니다. 그분의 새 생명이 없이는 우리의 모든 활동이나 사업이 하나님의 보시기에 무의미한 것이 되고 맙니다. 하지만 포도나무는 가지 없이는 아무것도 할 수 없습니다. 나무의 모든 수액은 가지를 통하여 흘러갑니다. 그리고 이 새생명이 우리를 통하여 흐를 때 우리의 모든 부분이 그 생명으로 고조되고 우리의 몸 자체가 흥분으로 가득차서 넘치게 됩니다. 그 포도나무가 기쁨을 얻으시면 그 가지도 똑같은 기쁨을 얻으며, 궁핍한 자들이 그 열매를 얻는 것입니다."

이후로 리스 하월스는 수천 파운드씩 주님의 돈을 취급하게 되고 "그분은 내가 쓴 돈에 대해서 한번도 잘못을 지적하지 않으셨습니다"라고 이야기할 만큼 되었다. 소유권을 일체 양도한 철저한 청지기 의식을 위하여, 그날 밤의 체험과 뒤이은 18개월 동안의 순종이 결정적인 준비가 되었던 것이다.

폐병을 앓는 여인
11

그 마을 결신자 가운데 한 중병 환자가, 그러한 사례로서는 처음으로 리스에게 새로운 도전을 초래하였다. 빵을 굽다 태워 버린 그 여자가 장본인이었다. 그녀는 전부터 앓던 폐병이 악화되었다. 의사는 그녀를 포기하고 곧 죽을 것으로 내놓았는데 어느 날 저녁 그녀는 자신이 눈에 띄게 회복되어 고침을 받을 것이라고 위대한 의사이신 하나님께서 말씀하셨다고 친구들에게 말하였다.

아침에 그녀는 리스를 불러 주님께서 그에게 어떤 계시를 주시지 않았느냐고 물었다. 그때까지는 성령께서 그에게 신유를 위한 기도를 한번도 주시지 않았으므로 그런 계시를 받지 않았다고 말했다. 그 후 사흘 동안도 똑같은 사정이었으나 그것에 관해 기도하겠다고 말하여 그녀를 위로했다.

이튿날 밤 그가 주님 앞에서 기다리고 있을 때에 그 여자를 위한 기도를 시작하라고 성령께서 말씀하시면서 "너희가 내 안에 거하면 무엇이든지 원하는 대로 구하라"는 그가 전에 자주 받았던 요한복음 15장 7절의 말씀과 함께, "오 하나님이여 원컨대 그녀를 고쳐 주옵소서"라는 민수기 12장 13절의 모세의 기도를 보여 주셨다. 주님의 말씀이 임했다는 것을 알고 그녀는 큰 격려를 받았다. 이 사건이 믿음의 다음 도전이 되리라는 것을 사람들이 듣고 온 마을에 흥분이 감돌았다.

그는 하나님과의 더 깊은 교제 가운데로 나아갈 수 있는 준비가 되어 있었지만 이번 단계의 '내재 생활'로 들어가는 데 있어서는 뭔가 두려움이 있었다고 리스는 고백한다. 이제까지의 순종이 큰 희생을 불러오는 것이었기 때문에, 이 새로운 위치를 획득함으로 무슨 일이 생겨날지 두려워했던 것이다. 출발 시에 얼마나 오랫동안 지속되리라는 언질을 받지 않았으나 그는 사실상 6개월 동안 이 기도를 해 왔다. 그리고 그가 묘사하는 바로는 "매일의 순종과 매일의 내재와 매일의 고난이 있었다."

기도가 계속됨에 따라 점차 더 강력하게 그를 붙잡고 있는 두 가지가 있었다. 첫째로 그분이 "우리 연약한 것을 친히 담당하시고 병을 짊어지셨도다"(마 8:17)라는 성경 말씀이 그를 사로잡았다. 구주께서 자신의 대속하는 희생을 통하여 우리의 죄를 용서할 뿐만 아니라 죄와 타락의 모든 결과로부터 구속을 베풀어주심을 그가 처음으로 깨달은 것이었다. "그분이 우리를 위하여 저주를 받은 바 되셨는데" 어찌하여 이 고통을 당하는 사람들이 계속하여 그 저주의 결과들을 짊어져야 하느냐?

그리스도께서 "나무에 달리사 친히 그 몸으로 우리의 죄를 담당하신"것을 믿었기 때문에 리스는 항상 죄와 죄책으로부터 뿐만 아니라 죄의 권세와 지배로부터의 자유를 죄인들 앞에 제시해 보였다. "그러나 그분이 우리의 질병도 짊어지셨다면 나는 왜 그분의 이름으로 병고침을 자유로이 베풀지 않는가? 도대체 왜 질병의 권세와 지배로부터 자유를 누리지 못하는가?"라고 그는 따져 보았다. 이것에 미치지 못하는 증거는 하여간 구주께서 받으셔야 할 영광을 그분께 드리지 못하는 것이라고 통감하고, 이 권능이 대속 안에 포함되어 있다는 것을 어떤 값을 치르고라도 입증하고 말아야겠다고 결심했다.

둘째로 '내재 생활'의 수개월 동안 그는 거룩하신 중보자로서의 성령에 대하여 이전보다 훨씬 많이 배우게 되었다. "말할 수 없는 탄식으로…하나님의 뜻대로 성도를 위하여 간구하시는"(롬 8:26, 27) 것은 지상에서 그분 사역의 일부분이다. 점점 선명도를 더해 가면서 그분의 종에게 다가오는 위대한 진리는 성령께서는 자신이 내재하시는 성전으로서의 인간들을 통해서만 중보를 하실 수 있다는 것이었다. 또한 그분은 아무렇게나

자의적(恣意的)인 방법으로 중보하실 수 없으며 오직 그분의 통로가 그 직무를 수행함에 있어 그분과 일치할 수 있는 한도 내에서만 가능하시다는 것이었다.

리스는 성령께서 그 마을의 궁핍하고 고통당하는 사람들을 위하여 안에서 탄식하시는 것을 윌 배터리와 부랑자들과 요구된 여러 순종들을 통하여 어느 정도 미리 알고 있었다. 그러나 한 폐병 환자를 위하여 중보한다는 것은 무엇을 의미하는 것인가? 한 중보자로서 그는 그가 위하여 기도하는 사람의 고난에 들어가서 그 사람의 입장을 담당해야 했다. 몸져 누워 있는 폐병 환자는 정상적인 가정 생활을 영위할 수 없으며 방에 유폐되다시피 한 채 인생의 흥미와 즐거움을 주던 모든 것으로부터 단절되어 있음을 그는 잘 알았다. 그래서 이번 '내재 생활'의 기간 동안 성령께서는 그를 고통당하는 다른 사람들과 훨씬 더 철저하게 동일시하는 방법를 취하셨다. 그리고 그분이 그렇게 하실 때에 그에게 지워진 짐은 단지 이 한 여자의 것만이 아니고 세상의 여러 폐병 환자들과 괴로움을 당하는 사람들의 것이었다.

그가 그 직책을 완수하기 전에 주께서 그에게 이 병을 실제로 옮기실 것이며, 실제적인 폐병 환자가 되어야만 폐병 환자들을 위하여 완전하게 중보기도할 수 있다고 확신하였다. 이것은 어리석은 하나의 상상이 아니고 실제로 가능한 일이었다. 그것은 그의 생애에서 실제로 일어나게 된다. 나중에 한 폐병 환자를 돌보느라 여러 위험을 스스로 겪은 후에 그가 그 질병에 걸린 것처럼 보였던 것이다. 더구나 앞에 있었던 모든 중보에서 그는 글자 그대로 기도가 필요한 사람들의 입장을 취하고 그 사람들처럼 살았던 것이다.

그는 이 대신한다는 것이 무엇을 의미하는지 주시했다. 그리고 그것을 통하여 주께서 이 어머니를 그녀의 아이들에게 돌려보내실 수 있다면 그 일을 기꺼이 할 수 있는 은혜를 받았다. 한 사건의 승리 후에 주님께서 훨씬 더 많은 승리를 얻게 하시리라는 생각을 하면서 그는 크게 기뻐하였다.

여러 달 동안 주님께서 그 여자를 놀라운 방법으로 돕고 계심을 그에게 말씀하시곤 하였다. 그들은 매우 가난하여 그녀가 먹고 싶어하는 음식을 사줄 수 없었으나, 그녀가 상상하는 음식이 있으면 어떤 사람이 그것을 가지고 걸어 들어오곤 하였다. 리스와 다른 사람들이 매일 밤 그녀의 기도 응답 이야기를 들으려고 찾아가서 어린애들처럼 즐겁게 웃곤 하였다. 그 지역의 모든 사람들은 전도 대원들이 그녀를 위해 기도하는 것을 알게 되었으며 그녀는 자기의 폐로 살고 있는 것이 아니라고 의사가 말했는데 그만큼 그녀는 기도로 살았다.

위기가 성(聖) 금요일 전날 저녁에 들이닥쳤다. 그날 밤 그녀는 계속 가라앉고 있으며 곧 죽을 것만 같다고 친구들에게 말했다. 리스는 그것을 받아들일 수가 없어서 몇 달 동안 이렇게 애써 기도해 놓고 믿음을 잃어서는 안된다고 그녀를 격려한다. 그 온 지역이 그녀가 병고침을 받을 것이라고 들어 왔으므로 그는 이제 실패한다는 것은 생각할 수도 없었다. 그러나 그녀는 곧 죽게 될 것이라는 태도를 완고하게 고집했다. 집으로 돌아갈 때의 그의 심정은 그녀의 고통과 동일한 것이었다. 참으로 암담한 순간이었다. "밖이 어두웠으나 내면은 더 어두웠습니다"라고 그는 말하고 있다. 그는 그 위치를 주의 깊게 검토해 보았다. 그의 내재 생활에 어떤 잘못이라도 있었는가? 아니다. 그는 '매일매일, 시간마다' 그 생활을 했으며 성령께서 그것을 인정하셨다. "그러면 그녀는 죽지 않을 것입니다"라고 그가 주님께 말씀드렸다. 그러나 대답은 뜻밖이었다. "네가 중보한 것은 한 폐병 환자를 위한 것이었다. 이제 죽음이 다가 왔다. 그녀를 살리려면 그녀를 대신하여 오늘밤 죽음을 받아 들여라."

그는 성심껏 그녀 대신에 폐병 환자가 되는 것도 불사하고 자기 몸을 내놓았었다. 그러나 폐병의 종국은 빠른 죽음이라는 사실을 간과하고 있었다. 주님께서 요구하신 것은 단지, 그가 내내 기꺼이 하겠다고 말씀드린 것, 즉 그녀를 구조하기 위해서 그녀의 모든 처지를 자기의 것으로 삼으라는 것뿐이었다. 그러나 그것이 이제 몇 시간 후의 죽음을 뜻하게 되었다. "사람이 친구를 위하여 목숨을 버리면 이에서 더 큰 사랑이 없느니라"라고 하신 주님의 말씀이 찬란하게 빛나는 것으로 자주 느껴 왔으나 이제 빛은 없고 어두움만이 던져지고 있었다.

　육체적인 끄나풀이 그를 이 세상에 얽어매어서가 아니라 전도사업과 그가 사랑해야 할 영혼들과 성령께서 자기를 위하여 예비하셨다고 믿은 미래가 있었기 때문이었다. 그 모든 것을 당장에 훌훌 털어 버리고 영혼과 육체의 저 싸늘한 분리를 맞는다는 것은 도저히 그가 기꺼이 감내(堪耐)할 수 없는 것이었다.

　그는 이렇게 말하고 있다. "그날 밤은 악몽과도 같았습니다. 하나님을 뵈올 수 없었기 때문입니다. 내가 기도하지 않고 잠자리에 들기는 그때가 처음이었습니다. 나는 더 이상 이 중보의 생활을 하지 않을 것이며 이 실패를 아무에게도 나타내지 않기로 작정했습니다. 밤새껏 출발한 그 발걸음을 후회했습니다. 믿음의 생활을 계속하면서도 이 병고침의 문제만은 관여하지 않았으면 좋았을 걸 하고 생각했습니다."

　"다음 날 아침에 일어나 일하러 가지 않기로 작정했으나 무릎을 꿇지 않았습니다. 성령을 뵐 수가 없었던 것입니다. 그분이 이제 나에게 낯선 분으로 느껴졌습니다. 역시 그녀를 위해 기도하고 있는 나의 친구에게 찾아갔습니다. 여느 때와 마찬가지로 '그녀가 어찌 되었느냐?'고 맨 먼저 물었습니다. 그리고 나서 '내재 생활의 마지막이 뭐란 말인가?' 하고 나는 울음을 터뜨리고 말았습니다. 나는 실패해 버렸으며 끝까지 밀고 나갈 수 없다고 그에게 말했습니다. 애굽에 내린 암흑의 재앙보다 더 괴로운 어두움이었습니다."

　"그날 저녁 성령께서 다시 나에게 말씀해 오셨습니다. 나는 평생 그것을 잊지 못할 것입니다. 그분의 음성이 얼마나 부드러웠던가. '내가 어제 네게 제안한 것이 너를 위한 한 특권인 것을 네가 이해하지 못했구나' 라고 그분이 말씀하셨습니다. '한 특권이라고요?' 순교자들 가운데 들어갈 수 있는 기회가 내게 주어졌던 것입니다. 순간적으로 비늘이 내 눈에서 떨어져 나가고 하늘 도성의 영광스러운 순교자들이 보였습니다. 또 구주께서 그들을 위하여 죽으신 대로 구주를 위하여 죽은 그들을 구주께서 천

년 동안 사랑하시는 것이 보였습니다. 순교자는 단순히 의무의 이행상 부득불 죽는 사람이 아니라 구주를 위하여 자기 생명을 내놓아 자발적으로 단축시키는 사람입니다. 주님께서는 내가 그 수 안에 들게 될 것임을 보여주셨습니다. 처음에는 전날 밤 내가 싫어함으로 인해 기회가 상실되었을까봐 두려워했습니다. 나는 주님께 나를 용서해 주시기를 간구하였으며, 그분이 요구하시는 것을 기쁘게 하고 싶었습니다. 나는 죽음으로 발걸음을 내디뎠습니다. 그러나 거기에는 죽음이 없었습니다! 구주께서 우리를 위하여 그 쓴잔을 하나도 남김 없이 들이키신 것이었습니다. '그 쓴잔을 사랑이 들이켰도다. 이제 내게 남은 것은 축복의 지불 명령서.' 순간적으로 내가 본질적으로 전혀 다른 세계에 속해 있는 것을 깨달았습니다."

그가 목격했던 그 영광의 감격을 안고 리스는 자기에게 일어난 일을 폐병을 앓고 있는 여자에게 알려 주려고 그녀의 집으로 2마일을 달려갔다. 그는 모든 사람들을 불러 주님께서 요구하신 대로 하셔서 당장에 그녀를 고쳐 주시고 자기는 그날 밤 그 영광의 반열에 데려가시도록 기도하라고 부탁했다. 그는 그날이 성(聖)금요일인 것이 우연일 수 없다고 느꼈다. 분명히 구주께서 "죽기까지 순종"하신 날 그의 생명을 받으시는 것은 주님의 뜻이라고 생각했다. 많은 사람이 울었고, 그 여자 자신은 기도하지 않겠다고 우겼다.

그가 다음날 저녁 그녀 집을 방문했을 때 새로운 어떤 것이 일어났음을 한 눈에 알아 볼 수 있었다. 그녀는 얼굴이 천사처럼 빛나고 모든 사람을 자기 방으로 불러들여 그것에 대하여 들려주고 싶어했다. 그녀가 리스의 말을 생각해 보니 도저히 그 말대로 되기를 원할 수 없었다. 그는 그녀에게와 마을 사람들에게 아버지 이상의 존재였기 때문이었다. 그래서 그녀는 침대에서 무릎을 꿇고 기도했다. "주여, 나는 병고침받기를 원치 않습니다. 아무도 이 병이 그에게 옮겨지도록 기도하지 못하게 하옵소서. 그는 나보다 주님께 훨씬 더 유용한 사람입니다. 그가 희생을 치르고 나는 구조받기를 원치 않습니다." 그녀는 그렇게 기도하는 순간 주님의 임재에 크게 감동되어 황홀한 기쁨으로 구주를 끊임없이 찬양했다. 방은 그분의 영광으로 가득 차고 찬양은 밤새껏 계속됐다.

리스는 이렇게 말하고 있다. "그 이후의 몇 주간은 지상의 천국과 다를 바 없었습니다. 우리는 기도하지 않았습니다. 기도가 필요하다고 느낄 만큼 부족함이 없었습니다. 우리는 오직 하나님께서 뜻대로 하시기만을 기다렸습니다. 부르심을 받아 이 땅과 하늘 사이에 다리를 놓으며 곧장 영광으로 들어가는 것이 이 세상에 남아 약간의 전도사업을 하는 것보다 우리를 훨씬 더 끌어당겼습니다. 3개월 동안 매일 나는 내 생명이 불려 가기를 기다렸으며, 주님께서 내 심령이 그것을 소망하도록 허용해 주셨습니다. 그분은 내가 순간뿐인 이 세상의 영향을 받으며 살아가기를 원하지 않으셨습니다. 나는 하나님과 함께 있기를 갈망했습니다. 그러한 실제가 노래 속에 잘 나타나 있었습니다. '길은 모두 순금으로 덮여 있다 하네. 태양은 다시 지지 않으리라.'"

3개월 후에 주님께서 그녀를 본향으로 갑자기 부르셨다. 어느 토요일 아침 리스가 직장에서 일하고 있을 때 그를 급히 보고 싶다는 기별이 왔다. 그러나 그가 도착하기 전에 그녀는 떠나 버렸다. 그가 집에 앉아 있는 동안 주님께서는 그를 한 시간 이상 다루셨다. 그는 이렇게 말하고 있다. "방안에 다른 사람들도 있었지만 나 홀로 주님과 함께 있었습니다. 그분이 나의 중보를 받으셨지만 지금은 나의 생명을 취하여 가시지 않겠다고 말씀하셨습니다. 그러나 나를 '산 순교자'로서 사용하시기를 원하셨습니다. 전에는 그런 표현을 한 번도 들은 적이 없었습니다. 그러나 내가 죽은 사람 이상으로 내 생명에 대하여 권리를 주장한다면 나의 위치를 상실할 것이라고 그분은 나를 이해시키셨습니다."

"병고침의 사례에 관한 한 나는 실패자가 되었으며 한 마디의 변명도 할 수 없게 되었습니다. 온 지역이 내가 이 여자의 치유를 위하여 기도하고 있는 것을 알고 있는 터에 이제 드러내 놓고 실패하고 만 셈이었습니다. 우리가 기대했던 영광은 커녕 이런 수치가 기대에 답한 것이었습니다. 내가 이것을 기꺼이 받아들이려고 만반의 준비가 되어 있을 바로 그

때에 한 결신자가 들어 왔습니다. 우리의 친애하는 그 자매가 숨지기 전에 내게 전할 말을 남겨 두고 떠났다고 그 사람이 말했습니다. '리스와 다른 사람들에게 내가 그들을 기다릴 수 없다고 전해 주세요. 구주께서 나를 위하여 오셨으니 그분과 같이 가기를 원합니다. 그들을 만나러 다시 오겠다고 그들에게 말해 주세요'(살전 4:14). 그리고 나서 그녀는 작별 인사를 하고 주위 사람들에게 손을 흔들면서 주님과 함께 살기 위해 떠났다는 것입니다."

"주 안에서 잠든 전도의 첫 열매에 관한 그 영광스러운 증언은 '실패'를 세상에서 가장 아름다운 것으로 바꾸어 놓았습니다. 첫 시험이 장례식 때에 생겼습니다. 수백 명이 모여 있었습니다. 그들이 그녀에 대해서, 특히 병고침에 대하여 많이 들었기 때문이었습니다. 장례식의 집례를 맡은 목사는 그때의 전도 사역을 달갑게 여기지 않고 있었습니다. 그는 성경을 펴고 욥기 13장 1~5절을 봉독했습니다. '나의 눈이 이것을 다 보았고 나의 귀가 이것을 듣고 통달하였느니라…너희는 거짓말을 지어내는 자요 다 쓸데없는 의원이니라. 너희가 잠잠하고 잠잠하기를 원하노라. 이것이 너희의 지혜일 것이니라.' 그는 무덤을 사이에 두고 나와 반대편 위치에 있었는데 그것도 여러 가지 의미에서 그러하였습니다. 나는 그의 말을 듣고 있었으나 아무것도 들리지 않는 것처럼 무감동했습니다. 그때 주님께서 나를 이끄셔서, 우리가 그 마을에 오기 전의 그녀의 생활상과 그 후의 변화된 생활에 관하여 짤막한 언급을 하도록 하셨습니다. 죽음이 승리에게 삼키운 바 되었기 때문에, 그 증거는 죽음에 대한 그녀의 승리에서 뚜렷이 나타나 있었습니다. 주님께서 그녀를 데리러 오셨다고 그녀가 말한 사실, 그녀가 가고 싶어하면서 주위의 지켜보고 있는 사람들에게 작별 인사를 고한 사실 등을 나는 언급했습니다. '여러분은 죽어 가는 사람이 마치 여행길을 떠나듯이 모든 사람들과 악수를 나눈 것을 들어보기나 했습니까?' 라고 내가 말했습니다. 사람들은 부흥회에서처럼 노래하기 시작했습니다. 하늘이 열리고 승리의 감격이 굉장하여 그들은 모두 손수건을 흔들기 시작했으며, 심지어 애곡하던 자들도 휩쓸리고 말았습니다. 세상에 그 목사처럼 불쌍한 사람이 또 있을까 싶었습니다. 그 슬픈 무덤이 천국의 개선문으로 바뀌고, 그 장례식을 계기로 우리의 전도 사역에 부활의 생명이 약동하기 시작했습니다."

"그 후에 이 사건을 경험하는 것이 왜 필요했는지 그 이유를 성령께서 보여 주셨습니다. '아무 육체도 그분 앞에서 자랑치 못하게 하려 함이라.' 중보라는 위대한 위치에 있어서, 먼저 '죽지' 아니한 사람을 통해서는 하나님께서 자유롭게 그 중보의 위치를 이용하시지 못합니다. 죽음이 먼저고 다음에 부활이 옵니다. 초태생과 첫 열매가 주님께 드려져야 하는 것처럼 병고침의 첫 사례와 이 중보의 첫 열매도 주님께 속하여 제단에 드려져야 했던 것입니다."

중보자란 무엇인가 12

성령께서 리스에게 점진적으로 보여주시고, 그의 전생애를 바친 사역의 주요 동기가 되는 진리는 중보에 관한 진리였다. 성령께서 랜드린도드 집회 기간에 그를 완전히 소유하신 때부터 폐병을 앓는 여자를 위하여 그가 중보적인 사역을 하는 중보의 의미가 완전히 분명해질 때까지 그를 다루신 모든 관계에서, 성령께서 바로 이 진리로 그를 이끌고 가시는 것을 볼 수 있다. 그때부터 성령께서 그를 항상 이끌어 중보자로서 그가 새로운 위치를 얻도록 하시며 그가 배운 귀중한 진리들을 감당할 만한 다른 사람들에게 가르쳐 주도록 하셨다. 그러므로 잠깐 멈추어 중보자가 된다는 것이 무엇을 의미하는지 좀더 주의 깊게 생각해 보는 것이 유익할 것이다.

하나님께서 중보자들을 찾으시나 좀처럼 그들을 발견하실 수 없는 것은 선지자들을 통한 고통스런 외침에 명백히 나타나 있다. 이사야를 통해서는 "그가 사람이 없음을 보고 중재자 없음을 이상히 여기셨더라"라고 절규하셨다. 에스겔을 통해서는 "이 땅을 위하여 성을 쌓으며 성 무너진 데를 막아 서서 나로 멸하지 못하게 할 사람을 내가 그 가운데서 찾다가 얻지 못한 고로"라고 하시며 실망을 표명하셨다.

일반적으로 신자들은 중보를 아마 강화된 기도의 어떤 형태쯤으로 생각해 왔을 것이다. '강화된'이라는 말을 크게 강조한다면 그렇다. 중보자에게서 보통의 기도에서 발견하기 어려운 세 가지 특징을 발견할 수 있기 때문이다. 동일시와 고통과 권위가 그것들이다.

  중보자가 자기를 피중보자들과 동일시하는 것은 구주에게서 완전히 드러났다. 그분은 죽기까지 자기의 영혼을 쏟으셨으며, 죄인들과 함께 헤아림을 받으셨다. 많은 사람들의 죄를 짊어지시고 죄인들을 위하여 중보하셨다. 하나님의 택하신 거룩하신 중보자로서 그분은 잃어버린 세상을 위하여 중보하시면서, 우리가 마셔야 할 진노의 잔을 마지막 한 방울까지 모두 들이키셨다. "모든 사람을 위하여 죽음을 맛보셨다." 그렇게 하시기 위하여, 완전히 그분은 우리가 앉는 곳에 앉으셨다. 우리의 체질을 자신이 취하심으로, 고난을 통하여 순종을 배우심으로, 우리처럼 모든 점에서 시험을 받으심으로, 우리를 위하여 가난하게 되심으로, 종국에는 우리를 위하여 죄인이 되심으로 그분은 그 중보의 위치를 얻으셨다. 그 위치에서 고난을 통하여 완전하게 되신 구원의 주로서의 완전한 권위를 가지시며 우리가 겪는 모든 것을 철저하게 이해하심으로 그분은 우리를 위하여 중보하실 수 있으시다. 하나님 아버지 앞에서의 효과적인 변호에 의하여 "그분을 힘입어 하나님께 나오는 자들을 전적으로 구원하실 수 있으시다." 이와 같이 동일시는 중보자의 첫째 법칙인 것이다. 그가 자기 생명을 피변호자들을 위하여 내놓기 때문에 효과적으로 변호하게 된다. 그는 그들의 진정한 대표자이다. 그는 자신의 이익을 그들의 필요와 고난 속에 파묻어 버리며 가능한 한 글자 그대로 그들의 입장에 선다.

  또 다른 중보자가 계시는데, 그분에게서 우리는 이 사역의 고통을 보게 된다. 그분, 곧 성령께서는 "말할 수 없는 탄식으로 우리를 위하여 중보하고 계신다." 이분, 곧 이 지상의 유일하신 중보자께서는 그분의 성전이 되는 사람들의 마음과 몸을 제하고는, 그분의 짐을 짊어지고 앓을 심령은 하나도 없으며 그분의 고난과 사역의 통로가 될 수 있는 몸은 하나도 없다. 그들을 통하여 그분은 지상에서 그분의 중보 사역을 하시며, 그들은 그들 안에 계시는 중보자 때문에 중보자들이 되는 것이다. 그것은 그분이 그들을 부르신 진정한 삶이며 구주께서 친히 세상에서 사신 바로 그 삶의 작은 형태이다.

그러나 택하신 그릇을 그러한 중보의 생활로 이끄시기 전에 그분은 먼저 세상적인 모든 성품을 철저하게 처리하신다. 돈에 대한 사랑, 개인적인 야망, 부모와 사랑하는 사람들에 대한 자연적인 애정, 육체의 욕망, 목숨 자체에 대한 사랑 등 개심자일지라도 자신의 욕망에 따라, 자기 자신의 안락이나 유익을 위하여, 자기 자신의 출세를 위하여, 심지어 자기 자신의 친구들이 뭉친 모임을 위하여 살게 하는 모든 것을 십자가에 못박게 해야 한다. 그것은 이론적인 죽음이 아니라 성령 자신만이 자기 종의 경험 속에서 현실화하실 수 있는, 실제적으로 그리스도와 함께 십자가에 못박히는 것이다. 위기와 발전 과정으로서 바울의 증언은 우리들의 것이 되어야 한다. "나는 지금까지 그리스도와 함께 십자가에 못박혀 왔다." 성령의 도구가 되려면 자아가 십자가에 못박혀야 한다.

십자가에 못박힘이 시작될 때 중보가 시작된다. 성령께서는 내면적인 짐과 행동적인 순종을 요구하심으로써 그분의 깨끗하게 된 통로를 통하여 상실된 세상을 위해 사랑과 희생인 그분 자신의 생활을 사시기 시작한다. 우리는 그것을 리스 하월스의 삶 속에서 찾아 볼 수 있다. 그 고도(高度)의 실례는 성경에서 보게 된다. 젊은 중보자인 모세를 눈여겨 보라. 노예 신분의 굴레 속에서 신고하는 자기 형제들과 모든 것을 같이 하기를 선택하여 궁전을 떠나지 않는가. '쓸쓸하고 황막한 광야'를 통하여 그들을 이끌고 가는 그를 보라. 그들의 우상 숭배로 하나님의 진노가 그들 위에 발하여져 멸망이 임박하였을 때 그가 중보의 극치로 나아가는 것을 보라. 지금 그가 중보자로서 그들을 위하여 내놓은 것은 그의 육체적인 몸이 아니라 그의 불멸의 영혼인 것이다. "합의하시면 이제 그들의 죄를 사하시옵소서. 그렇지 않사오면 원컨대 주의 기록하신 책에서 내 이름을 지워 버려 주옵소서." 그는 실제로 이러한 것을 그들의 "죄를 속하는 것"이라고 불렀다.

옛날의 모세와 같이 새 율법 시대의 가장 위대한 사람, 사도 바울을 보라. 이방인들이 복음을 받게 하기 위하여 오랜 세월 동안 그의 몸은 성령을 통하여 산 제물이 된다. 종국에는 그의 불멸의 영혼이 제단 위에 바쳐

12. 중보자란 무엇인가

진다. 하나님의 사랑에서 그와 그들을 끊을 것이 아무것도 없다고 로마 사람들과 기뻐하던 바로 그가(롬 8장) 잠시 후에는 "나의 형제 곧 골육의 친척을 위하여 내 자신이 저주를 받아 그리스도에게서 끊어질지라도" 그들이 구원받기를 원하는 바임을 성령께서 증거하는 것이라고 말한다(롬 9장). 이런 사람이 실질적인 중보자이다. 성령께서 참으로 택하신 그릇 안에서 그분의 삶을 사실 때에는 상실된 자들을 경고하고 구원하고자 하는 열정에서 그를 이끌고 가시는 곳에 아무런 제한이 없다. 귀족인 이사야는 이스라엘에게 경고를 주기 위하여 3년 동안 "맨발과 벌거벗은 채로" 다녀야 했다. 그런 일은 우리가 믿기 어려울 정도다. 호세아는 하늘의 남편 되시는 분이 간음하여 부정한 아내를 다시 취하시기 원하신다는 것을 백성들에게 보여주기 위하여 창녀와 결혼해야 했다. 예레미야는 포로의 공포와 비극을 이스라엘에게 경고할 목적으로 결혼하는 것이 허용되지 않았다. 에스겔은 "그의 눈의 기쁨"인 아내의 죽음을 놓고 한 방울의 눈물도 흘려서는 안되었다. 열거하자면 목록은 계속되어 나갈 것이다. 위대하게 사용된 하나님의 모든 그릇들은 각양각색의 중보자들이었다. 또한 타락해 가는 영국을 위한 웨슬리(Wesley), 천하고 버림받은 자들을 위한 부스(Booth), 중국을 위한 허드슨 테일러(Hudson Taylor), 복음을 받지 못한 아프리카와 세계를 위한 스터드(C.T. Studd) 등이 중보자였다.

그러나 중보는 성령께서 우리와 함께 탄식을 나누시며 세상을 위한 희생의 삶을 우리를 통하여 사시는 것 이상의 것이다. 그것은 풍성한 은혜의 목적을 이루는 것이다. 중보자가 동일시하는 깊은 동정과 고난을 알고 있다면 또한 권위도 그가 알고 있는 것이다. 그것은 밀알과 추수의 관계와도 같은 법칙이다. "그것이 썩으면 많은 열매를 맺는다." 중보는 죄에 대한 대속이 아니다. 세상 죄인들을 위한 유일하신 대속자가 계시니 하나님의 아들, 예수님이시다. 그러나 중보는 고통당하는 사람과 중보자를 동일시하므로 하나님께 대한 우세한 위치를 그에게 마련하여 준다. 그는 하나님의 마음을 움직인다. 그는 심지어, 하나님께서 그분의 마음을 변경하시게끔 하기도 한다. 그는 그의 목적을 얻는다. 아니 오히려 성령께서 그를 통하여 그것을 획득한다. 이래서 모세는 중보에 의하여 이스라엘을 구한 사람이 되었으며 그들의 멸망을 막았다. 하나님의 선민을 위한 사도 바울의 극도의 중보 행위가 세계적인 복음화와 이스라엘의 최종적인 구원(롬 10, 11장)이라고 하는 당시로서는 전혀 새로운 위대한 계시를 받게 하였다. 중보기도는 하나님께서 실제로 사역을 이루시게 하고 있음에 틀림없다.

리스는 '중보적 위치의 획득'에 관해 가끔 말하곤 했는데 그 진리는 그의 생애에 자주 분명하게 드러난다. 그것은 경험적인 사실이다. 대가가 지불되고, 순종이 다 마쳐지고, 내적인 투쟁과 탄식이 제대로 제 길을 다 걷게 되면 그때 '주님의 말씀이 온다.' 연약한 통로가 성령으로 말미암아 권위를 입고 구원을 선언할 수 있게 된다. '큰 일'이 행해진다. 이뿐만 아니라, 그 은혜가 성령의 직접적인 지도하에 각각의 경우에 적용되고 쓰여진다 할지라도 은혜의 새로운 위치가 획득되고 유지된다. 리스는 조지 뮬러의 말을 빌려 '믿음의 선물'을 받는 것과 대조하여 '믿음의 은혜'에 들어가는 것으로 그것을 표현하곤 하였다. 그가 의미하고자 하는 바는 이렇다. 우리가 보통의 방법으로 기도할 때 선하신 하나님께서 뭔가 우리에게 주실 것을 소망하는 기도이다. 그분이 주시면 우리는 기뻐한다. 그것은 우리에 대한 그분의 선물이다. 그러나 그 동일한 응답을 어느 때고 항상 받을 수 있다고 말할 권세나 권위가 우리에게 없는 것이다. 이런 것이 믿음의 선물이다. 그러나 어떤 문제에 있어서 중보의 위치를 얻게 되었을 때에는 '믿음의 은혜' 속으로 들어가 있게 된다. 그 특별한 선을 따라 하나님의 은혜라는 변하지 않는 바다가 그에게 열려진다. 그것이 획득된 중보의 위치이다.

리스는 조지 뮬러(George Muller)의 경험을 계속 언급했다. 뮬러는 질병에 대한 중보의 위치를 획득하지 못했지만, 어느 한 경우에 그가 위하여 기도하던 한 병자를 하나님께서 일으켜 주셨다. 다른 한 경우에는, 그가 다른 병자를 위하여 기도했으나 병이 낫지 않았다. 그러나 뮬러는 질병에 대한 중보의 위치를 획득하지 않았기 때문에 그것은 기도의 실패가 아니라고 말했다. 그러므로 첫번 기도의 응답은 반드시 되풀이 되지만은 않는, 단순히 '믿음의 선물'이었다는 것이다. 다른 한편 그는 고아들을 위한 중보의 위치를 얻고 있었다. 그는 항상 그들을 위하여 첫 수난자가 될 준비가 되어 있었다. 만약 한 사람 몫을 빼놓고는 모든 사람이 먹을 수 있는 음식이 있다면 그는 기꺼이 끼니를 거르는 사람이 될 것이다. 하나님께서는 필요를 공급하는 이 문제에 있어서, 필요가 항상 충족되게 하는 책임이 그에게 있다고 여기셨다. 하나님의 보고의 문이 한없이 그에게 열려 있었으며 그가 필요한 대로 얼마든지 취할 수 있었기 때문이다.

다른 한편, 독일의 블룸하트 목사(Rev. Blumhardt)는 병자들을 위한 중보의 위치를 획득했다. 악한 영들과의 첫 투쟁 속에서 최후의 승리를 얻기까지 그는 18개월 동안 기도와 금식으로 보냈다. 목사로서의 직책을 소홀히 하고 병자를 고치는 데만 전념한다는 불평이 매서웠지만, 그는 비유로서 밤중의 친구와 떡 세 덩이 이야기를 주님께서 말씀하신 것과 자기도 자격이 없을지라도 계속해서 문을 두드리겠다고 말했다. 그는 끝까지 기도했고 하나님은 문을 열어 주셨다. 수백 명이 축복을 받았을 뿐 아니라 교회를 위한 하나의 표준이 세워졌다. 최후의 승리 이후에 그는 하나님의 보좌에 자유스럽게 나아갈 수 있었기 때문에, 병자들을 위한 기도를 부탁하는 편지가 오면 잠깐 동안 보좌를 향하여 바라보고 그들이 낫게 될 것인지 아닌지 곧 하나님의 뜻을 알 수 있었다. 다른 사람들의 고통이 그에게 그대로 전달되어 고통스러웠으므로 자기 자신이 고난을 당하는 것처럼 그들을 위해 간구했다. 그것이 중보였다.

죽음에 도전하여 13

　　폐병 앓는 여자를 고쳐 주는 데에 누구나 알 수 있듯이 분명히 실패를 하였지만 리스는 자기가 중보의 위치를 획득하고 있었음을 알았다. 그 자신은 증거가 필요치 않으며, 주님께서 그 내적인 승리에 대한 증표를 중시해 주실 것을 확신했다. 그것이 몇 달 후에 왔다. 그 마을에서 한 사람이 죽어 가고 있으니 그더러 와달라는 부탁을 받았다. 그는 이미 의식불명이었다. 자녀들이 10명이나 되고 벌이를 하는 사람은 그뿐이었기 때문에 그의 아내는 가슴이 메어지게 흐느껴 울고 있었다. 리스가 받은 영향은 즉각적이었다. 그 여자의 고통이 마치 그의 친 누이가 고통을 당하고 있는 것처럼 그에게 몰려 왔다. 그는 밖으로 나가 밭에 들어가서 울었다. "우리가, 아니 우리 안에 계신 성령께서 우시기만 하면, 우리는 보좌에 이르게 됩니다"라고 그가 말한 대로였다.

　　그녀를 도울 수 있는 유일한 길은 그녀의 남편을 살리는 것임을 알았지만, 그 사람은 인간이 도울 수 있는 한계 밖에 있었다. 그러나 그녀의 고통이 그의 것이 되고 그녀의 필요를 채워 주는 것이 그의 책임인 것처럼 느낄 만큼 그녀의 감정 깊은 곳까지 그가 들어가도록 주님께서 역사하시는 것 같았다. 하나님께서는 "고아들의 아버지"이시며, "과부들을 구제하시는 분"이시다. 그래서 하나님께 간청하여 그 남편을 그가 살려내지 못한다면, 성령께서는 그를 통하여 그 남편의 위치를 담당하실 것을 주장하실 것이며, 그는 이 여자와 자녀들의 부양을 책임져야 할 판이었다.

그는 다시 그 여자의 집으로 들어가서, 그녀가 아래층으로 내려오기를 기다리면서 거기에 앉아 있었다. 그때 의식 속에서 "그는 죽지 않을 것이다. 그는 살 것이다"라는 새로운 음성이 그에게 들려 왔다. "고요함이 그 방안에 가득해 왔습니다! 그것은 하나님의 임재를 표시하는 고요함이었습니다"라고 리스는 말하고 있다. 그 여자가 내려오자 그는 즉시 이렇게 말했다. "내가 당신을 보고 난 뒤 당신의 남편을 위한 기도의 무거운 짐이 내 위에 얹어졌습니다. 그런데 주께서 내게 '그가 죽지 않을 것이다. 그가 살 것이다' 라고 말씀하셨습니다." 그러나 그녀는 믿으려 하지 않았다. 그녀가 그의 말을 곧이곧대로 받아들이지 않으며, 또 그럴 만한 이유가 있음을 알 수 있었다. 그녀 남편의 상태는 절망적인 데다 리스가 나을 것이라고 말했던 사람이 최근에 죽은 엄연한 사실이 가로놓여 있었던 것이다. 그는 그 집을 나와 자기 집으로 향했다. 그러나 그가 공유지를 지나올 때 주님께서 다시 그에게 이런 말씀을 하시기 시작하셨다. "너는 정말 확신을 가지고 그 여자에게 말하지 않았다. 내일 아침 일찍 다시 가서 그녀에게 말해야 한다. 그런데 의심을 떨쳐 버리고 가야 한다." 그것은 매우 강한 확신이었기 때문에 그는 잠자리에 들면서 큰 소리로 외쳤다. "나는 내일 가서 죽음에 도전하겠다. 또 '너는 이 사람을 데려가지 못할 것이다' 라고 죽음에게 선언하겠다."

다음 날 아침 그는 8시에 기차를 타야 할 일이 있어서 6시 전에 출발하여 2마일을 걸어 그 마을에 갔다. 눈이 오고 있었고 칠흑 같이 어두운 길이었다. 그 악한 자는 가는 도중 내내 그를 공격해 왔다. 그는 이렇게 말하고 있다. "무수한 마귀들이 나에게 대항하고 있는 것 같았습니다. 나는 밀려오는 조류를 거슬러 가고 있는 사람과도 같았습니다. '네가 지난밤에 떠나오자마자 그 사람은 죽었다' 라고 원수는 계속하여 말했습니다." 그것은 믿음의 혹독한 시험이었으나, 끝까지 투쟁하면서 그 집 가까이에 이르렀을 때 빛을 보니 반가움이 앞섰다. 안으로 들어가서 그 여자에게 이렇게 말했다. "내가 어제 말한 것을 당신이 믿지 않는 것은 무리가 아닙니다. 내가 확실하게 알고 있는 것을 말할 때처럼 확신있게 내가 말하지 못했습니다. 그러나 당신의 남편이 죽지 않을 것을 말해 주기 위해 오늘 아침 이렇게 왔습니다. 그것의 확실한 증거로써, 그가 만일 죽으면 당신과 자녀들을 내가 부양하겠습니다." 이번에는 그녀가 그의 말을 믿고 눈에 띄게 밝아졌다. 그는 갈 때와는 달리 큰 기쁨을 안고 돌아왔다. "마치 하늘이 내려와서 기뻐하는 것 같았습니다. 나는 죽음이 그를 데려갈 수 없다는 것을 알았습니다. 과연 죽음이 없었습니다"라고 그는 말하고 있다.

그는 이틀 동안 딴 곳에 나가 있으면서 원수의 공격에 아랑곳없었다. 돌아오는 길에서도 마귀는 집요하게 그를 따라붙었다. 그 사람이 죽었다는 소식을 갖고 마을 사람들이 그를 기다리고 있다고 마귀가 말했다. 장례식의 설교를 부탁할 것이라는 것이다! 그가 역에 도착하니 몇몇의 믿는 사람들이 그를 기다리고 있다가 소리쳤다.

"그가 위험의 고비를 넘겼습니다. 당신이 그 집을 떠난 순간 그 사람이 좋아졌어요!"

그 다음 경우는 더 어려웠다. 그 환자는 가장 훌륭한 결신자 중의 한 사람인 부인이었는데 그녀 집에서 가정 집회를 했다. 그녀는 윌리암 다비스라는 사람의 아내였으며, 전에 이야기한 그 폐병 앓은 여자의 시누이었다. 애를 낳은 후 위독해졌는데 의사는 그녀가 회복하리라는 희망을 포기했다. 리스가 그 집에 갔을 때 식구들이 모두 울고 있었다. '선생님은 주님의 뜻을 알고 계십니까?' 라는 것이 윌리암 다비스의 심각한 첫 질문이었다. '그분이 아직 그것을 보여주시지 않았습니다. 그러나 나에게 말씀하시지 않고 그분이 그녀를 데려가시리라고는 믿지 않습니다' 라고 그가 대답했다. 그 대답이 한 가닥의 빛이 되었다. 윌리암은 초조한 나머지 시간을 주지 않고 조르듯이 또 물었다. "오늘 주님께서 말씀해 주실까요?" "그러하시리라 믿습니다. 이제 집을 향해 걸어가겠습니다. 그분이 나에게 말씀해 주실 것을 확신합니다"라고 다시 그를 안심시켰다.

물론 중요한 것은 하나님의 뜻이 무엇이냐였다. 중보의 위치가 획득되었다 할지라도 각 경우에 주님의 뜻이 보여져야 했다. 그런데 이 경우에는 그녀가 살게 되기를 그가 간절히 바라고 있다는 사실 때문에 그의 판단을 흐리게 할 위험이 있었다. 요한복음 5장 30절에 구주께서 말씀하신 바와 같이 공평무사한 사람만이 하나님의 뜻을 발견할 수 있는 것이다. 2마일 길이의 그 길을 걸어가는 도중에 항상 하나님은 그분의 종과 함께 말씀을 나누셨다. "내가 너희를 친구라 불렀노라"라고 하신 말씀은 그에게 한가한 이론이 아니라 고귀하고 실제적인 교제였다. 그는 주님께서 이런 비밀한 교제를 자기와 나누실 것을 항상 기대했다. 그날도 걸어가고 있는데 주님의 말씀이 또 그에게 들려 왔다. "그녀는 죽지 않고 나을 것이다." '그 말씀을 듣는 순간 병고침의 기쁨을 누렸습니다'라고 리스는 말한다. 1분이 한시간처럼 느껴질 만큼 급해서 그는 오후 일찍 돌아왔다. 그는 이제 윌리암 다비스와 농담까지 할 수 있었다. "내가 하나님의 뜻을 말하면 믿겠습니까? 당신의 아내가 나을 것이라고 말해서 당신이 믿으면, 더 눈물 흘릴 것이 없어서 어떻게 하지요? 울고 싶으면 내가 말하기 전에 실컷 우세요!" 리스는 이렇게 말하고 있다. "성령께서 그 집에 계셨습니다. 그분께서 이미 죽음을 정복하신 것을 내가 알고 있었습니다. 자연스럽게 말한다면, 죽음이 그 방안에 있었지만, 나는 완전한 평화 속에 있었습니다. 우리는 엎드려 기도했으며 대여섯 명의 아이들도 합세했습니다. 우리는 마음껏 찬양을 드렸는데 그날로 그녀는 호전됐습니다!"

　폐병 앓는 여자의 중보를 위하여 획득된 위치를 통하여 하나님의 종은 환자 문제에 관하여 그분의 음성을 듣는 일에 전에 없이 민감했었다. 그녀의 경우에 있어서는 영적으로 긴 시간 동안 애써 올라가서야 말씀을 받은 셈이었으나 지금은 순간적으로 주님의 말씀을 받을 수 있게 된 것을 그는 발견했다. 그때에 이런 문제들을 수 없이 당면했기 때문에 이런 일이 그의 특별한 사역인 것 같았다. 신유의 새로운 시대가 기독교에 도래할 것을 믿는다고 그때부터 가끔 말하였다. 오늘날 도처의 교회에서 증거되고 있는 신유의 부흥에 그를 통한 성령의 중보와 믿음이 얼마만큼 기여했는지는 아마 영원한 세계에 가 보아야만 알 수 있을 것이다.

고아들의 아버지
14

이 폐병 환자가 죽을 때 네 명의 어린 자녀들을 남겨 놓았다. 그녀의 남편에게 그것이 너무 큰 시험이 되었는지 주정의 나쁜 버릇에 빠져 그 아이들을 아예 돌보지 않았다. 어느 날 하월스 선생이 이 문제로 번민하고 있는데 이 아이들을 위해서 무엇인가를 해야 함을 주님께서 그에게 명백히 보이셨다. 그들에게 무엇을 해야 하겠느냐고 그분이 그에게 물었으나 하월스 선생은 아무 대답도 못했다. "네가 나에게 대답을 주지 않으면 그들은 공장에 가야만 할 것이다"라고 그분이 말씀하셨다. 또 이렇게 물으셨다. "너의 형이나 형수에게 어떤 일이 일어났다면 그들의 자녀들이 거기에 가도록 네가 내버려두겠느냐?" "그럴 수 없습니다"라고 하월스 선생이 대답했다. "너의 친족에 대해서는 이렇게 빨리 나에게 대답해 주면서도 어찌하여 이 어린 네 명의 고아들에 대해서는 일언반구의 대답도 없느냐?"라고 주님께서 말씀하셨다. "물론 피는 물보다 진합니다." "그렇다. 그러나 영혼이 피보다 진하다!"

아버지가 애들을 내버려 두고 집을 나가 버렸기 때문에 문제는 더욱 심각해졌다. 하월스 선생이 맨 먼저 생각한 것은 그가 후견인으로서 그들을 책임지고, 돈을 지불하여 어느 여자로 하여금 그 집에 가서 그들을 돌봐 주도록 하려는 것이었다. 그것만도 보통 사람이 할 수 없는 대단한 일이겠으나 주님께서는 그에게 이렇게 말씀하셨다. "그들에게 필요한 것은 아버지이지 후견인이 아니다. 나는 고아들의 아버지이다. 그러나 하늘에서

14. 고아들의 아버지

그들의 아버지 역할을 할 수 없으니 너를 통하여서 그렇게 해야겠다."

그것은 그들과 한 집에 살면서 막내둥이가 성인이 될 때까지 충분한 돈을 벌어 그들을 키우는 것을 의미했고 그는 그것을 직시해야만 했다. 그것은 그의 인생의 15년 내지 20년이 흘러 가 버리고 언젠가 성령의 큰 능력 있는 메시지를 세상에 선포하려는 그의 모든 희망이 훌훌 날아가 버리는 것을 의미했다. 더욱이 그들은 그의 자녀들이 아니어서 그들에 대한 아버지로서의 정을 느끼지 못했으며 아버지처럼 되고 싶은 마음이 그에게는 추호도 없었다.

그것은 순교자로서의 그의 위치에 관한 진정함을 묻는 첫 시험이라는 그 사실이 별안간 그에게 깨우쳐졌다. 이것을 가지고 성령께서는 그에게 도전하셨다. 그는 폐병과 죽음에 있어서 애들 어머니의 위치를 취했어야 했다. 그러나 주님께서 그녀를 데려 가시고 그를 '산 순교자'로서 돌려 보내셨다. 그것이 진정한 것이라면, 이제 그녀의 어린 네 명의 애들을 돌봐야 하는 그녀의 입장을 그가 담당해야 했다. 그는 그 당연성에 대해 변명할 말이 하나도 없었으며 그의 삶 속에 계신 성령님의 권위에 감히 의문을 제기하지도 않았다. '그러나 다른 사람의 애들을 자기 자식처럼 사랑하자면 하나님의 품성을 지녀야 합니다' 라고 그는 말하고 있다. 그래서 그는 주님께 이렇게 말씀드렸다. "주님께서 나를 통하여 아버지가 되어 주시기를 원합니다만 그들을 입양된 애들처럼이 아니라 친 자식들처럼 주님께서 나를 통하여 사랑하시지 않는다면 나는 그렇게 할 수 없습니다. 그리고 그렇게 하시려면 주님께서 나의 성품을 바꾸어 놓으셔야 할 것입니다."

사실 그는 하나님께서 그렇게 하실 수 있다고 생각하지 않았다. 그러나 그분은 하셨다. 어느 날 밤 비몽사몽간에 하나님의 사랑, 즉 고아들을 위하시는 그분의 사랑이 그에게 부어지고 있는 것을 발견했다. 거기에는 한계가 없었다. 그들 네 명의 어린애들에게 사랑이 가서 그들과 함께 살지 않고는 배길 수 없게 되었다. 그들이 그에게 대해 어떤 권리가 있는 것처럼 느껴졌다. 그는 이렇게 표현하고 있다. "부모 없는 고아라면 누구든 하나님께서 자기의 아버지가 되신다고 그분께 대해 주장할 권리가 있습니다. 그래서 이 네 명의 고아들은 나를 통하여 그들에게 아버지가 되어 주실 성령께 대해 한 권리를 갖고 있었습니다." 그러나 하나님의 사랑은 네 명에게만 국한될 수 없었다. 그는 이렇게 말한다. "보살펴 줄 사람 없는 세상의 모든 어린이들에게 애정이 가는 것을 느꼈습니다. 그것은 나를 통하여 흘러나오는 하나님의 사랑이었습니다."

그가 가서 그들과 함께 살 만반의 준비를 하는 동안 우선 그 애들을 돌봐 줄 사람을 물색하였다. 그들의 아버지가 되는 것은 이제 시험이 아니라 큰 기쁨이었다. 그러나 그가 가기로 되어 있는 바로 그날, 그들의 세 이모들이 찾아와서 그 애들을 자기들이 데리고 가르치겠다고 말했다. 그것은 애들을 위한 주님의 섭리와 그가 '고아들의 아버지'로서의 위치를 획득했음을 그분이 그에게 보이셨다.

이 사실의 증거는 그 이후의 생활 속에서 찾아 볼 수 있었다. 후년에 하월스 선생과 함께 성경대학에서 살면서 하월스 선생 부부가 자신들의 집과 선교사 자녀들을 위해 마련한 집에서 그들과 망명 유대인들의 자녀들을 기르면서 사랑하는 것을 목격한 사람은 과연 네 명이 아니라 70명을 모아다 날개 아래 품는 부모의 애정을 하나님께서 그들에게 얼마나 많이 부어 주셨는지를 깨닫지 않을 수 없었다.

이에 관해 하월스 선생은 후에 이렇게 언급한다. "그때 획득한 중보의 위치는 지금까지 계속되고 있습니다. 무관심이나 실족함이 없는 한, 주님께서 그것에 대해 다시 시험할 필요가 없었습니다. 획득된 위치에서 우리는 계속적으로 고아들을 위하여 기도하며 다른 사람들을 통하여서라도 그 고아들의 아버지가 되어 주실 것을 주님께 간구할 수 있습니다. 우리가 시험을 통과하여 어떤 일을 기쁘게 감수하려고 하는 것이 증명되기만 하면 우리가 다른 사람들을 위해 중보할 수 있다는 사실이 생의 모든 차원에서 중보의 법칙입니다. 그리스도께서는 각 사람의 입장에 처하셔서 그들을 위하여 기도하셨기 때문에 중보자이십니다. 우리는 결코 죄를 중보하도록 부름을 받지 않았습니다. 그것은 단번에 완전히 이루어졌기 때문입니다. 그러나 죄인들과 그들이 필요로 하는 것을 위하여 중보하도록 가끔 우리가 부름을 받습니다. 그런데 성령께서 우리 안에서 먼저 승리하신 수준 이상으로 우리를 통하여 그분이 '강한 자를 결박' 하실 수 없으십니다. '어떤 것이 세상을 운전하여 몰고 가려면 그것 자체가 먼저 운전되어져야 합니다.'"

자녀들을 내버려둔 그 남자에 대한 그분의 사랑을 나타내시기 위하여 주께서는 놀라운 방법으로 하윌스 선생을 사용하셨다. 소년 때부터 16년 이상 동안 하윌스 선생은 금주 건강 보험에 돈을 불입해 왔으나 더 이상 불입을 하여서는 안된다고 주님께서 그에게 말씀하셨다. '주님께서 돈의 소유권을 갖고 계셨기 때문에 그분의 허락이 없이는 나는 돈을 사용할 수가 없었습니다. 비오는 날을 위한 대비가 내게 전혀 되어 있지 않다고, 노골적으로 말해서 나의 최후는 구빈원(救貧院)—내 평생에 그 이름만 들어도 몸서리쳐지는 곳!—에 들어가는 것이라고 마귀는 내게 경고하느라고 바빴습니다'라고 하윌스 선생은 말한다. 그러나 주님께서 그가 한 성구 앞에 서도록 하셨다. "많이 거둔 자도 남지 아니하였고 적게 거둔 자도 모자라지 아니하였느니라"(고후 8:15). 금주 보험은 '제단에 바쳐져야 했으며' 이미 지불한 금액에 대한 권리도 포기해야 했다.

그러나 그 사람이 자기애들을 버리고, 또 어떤 범죄 사실로 인해 그 지방을 어쩔 수 없이 떠난 3개월 후에, 참으로 묘한 섭리로 하윌스 선생이 그 사람의 건강 보험 체납금을 지불하게 되었다. 그 후 계속하여 그 사람 대신 불입금을 지불해 나갔다. 그것은 놀랄 수밖에 없는 섭리였다. 그 자신의 보험금은 지불하는 것이 잘못이라면 이 사람의 것을 지불하는 것은 어떻게 합당할 수 있을까? 그러나 보험금을 지불하는 것 자체가 나쁜 것이 아니라 그 동기가 나쁘다는 것을 성령께서 보이셨다. 하나님께서 그를 믿음의 학교로 이끄셨기 때문에 그의 한번 얻은 믿음의 위치는, 구빈원에 들어가기는커녕 상실한 보험을 보상하고도 남음이 있었다. 하윌스 선생은 이렇게 말하고 있다. "우리가 어떤 것을 포기하도록 명령받았다고 해서 그것이 다른 사람들에게도 용납될 수 없는 것이라고 말할 수 없는 것도 분명합니다. 그것은 우리가 인생의 어떤 위치와 단계에 있느냐에 따라 달라집니다." 그래서 그는 이 사람의 보험금을 지불했으며 아무도 그것에 관해 모르고 있었다.

그 사람으로부터 한 마디의 소식도 없다가 약 5개월 후에 그로부터 한 통의 편지가 왔다. 그가 폐병으로 몸져 누어 심하게 출혈을 해 왔다는 것이었다. 2주 동안 그는 자기 자신과 투쟁하다시피 무릎꿇고 주님께 용서를 빌고자 애썼으나 '그 복되신 이름'을 욕되게 한 소행을 생각하니 얼굴을 들 수 없는 부끄러움만이 앞서 도저히 그렇게 할 수 없었다. 그러나 어느 주일 아침 구세군 전도단이 그가 누워 있는 집 앞에 와서 노래를 부르고 있을 때 그는 침대에서 박차고 나가 무릎을 꿇고, 용서와 평안을 받았다. 그는 편지에서 유혹에 굴복해 버리고, 자행한 자기의 범죄로 전도자들을 망신시킨 것 때문에 그가 얼마나 마음 아파하고 있는지를 말하면서 주님께서 용서해 주셨기 때문에 친구들도 자기를 용서해 줄 것을 빌고 있었다. 그에게 숙박비를 지불할 돈이 없었으나 그 다음 주에 구빈원에 들어갈 수 있도록 의사가 주선해 주었다. 하윌스 선생이 그를 위하여 한 일을 듣고 그 사람은 하나님의 사랑에 감격하여 어찌할 바를 몰랐다. 그는 구빈원 대신에 자기 본집에 옮겨져 주님의 품으로 평안히 갈 때까지 5개월 동안 매주 한 끼니(21실링)씩 보험금을 받았다. 그가 죽은 후에 그의 어린 자녀들은 38파운드를 받았다. 이 사건은 그 마을에 큰 영향을 끼쳤으며, 성령께 완전히 순종만 하면 하나님의 종이 구빈원에 들어가지 않도록 주님께서 축복해 주실 뿐 아니라 그를 통하여 다른 사람들을 축복해 주신다는 증거가 되기도 했다.

이 모든 경험 속에는 주님의 이중적인 목표가 있었는데 궁핍한 자의 축복과 그분의 종의 변화가 그것이었다. 그는 이렇게 말한다. "성령께서 나를 한 단계씩 이끌고 가셨습니다. 한 사람의 품성을 변화시키는(자아 중심적인 품성을 하나님의 품성으로 바꾸는) 과정은 매우 더디고 괴로운 것이었습니다. 그것은 매일 죽는 것이었으며 그리스도의 생활을 나타내는 것이었으니 곧 희생의 생활이었습니다. 그리스도는 이 편에서는 최대의 희생자이셨으나 저 편에서는 최대의 승리자이셨습니다. 매일매일 걸어가야 할 길은 십자가의 길이었습니다. 모든 이기적인 동기나 생각은 즉각적으로 성령께서 지적해 내시며 다루셨습니다. 소년 시절에 내가 알고 있는 가장 엄격한 사람은 학교 선생님이었으나 성령께서는 천 배나 더 엄격하신 분이시라고 내가 얼마나 자주 말하였는지 모릅니다. 학교 선생님은 행동만을 보고 판단할 수 있었지만 성령께서는 그 동기까지 보시고 판단하시기 때문입니다."

예를 들면, 어느 날 저녁, 그의 친구와 그가 야외 집회에서 말씀 증거를 하게 되었는데, 그 친구가 먼저 설교를 하였다. 그런데 성령께서 그를 매우 훌륭하게 사용하시고 계셨으므로 하윌스 선생은(그는 옥외 집회 설교자로서는 천부적 재질이 없었다) 친구 다음에 어떻게 설교해야 할까 염려하다가 질투심이 생겨났다.

그는 이렇게 말하고 있다. "아무도 그것을 모르고 있었으나 성령께서는 그날 밤 나를 치시고 티끌처럼 낮추셨습니다. 그분은 그 추악상을 보이시며 마귀는 이런 일을 기회로 삼아 저 사람들의 영혼을 해친다는 것을 깨우쳐 주셨습니다. 내가 이보다 더 미운 적은 없었습니다. 그 때문에 내 자신을 저주하고 싶은 심정이었습니다. '이 영혼들을 축복 받게 하기 위하여 네가 이 곳에 나오지 않았느냐? 그렇다면 내가 누구를 통하여 그들을 축복하든 그게 무슨 상관할 것이냐?'라고 그분이 말씀하셨습니다. 그 죄를 내 친구에게 고백하라 명령하시고, 내게서 다시 그런 것이 발견될 때에는 공중 앞에서 고백하여야 할 것이라고 그분이 내게 말씀하셨습니다. 나는 그날 이후로 질투심 같은 것은 감히 한번도 품지 못했습니다. 성령께서는 내게 하신 말씀을 한번도 취소하신 적이 없기 때문이었습니다. 내가 불순종하면 벌을 주시겠다고 경고하시며 철저하게 그대로 실행하셨습니다. 그것은 속박과 공포의 생활이라고 생각하는 사람도 있을 것입니다. 육체에 속한 사람에게는 그럴 것입니다. 그러나 그리스도 안의 새사람에게 있어서는 완전한 자유의 인생입니다. 처음에는 불순종에 대한 벌을 받으면서 자신을 한심스럽게 생각하며 불평하는 경향이 있었으나 이 부패한 자아를 여기서 버리든지 아니면, 이후에 그 더러움이 폭로되는 수치를 당해야 한다는 것을 깨달았기 때문에 나는 성령의 편이 되어 자신에게 대항하기 시작하였습니다. 하나하나 제거하는 것이 손실이 아니라 구원이라고 생각하게 되었습니다."

래드스톡 경
15

1909년 8월 랜드린도드 집회에서 하윌스 선생은 다시 그의 친구 존 고셋 씨를 만났다. 고셋 씨와는 신년 축하 카드를 계기로 하여 서신을 왕래한 바 있었다. 한 집회에서 기도와 중보에 관하여 그가 전하는 메시지를 듣고 고셋 씨는 크게 은혜를 받아 그의 친구 래드스톡(Radstock) 경에게 그것에 관해 말했다. 그 결과 래스드톡 경은 신자들의 특별 집회에서 메시지를 전해달라고 하윌스 선생에게 부탁하게 되었다. 하윌스 선생은 기도의 은사와 중보자 간의 차이점에 관해 그의 경험 속에서 확인된 바를 그들에게 말했다. 전장(前章)에서 언급하였지만 그가 강조한 요점은 기록해 둘 만한 가치가 있다.

기도의 용사는 기도의 응답이 자기 자신을 통하여 오기를 반드시 바라지 않고도 어떤 일을 위하여 기도할 수 있다. 그리고 그는 응답이 올 때까지 기도를 계속해야만 하는 것도 아니다. 그러나 중보자는 그의 목적을 성취할 책임이 있으며 그것을 얻을 때까지 자유로울 수 없다. 그 기도가 자신을 통하여 응답되도록 아무리 오랫동안이라고 해도 계속해 나아간다. 그러나 일단 중보의 위치가 획득되고 시험받아 입증되면, 하나님의 뜻에 합당할 때에는 언제든지 그 위치에서 모든 축복을 권리로써 주장할 수 있게 된다. 그것은 유클리드에서 하윌스 선생이 지적한 바와 동일한 것으로, 어떤 사람이 자기가 하는 중보의 의미를 깨닫기까지는 중보한다고 하지만 조금도 앞으로 나아갈 수 없다. 그리고 그의 태도가 분명한 한 그가 한 번 얻은 위치를 잃어버린 것처럼 다시 얻으려고 애쓸 필요가 없다.

하월스 선생은 말씀을 전하는 도중에 신유에 관하여서도 언급하면서 그 폐병 앓는 여자를 위하여 중보할 때 주께서 자기를 어떻게 다루셨는가를 말한다. 첫 열매는 하나님께 속한 것이기 때문에 최초로 얻은 사건은 제단에 바쳐져야 했던 일, 그가 승리했음을 성령께서 그 안에서 증거해 주셨지만 실패자로서 수모를 참아야 했던 일, 그것을 통하여 육체에 사형 선고를 내리시고 이후의 모든 신유 사역에 있어서 자신이 영광을 취하지 않도록 하신 일 등등을 이야기했다.

그가 이것을 이야기할 때에는, 래드스톡 경도 자기와 똑같이 인도되리라고는 전혀 생각지 못했다. 그 이야기는 후에 그의 전기에 기록되었다. 그는 "믿음의 기도는 병든 자를 구원하리니 주님께서 저를 일으키시리라"라는 야고보서 5장 15절 말씀을 통하여 신유의 진리를 받아들이고 그 말씀에 따라 행동하기로 결심했다. 이 명령에 대한 교회의 무시는 많은 고난의 원인이 되고 있다고 그는 진실하게 믿었다. 그가 이 입장을 취한 후 그의 장녀가 심한 병에 걸렸다. 그의 진실한 친구들 중에는 의사들이 많았으나 그들의 도움을 거절하도록 인도되는 것 같았다. 그러나 하나님의 말씀에 대한 신뢰에도 불구하고 '하늘이 침묵을 지키고 그 아이는 죽었다.' 딸애가 시체로 누어 있는 침상을 굽어보면서 '그분이 나를 죽이실지라도 나는 그분을 신뢰하리라'고 그는 말할 수 있었다. 그것은 그의 신앙에 대한 무서운 시험이었으며 그를 큰 번민에 빠지게 했으나 그 역경을 통과하였을 때 그는 하나의 정복자 이상이 되어 이후로 수많은 신유의 축복을 베푸는 종으로 사용되었다. 그러나 하월스 선생의 간증을 듣기까지는 왜 그의 딸이 죽었는지 전혀 이해하지 못하고 있었다. 첫 열매는 제단에 바쳐진다는 말을 듣고 그는 금방 깨닫게 되었다. 그러나 주님께서 젊은 종에게 어떻게 이러한 법칙을 보여 주실 수 있었는지 의아스러웠다. 큰 감동을 받아서 그는 하월스 선생에게 하나님께서 주님의 교회에 전해야 할 빛을 주셨다고 말하고 대학 교육을 받으면 유리한 점이 많을 것이므로 자기의 후원하에 그가 대학에 들어가기를 원했다. 또 그를 자기의 많은 친구들에게 데리고 가서 그들에게도 동일한 말씀을 전해 줄 것을 부탁했다. 그러나 하월스 선생이 첫 열매에 대한 하나님의 요구에 관해 말한 바와 같이 "그 진리에 가까이 있는 사람만이 그것을 깨달을 수 있었다."

고셋 씨는 방문의 결과를 매우 기뻐하여 런던에 있는 그의 많은 친구들이 만나주기를 바란다고 하월스 선생에게 말했다. 그 친구들 중에는 영국 체신 국장인 로버트 앤더슨(Robert Anderson) 경도 들어 있었는데 그는 리스를 손님으로 초대했다. 이것은 새로운 문이 열리는 순간－젊은 광부가 '신분 있는 사람들'을 만나게 되는 순간이었다! 그의 이야기를 들어보자. "그것만큼 자연인을 기쁘게 하는 일은 없었습니다. 이 모든 것이 어디서 끝이 나게 될지 알 수 없는 일이었습니다. 여러 방향에서 새로운 길이 열리고 있었으며 이것은 무엇보다도 나를 기쁘게 했으며 이것을 친구들에게 알릴 때 내심으로 어떤 만족감을 느꼈습니다. 식구들에게도 말하니 그들도 매우 기뻐하며 이제 이 이상한 생활과 조식(粗食) 등이 끝이 나려니 생각했습니다! 래드스톡 경이나 로버트 앤더슨 경 같은 사람들에게 기도와 중보에 관하여 말씀을 전하도록 청을 받는 것은 겉으로 보기에 굉장한 명예였으나 그것을 통하여 주님께서 내게 얼마나 큰 교훈을 가르치려 하시는지는 별로 생각지 못했습니다."

숨은 생활로 부름받아
16

　　　　고셋 씨의 초청에 응낙한 후 한 달쯤 돼서 중보에의 새로운 부르심이 있었다. 그 마을에는 영광스럽게 변화받은 주정뱅이들이 많이 있었지만 전도 대원들이 성공하지 못한 사람들도 있었다. 그들은 집회에 참석도 하고 주님을 따르려는 의욕을 나타내기도 하였지만 지독한 음주벽에 노예처럼 꼼짝없이 붙들려 있어서 사단이 아직도 그들을 완강히 지배하고 있었다. 한번 더 "강한 자를 묶고 그 재물을 탈취해야" 할 필요가 있었다. 사실상 그 중보는 공중적인 사역에서 숨은 생활로 들어가는 첫 발걸음인 것이 분명했다.

　　3년 동안 하월스 선생은 직장 일이 끝나면 전도 일에 들어갔다. 일주일에 5일은 집회를 갖고 나머지 2일은 방문을 하였다. 아침 7시부터 오후 4시 30분까지 탄갱에서 일한 후에 비가 오나 눈이 오나 그는 왕복 수마일을 걸었다. 랜드린도드 집회 기간 외에는 그의 양떼를 떠날 수 없었기 때문에 어떤 다른 집회에도 참여할 수 있는 시간이 그에게 없었다. 랜드린도드 집회 주간에는 될 수 있는 대로 많은 새 신자들을 데리고 참가했다. 전도 일은 확고히 틀이 잡혀가며 진행되었으므로 인근 각처로부터 주일 저녁에는 많은 사람들이 찾아와 부흥 운동이 계속되는 느낌이었다. 그 마을에 끼친 외면적인 효과도 대단한 것이었다. 3년 전에는 2주마다 있는 임금 지불일에 2개의 화물차와 한 개의 짐차에 맥주 통이 가득 실려 왔는데, 이제 한 개의 짐마차에 그것도 단지 반만 채운 채 실려 왔다. 양조자들이 하월스 선생과 그의 친구들에게 제의하여 공동 소유주가 되도록 설득했더라면 더 적은 손해를 그들이 보았을 것이라는 농담이 나돌 정도였다. 하월스 선생은 이렇게 말하고 있다. "우리에게 있어서 유일한 적은 마귀 그 자체였습니다. 우리들이 그들의 복리를 위하여 노력하고 있는 것을 알았기 때문에 사람들은 모두 우리를 존경했습니다. 내부적으로는 우리가 시련과 시험을 자주 겪곤 하였지만 그들에게 조금도 내색을 하지 않았습니다. 그들에게 있어서는 부흥만이 지속되는 것이었습니다. 주 예수님의 이름이 우리들에게 얼마나 보배로웠던가! 야외 집회 때에는 '주님의 이름이 복되도다'라는 노래가 온 지역에 울려 퍼지고 있었습니다."

하월스 선생이 갖고 있던 어려움은 기도 시간을 내는 일이었다. 정말 그의 유일한 기회는 사역지를 향하여 2마일을 걸어가는 때뿐이었는데, 한적한 공유지가 1마일 가량 펼쳐져 있었다. 그 공유지를 걸어가는 도중에는 항상 혼자의 세계를 가지려고 애썼다. 마지막 집을 뒤로하게 되면 모자를 벗고 기도하는 태도를 견지하였다. 그 당시의 풍습으로는 밖에서 모자를 쓰지 않고 다니는 일은 전혀 들어보지 못할 일이었으나, 혼자의 세계를 갖게 될 때에는 하나님의 임재 하심이 너무도 현실적이었기 때문에 그는 항상 모자를 벗었다. 이것은 어김없는 습관이 되어 모자를 호주머니 속에 집어넣지 않고는 한번도 그 공유지를 횡단한 적이 없었다. 밤이 깊어 읍내의 모든 불빛이 꺼진 후에 귀가할 때에는 처음부터 끝까지 그렇게 걸었다. 오늘날 우리들에게는 이상하게 들리겠지만, 그는 낮에 모자를 벗고 걸어가는 일은 도저히 있을 수 없는 일이었다! 그가 말하는 대로 "모자를 쓰지 않은 군대는 그 당시 생각할 수 없었다!"

분명히 이 사소한 습관은 대중의 영향에 대하여 죽은 자처럼 그를 만드시기 위하여 성령께서 사용하신 첫 수단이었다. 어느 주일 아침 매우 일찍 그는 기도하면서 주님과 함께 있었다. 그는 이렇게 말한다. "그 아침의 영광은 태양 빛보다도 훨씬 더 밝았습니다. 평안과 엄숙한 고요가 가득하여 나는 그 장소가 거룩한 곳이라 느꼈습니다. 전에도 가끔 그런 느낌을 가졌지만, 그날 아침에는 훨씬 더 강렬하여 태양 빛이 칠일 동안의 빛처럼 칠 배를 더 할 것이라'는 이사야의 말씀이 현재에 존재하는 것 같았습니다. 그때 주께서 나를 부르신 중보의 위치는 온 종일 기도하는 태도로 지켜 갈 수 있음을 내게 보이셨습니다. 처음으로 나는 모자를 갖고 갈 수 없었습니다! 읍내를 걸어 지나가고, 복음을 위하여 일하러 가는 것은 불가능할 것 같았습니다. 나는 결코 그렇게 할 수 없었습니다! 결코! 영광이 갑자기 사라지고, 태양은 덜하지는 않았다 할지라도 여느 때보다 더 밝지 않았습니다. 오, 내게 덮친 어두움! 그날 아침 밖에 나가지 않기를 얼마나 바랬는지 모릅니다. 금식도 이 고통과 비교될 수 없었습니다. 금식의 시험에는 집안 사람들만이 관계되었으나 이 시험에는 온 읍내 사람들 앞에서 구경거리가 될 판이었습니다. 그들은 모자를 쓰지 않고 밖에 다니는 사람을 한번도 본 적이 없었습니다!"

복음 사역을 위하여 떠날 시간이 되었을 때 순종하지 않으면 갈 수 없다고 성령께서 그에게 말씀하셨다. 아직도 그가 무릎을 꿇고 있는 중에 그가 왜 순종하지 않았는지 그 이유를 주님께서 추궁하셨다. 그가 주님의 앞을 떠나고 싶어서였는가? 아니다. 그렇지 않았다. 그가 할 수 있는 유일한 대답은 공중의 이목이 너무 크게 그에게 작용하여 그것을 이겨내지 못할 것이라는 사실이었다. 그랬더니, 바로 그 이유 때문에 그에게 그것을 행하도록 요구하는 것이라고 주님께서 말씀하셨다. 그가 세상의 이목에 대하여 승리하지 않는 한 세상에 대하여 죽는 도리를 다시는 가르칠 수 없다고 말씀하셨다. 하월스 선생은 이렇게 언급하고 있다. "우리가 세상에 대하여 죽었다고 자주 생각하면서도 세상이 우리 안에 얼마나 많이 자리잡고 있는지! 나는 구세군 모자를 쓰고 있는 사람을 보면 웃음을 흘리곤 하였지만 그 날은 그 모자라도 좀 쓰도록 성령께서 허락해 주셨으면 얼마나 좋을까 하고 바랬습니다. 그러나 그분은 타협을 허용치 않으셨습니다. 나는 노예처럼 사로 잡혀 꼼짝할 수 없었습니다. '저를 끌고 가 주십시오'라고 말할 수밖에 없었습니다."

그는 어머니의 눈만 피할 수 있으면 그렇게까지 신경을 안쓸 것 같았다. 금식을 한 데다 이런 일을 하면 그가 무언가 잘못된 것이 틀림없다고 어머니가 생각하기 십상이었다. 그래서 어떻게 해서든지 그녀의 마음을 상하지 않도록 그녀를 피하려고 했다. 그들의 가정은 잘 알려지고 읍내에서 크게 존경을 받고 있었기 때문에 그 양친을 욕되게 할 것을 생각하니 문제는 두 배로 어려워졌다. 그는 이렇게 말한다. "나는 이층에서 기도하면서 될 수 있는 대로 많은 힘을 얻으려고 애썼지만 주님께서는 아주 멀리 계신 것만 같았습니다. 시험 때에는 아예 하나님께서 계시지 않는 것처럼 느껴지는 때가 있는 법입니다."

그의 어머니는 그가 여느 때보다 늦은 것을 알고 있다가 그가 이층에서 내려오는 소리를 들었다. 그녀는 아들의 모자를 손에 들고 어머니의 자상한 손길로 솔질을 하면서 그를 맞으러 나왔다. 그는 이렇게 말하고 있다. "모자를 쓰지 않겠다고 어머니에게 말할 때에는 '한 칼이 당신의 목숨도 꿰뚫을 것입니다'라고 메리에게 한 시므온 할아버지의 말이 생각났습니다. 자기의 한 아들이 괴상한 꼴을 하고 걸어다니는 것을 부모가 목격한다면 얼마나 기막힐 것인가!" "그날 내가 읍내를 지나면서, 사람들이 다른 교회로 가고 있는 것을 지나치던 경험을 나는 도저히 잊을 수가 없을 것입니다. 세상에 대하여 죽다니! 내 안에 있는 모든 감각과 신경이 세상의 영향아래 살아 움직이고 있었습니다! 못봐서 괴로운 소경이나 못본 체하려고 안간힘을 쓰는 나나 별다를 것이 없었습니다. 마귀는 지옥의 모든 힘을 모아 이 단순한 순종을 공격하는 것 같았습니다. 사실 그 자체에는 특별한 것이 없었습니다. 어느 정도 세상으로부터 분리를 뜻하는 태도로서 기도하며 그날을 보내라는 명령을 받아 이행하는 것뿐이었습니다. 아, 그런데 이 끈질긴 본성의 깊이여, 그러나 그것은 거룩한 성품으로 변화받고 있는 중이었습니다. "예배 장소에 도착하니 죽을 고비에서 구조된 기분이었습니다. 그곳은 복수자에게서 피해 도망온 도피성과도 같았습니다. 시험 후에는 우리들 가운데 항상 기쁨의 웃음이 피었습니다."

그러나 기도의 태도가 유지돼야 하는 것은 주일만이 아니었다. '일을 하든 걷고 있든' 그밖에 '무엇을 하든' 그가 기도해주고 있는 영혼들이 그의 마음에 있어야 했다. 그것은 매일 모자를 쓰지 않고 다니는 것을 뜻하기도 했다. 그는 이렇게 말하고 있다. "어느 정도 나는 그것에 대해 승리했습니다. 모자를 쓰지 않고 일하러 가는 것은 정말 싫은 것이었으나 불순종하는 것이 순종하는 것보다 더 어렵게 느껴졌으며 사람들도 나의 행동에 낯익게 되었습니다."

그를 분리시켜 주님께 연합시키려고 주님은 이보다 더 깊은 곳으로 그를 끌고 가실 것을 예비하고 계셨다. 그를 공중 사역으로부터 완전히 불러들일 참이셨다. 그의 절친한 친구인 복음의 동역자에게 가한 적의 공격을 통하여 주님의 계획을 위한 첫 조치가 취해졌다. 그들은 서로 사랑했다. 하윌스 선생은 이렇게 말하고 있다. "천성적으로 그는 내가 만난 사람 중에서 가장 사랑스러운 사람들 중의 하나였습니다. 아볼로처럼, 그는 성경에 능하였고 달변가였습니다." 그러나 사단이 어떤 믿는 자들을 통하여 그에게 말하기를 그가 리스 하윌스와 함께 그 마을에 머물러 있다면 결코 크게 되지 못할 것이라고 바람을 넣었다. 그는 그 자신의 사업을 갖고 싶어했다. 주님께서 이 공격의 심각성을 하윌스 선생에게 보이시고 그 친구를 구할 수 있는 사람은 하윌스 선생뿐이라는 것을 말씀하셨다. "네가 그를 구할 수 있는 한 가지 길은 그가 결코 얻지 못할 것이라고 원수가 말한 바로 그것을 그에게 주는 것뿐이다. 사역의 주도권을 그에게 양보하는 것이 어떠냐? 그의 뒤로 물러가서 그를 위한 중보자가 되라. 복음전도가 네가 맡아서 할 때보다 그가 맡아서 더 잘 돼 가도록 기도하라." 그리고 이것은 수년 전에 랜드린도드에서 그분이 그에게 말씀하셨던 바로 그 일들 중의 하나임을 상기시키셨다.

그렇게 되면 그의 인생에 어떤 결과가 밀어닥칠지 그는 생각해 보지 않을 수 없었다. 그는 이렇게 말한다. "나는 3년 동안 나의 모든 시간과 돈과 모든 것을 이 사업에 쏟으면서 매일 밤 수고를 아끼지 않았습니다. 그런데 원대한 전망이 비치는 이때에 나더러 밑으로 내려가 친구가 전에 내 뒤에서 나를 도운 것처럼 그 친구 뒤에서 밀어 주라고 주님께서 요구하시는 것이었습니다. 사업은 점점 커지고 있었고 앞으로 더욱 더 명성을 얻게 될 것이었습니다. 그러면 자연히 사람들은 모든 칭찬을 친구에게 보낼 것입니다. 그들은 그 토대를 놓는 데에 어떤 사람이 필요했다는 것을 결코 알지도, 기억하지도 못할 것입니다. 내 친구가 외적인 성공을 거두어 들이도록 하는 것은 크나큰 내적인 갈등이었습니다. 이것이 성령께서 이번에 다루시고자 하시는 자아 문제였습니다. 자아가 그분의 거룩하신 품성으로 바꾸어지게 하는 것은 어려운 과정이었습니다. 3일 동안 나는 그것을 기꺼이 받아들일 수 없었으나 어쩔 수 없이 받아들일 수밖에 없음을 알고 있었습니다. 그것은 알려지고 성공적인 생활에서와 같이 숨겨진 생활 속에서도 똑같은 기쁨을 갖도록 훈련시키시는 하나님의 방법이었습니다. 내 인생의 목적이 하나님의 뜻을 행하는 것이라면 두 길 다 똑같은 기쁨이라고 진실하게 말할 수 있어야 했습니다." 그때 그는 마담 구욘(Madame Guyon)의 전기를 읽고 도움을 받았는데 거기에 성화의 과정이 분명하게 표현되어 있었다. 그녀는 옥에 갇혀서도 "선악간에 더 이상 구하지 않습니다. 주님의 거룩한 뜻과 연합되기를 바랄 뿐입니다"라고 기도하였다.

하나님께서는 그를 관철하도록 이끄셔서 그의 품성 속에 또 하나의 변화가 깊이 자리잡도록 하셨다. 요나단과 같이 그는 자기의 자리를 차지한 사람을 사랑할 수 있었다. 그는 친구와 함께 이야기하면서 하나님께서 그를 인도하여 주실 것이며, 이후로는 자기는 그의 뒤에서 기도로 밀어 줄 터이니 복음 사업을 그가 맡아야 한다고 말했다. "위대한 사업으로 발전시켜라. 주님께서 너를 통하여 많은 영혼을 구원하실 것이며 나도 너를 위하여 기도하겠다. 사업이 나를 통하여 번창했던 것보다 너를 통하여 더욱 창대해지기를 원한다."

모자없는 군단
17

하윌스 선생이 전도 업무를 친구에게 넘겨준 직후, 예견했던 대로 '다음 주에 고셋 씨의 손님으로 초대하니 꼭 와 달라'는 편지가 런던으로부터 날아왔다. 처음에 그는 새로운 중보의 직책을 맡게 되었으며 3개월 간은 지속될 것이었기 때문에 갈 수 없다고 생각했다. 그는 희생다운 희생을 했다고 느끼면서 잠자리에 들었으나 다음날 아침에 주님께서 그에게 물으셨다. "왜 런던에 가려 하지 않느냐?" "나의 중보의 직책 때문입니다." "그러면, 런던에서는 중보 할 수 없느냐?" 성령께서는 항상 자아의 저 밑바닥까지 꿰뚫어 보셨다. "가지 않는 진정한 이유를 말하라"고 그분이 추궁하셨다. 모자를 쓰지 않고 런던에 갈 용기가 나지 않아서라고 하윌스 선생은 고백해야만 했다. 그는 이렇게 말한다. "고향에서는 모자를 쓰지 않는 것에 승리했습니다. 그러나 상류 인사의 손님이 되어 그런 모습으로 런던에 간다는 것은 문제 밖의 일이었습니다. 고셋 씨는 내가 그를 모욕하는 것을 용납치 않을 것이 뻔했습니다. 나는 다른 사람들의 감정에 민감하여 그가 친절을 베풀어 거액의 돈을 준다 해도 그것을 거절했으면 했지 그의 감정을 상하게 할 수 없었습니다. 육체적인 생각으로 백번도 넘게 변명하였습니다! 그러나 성령께서는 어느 것 한가지도 받아 주시지 않았습니다. 내가 사람보다 그분을 더 순종하는지를 확인하시려고 이 모든 것을 계획하셨던 것입니다. 사람들은 곧잘 그리스도를 위하여 바보가 되는 것은 영광스러운 일이라고 가벼이 말은 하지만, 실제로 당하게 될 때에는 사정이 전혀 달라졌습니다."

갈등은 심각했다. 심지어 순간적으로 이런 생각까지 들었다. "이 양보의 생활, 이 노예와 같은 생활, 이렇게 매일 죽어야 하는 고통을 청산해 버리고 많은 친구들처럼 그저 평범한 신자의 생활을 하며 복음을 전하고 가난한 사람을 돕는 일을 할 수는 없을까?" 그러나 성령께서는 죽은 사람과 조금도 다를 바 없이 자기 생애에 대해 주장할 것이 전혀 없는 그의 '산 순교자'의 지위를 생생하게 자각하도록 깨우치셨다. 성령께서 하시는 일에 그가 실제적으로 그분과 완전히 하나가 되기까지는 항상 그랬던 것처럼 약간의 의아심이 있었지만, 자기에게는 선택의 여지가 없는 것을 잘 알고 있었으며, 순교자의 특권적 위치를 상실할까 봐 진정으로 싫어한다는 의향을 감히 나타낼 수 없었다.

결코 밀어부치는 법이 없으시는 성령께서는, 주님께서 당하셨던 말로 할 수 없는 고난을 그에게 보이심으로 그의 사랑의 심금을 울리셨다. 성경이 말하는 대로 "그분은 풍채도 없으셨고 고운 모양도 아니셨다. 그분은 사람들에게 멸시와 배척을 당하시고 하나님께 매 맞아 간고를 겪으셨다." 하윌스 선생은 이렇게 말하고 있다. "전도 집회 시에 우리는 이렇게 노래 부르곤 했습니다."

> 겟세마네 동산까지 주와 함께 가려 하네
> 피땀 흘린 동산까지 주와 함께 함께 가려네
> 주의 인도하심 따라 주의 인도하심 따라
> 어디든지 주를 따라 주와 같이 가려네

그러나 이번에는 주님과 함께 가는 것이 얼마나 싫은 쓴 잔인가! 고셋 씨와 그의 친구들이 내가 하는 행동에 대한 성경적 근거를 대라 할 것을 생각해서 전에 이런 류의 행동을 하도록 종들에게 말씀하신 예를 성경을 통하여 보여달라고 그분께 요구했다. 섬광과 같이 그분은 내 앞에 세례요한과 엘리야를 제시하셨다. 약대 털옷을 입고 메뚜기와 석청으로 음식을 삼았던 세례 요한, 3년 6개월 동안 토굴과 한 과부의 집에 우거하며 매일 마지막 남은 한 움큼의 밀가루로 기적적으로 연명한 엘리야, 이것은 능력을 나타내기 이전에 그들이 걸어야 할 십자가의 길이었다.

"주님께서는 항상 나를 변명할 여지없이 궁지로 몰아넣으셨으며 그때 나는 웃으면서 '옳습니다. 주여, 제가 이 어려움을 헤쳐 나갈 수 있도록 해 주옵소서' 하곤 했습니다. 그래서 나는 항복했지만 이번에는 약간 불만이었으며 세례 요한에 대해 기억나게 하실 때에는 그분이 모자만이 아니라 세례 요한처럼 다른 것까지 벗고 런던에 가라고 하시면 어쩌나 하고 염려했습니다! 그래서 그분이 다른 명령을 추가하실까봐 그날 종일 조용한 시간을 갖지 않으려고 일부러 바쁘게 쏘다녔습니다."

런던에 갈 날이 왔다. 그의 어머니는 고향 읍내에서 그가 모자를 쓰지 않고 출입하는 것은 그러려니 하게 되었으나 그날 아침에는 모자를 잘 솔질하여 준비해 들고 있었다. 그것이 첫 시험이었다! 마귀도 비 올 경우를 생각해서 모자를 호주머니에 넣고 가는 것이 좋지 않겠느냐고 꾀었다. 그러나 그는 '그렇다면 우산이 더 낫겠다'고 말할 수밖에 없었다!

열차가 패딩톤으로 증기를 내뿜으며 진입할 때 그는 마치 사형장으로 끌려가는 사람처럼 느껴졌다. 그가 차에서 내리니 고셋 씨가 거기에 마중 나와 정중하게 환대했다. 그러더니 그가 차창 속으로 머리를 들이밀면서 "당신 모자를 남겨 두고 내린 거로구먼" 하였다. "아닙니다. 갖고 오지 않았습니다. "뭐라고요? 모자 없이 런던에 오시다니요! 오, 안됩니다! 리스, 여기는 시골이 아니에요. 모자 없이는 런던에 갈 수 없어요." "그러면 난 돌아가겠습니다." "이것은 돌아가야 할 문제가 아니고 모자를 써야 할 문제입니다"라고 고셋 씨가 대꾸했다.

하월스 선생은 이렇게 말하고 있다. "덮개 없는 택시를 타고 패딩톤에서 피카딜리로 달리면서 나는 나를 접대하는 주인이 안쓰러워 죽을 지경이었습니다. 그의 얼굴은 새우처럼 붉어져 있었습니다. 도중에 그는 '집에 새 모자가 하나 있는데 매우 비싼 것입니다. 내게는 맞지 않으니 그걸 드리겠습니다'라고 말했습니다. 그러자 나는 크리스마스 때 쓰기 위해 마련해 둔, 런던에 있는 모든 모자를 내게 준다 해도 모자를 쓰지 않고 가는 것이 중보의 위치를 견지하기 위한 하나의 내주 생활이기 때문에 그 모자들을 받지 않겠다고 그에게 말할 수밖에 없었습니다. 나중에 그가 말한 이야기인데 그때만큼 그의 자존심이 상한 적이 없었다고 했습니다. 전에도 주님께서 그의 자존심을 만지시려 하셨지만 그는 누구도 거기에 가까이 오지 못하도록 완강히 거절했습니다. 여태까지의 생애에서 그때 차를 몰고 가던 도중만큼 그렇게 많이 얼굴을 붉혀 본적은 없었다고 그는 말했습니다."

모자가 그렇게까지 어려움을 야기했다면 금식과 조식에 대해서는 어떠했을까? 다니엘의 식단을 그는 어떻게 생각했을까? 식사를 기다리고 있을 때에 그가 하월스 선생에게 만찬에 초대한다는 것을 알렸다. 그는 이렇게 말하고 있다. "고통스런 부담을 또 만난 것이었습니다. 임전태세를 취해야 했습니다. 하루 두 끼니의 간단한 음식만을 들 수 있는 나의 처지에 만찬이 무슨 소용 있으랴? 나는 한마디도 말하지 않았습니다. 어쩔 수 없이 말해야 할 판국에 가서야 겨우 입을 열 수 있었습니다. 그때도 내 사정을 말하기가 너무 힘들었습니다. 식사가 다 준비되어 우리는 식탁에 앉았습니다. '이 모든 것은 당신을 위하여 준비했습니다. 식탁에 있는 모든 것을 맛이라도 전부 보시기 바랍니다' 라고 그가 말했습니다. 그러나 나는 빵과 치즈와 국만을 하루에 두 끼니의 식사로 앞으로 석 달 동안 먹겠다고 말했다. 그는 두 손을 쳐들고 소리쳤습니다. '리스, 나는 어떻게 하라는 거요? 사람들이 내 손님을 어떻게 말할까? 옛 선지자들 중의 한 사람?' 우리 두 사람은 크게 웃었고 나는 주님께 순종하여 런던에 온다는 것이 나에게 큰 사명이었음을 그에게 말했습니다. 그의 모든 친절에도 불구하고 그를 모욕하게 되리라고는 내가 내재 생활을 시작할 때에 생각지도 못했던 것이라고 그에게 말했습니다. '생각컨대, 당신이 이렇게 하는 것은 모두 잃은 영혼들을 찾기 위함인 줄 압니다. 나는 여기서 늙기까지 살았지만 그들을 위하여 실제적으로 한 일이 없습니다' 라고 그가 대꾸했습니다. 이어서 그가 '왕이 당신을 만찬에 초대하더라도 하나님께 불순종하지 마세요'라고 나에게 말하더니, 곧 '피카딜리에서 당신과 함께 걸어 다닐 수 없어요! 2야드 떨어져서 내 앞에 걷던지 내 뒤에 걷던지 하세요!'라고 말했습니다. 우리들은 몇 시간이고 웃음이 나왔습니다. 고통스런 십자가였으나 영광스러운 승리를 맞았습니다!"

고셋 씨는 그를 데리고 그의 친구들을 방문했다. 그는 그들로부터 열렬한 환영을 받으며 "그들 모두와 놀라운 시간을 가졌는데 특히 래드스톡 경과 로버트 앤더슨 경과 함께 그러하였습니다. 사회적 신분이라는 것이 나에게 영향을 미치는지, 그러한 모든 것에 죽어 있다고 내가 말할 수 있는지를 보시기 위하여 주님께서 나를 시험하시고 계셨습니다." 그러나 마지막 날 한 방문자에 의하여 하나님의 진정한 목적이 드러났다. 그가 떠나려는 전날 밤 고셋 씨가 그의 방에 들어와서 이렇게 말했다. "하나님께서 나에게 어떤 것을 계시해 주셨습니다. 하나님의 법궤가 있음으로 해서 오벳에돔의 집을 축복하신 것처럼 당신이 우리 집에 있기 때문에 그분이 우리 집을 축복해 주시겠다고 내게 말씀하셨습니다." 그 말을 듣고 "이곳은 하나님의 영광으로 가득 차 있었지만 나는 그것을 감당할 수 없습니다"라고 하웰스 선생이 말했다. 다음날 아침 주님께서 하웰스 선생을 이끄셔서 수넴 여인에 대하여 읽게 하시고 고셋 씨에게 이렇게 말하게 하셨다. "여자가 선지자에게 한 것처럼 선생님께서도 꼭 그와 같이 나에게 하신 것을 알고 계십니까? 그래서 나도 물어봐야겠어요. '선생님을 위하여 무엇을 할까요?' 하나님께 바라시는 축복이 무엇이든지 그분이 주실 것입니다."

그는 크게 감격하여 울었다. 그에게 하나의 간절한 소원이 있었다. 어릴 적부터 법도에서 떠나 방탕한 생활을 하고 있는 군대에 있는 자기 아들 랄프 고셋 대령이 이제 곧 아프리카에서 돌아오는데 가족과 등지게 되지 않기를 바라는 소원이었다. 하웰스 선생이 말했다. "하나님께서 그보다 더한 일을 해주실 것입니다. 그가 귀대하기 전에 회개하고 신앙을 다시 찾게 될 것입니다." 이것은 70문도에게 구주께서 하신 말씀이 이루어진 한 예라 하겠다: "어느 집에 들어가든지 먼저 말하되 이 집이 평안할

찌어다 하라 만일 평안을 받을 사람이 거기 있으면 너희 빈 평안이 그에게 머물 것이요…."

나실인의 서원
18

하월스 선생이 이제 좇아가야 할 중보의 길은 더욱 분명해지고 곧장 위로 향하는 형태를 취하기 시작한다. 한결 더 어려운 중보를 위하여 그가 맡은 문제들은 모두 그 마을에서 일어난 것들이었으며 그의 개인적인 영향권 내에 있는 것들이었다. 그러나 고셋 씨의 아들의 경우에는 문제가 달랐다. 그가 한번도 그 사람을 본 적도 없으며 앞으로도 계속 그러할지 모른다. 기도 외에는 그 사람에게 영향을 미칠 수 있는 방법이 전혀 없었다. "이번이 너의 중보를 시험하는 기회가 될 것이다"라고 주님께서 그에게 말씀하셨다. 주님께서 자기의 종이 더 높은 위치에 오르도록 준비하고 계셨던 것이 분명했다. 사람들 가운데서 일하는 것을 떠나 오직 하나님과 관계하게 됨도 이런 목적에서였다. 카드에 기도를 명확하게 써서 고셋 씨와 그가 서명을 하고 각각 하나씩 소지했다. 하월스 선생은 그것을 자기가 가지고 있는 것 중에서 가장 귀중한 것 중의 하나로 여겼다.

그가 런던에서 돌아오자마자 내재 생활의 일환으로, 탄광에서 돌아온 후에 6시부터 9시까지 매일 3시간씩 무릎을 꿇도록 명령받았다. 주님께서 몇 주 전에 전도 사업의 지도책임을 그의 친구에게 양도하라고 말씀하실 때에 그분은 이것을 미리 계획하셨음을 알아 차렸다. 이제 그는 외면적인 영적인 활동을 모두 중지하라는 명령을 받았으며 심지어 전도 집회에도 참여할 수 없었다. 그는 정해진 시간 동안 내내 무릎을 꿇고 성경을 읽어야 했는데, 이것은 그가 항상 성경을 읽는 태도였고 그의 스승은 성령이셨다. 그는 이렇게 말한다. "그분의 임재 앞에서 완전히 침묵하기를 배우기까지는 약간의 시간이 걸렸습니다. 습관적으로 설교를 하고 있었으므로 말씀에 새로운 조명이 비춰 오면 내가 하나님의 존전에 있는 것도 모르고 설교하기 일쑤였습니다. 내 앞에 한 사람도 없는데도! 나는 오랫동안 내 자신을 억제해야 했습니다." 내재 생활의 중요한 사항은 이러했다. (1)금식—하루 두 끼니 식사, (2)기도하는 태도로 사는 것—모자를 쓰지 않는 것을 의미하기도 함, (3)외적인 전도 활동을 모두 중지함, (4)매일 저녁 3시간씩 무릎을 꿇고 보냄. 2시간 동안 말씀을 읽고 나머지 한 시간은 하나님 앞에서 조용히 기다림. 내재 생활하는 데는 다른 사항들도 있어야 함을 그가 알고 있었지만 아직 주어지지 않았다.

이 생활은 그가 여태까지 살아온 생활과는 전혀 다른 것이었으니 곧 수년 동안 이어오던 활동에서 떠나 숨어산다 할 수 있는 것이었다. 믿는 형제들과의 교제도 끊고 오직 주님과만 사귀는 것이었다. 그가 친구에게 전도 사업을 넘겨주고 이 중보의 길에 나선 것을 가족에게나 친구들에게도 알리지 못하고 있었다. 그래서 런던을 방문하던 중에 어떤 큰 실망을 겪고 그것으로 인해 전도 사업을 팽개치게 되고 예배하는 곳에도 참석치 않는다는 소문이 나돌았다.

처음에는 활동적인 사업을 하면서 그가 가졌던 기쁨을 이런 은둔 생활로부터는 얻을 수 없을 것이라 느꼈다. 성경 말씀에 대한 밝은 조명이 쏟아져 오지만 출구가 막혀 있었다는 것은 그에게 큰 비극처럼 보였다. 이제 다시는 그가 설교하는 것을 하나님께서 허락하시지 않을 것이라는 생각마저 들었다. 저녁에는 아침보다 기도하기가 훨씬 더 어려웠던 것도 또 하나의 고역이었다. 그날의 일들이 자꾸 기억에 떠올라 기도를 방해했기 때문이었다. 처음에는 그것들을 떨구어 버리기가 힘들었다. 그는 이렇게 말하곤 한다. "우리가 사람들 앞에서 멀리 떠나 있을지라도 내부에서 솟아나는 소리들을 함구한다는 것이 얼마나 어려운지 모릅니다. 그러나 얼마가 지난 후에 6시에 문을 닫는 순간 바깥 세상을 잊고 하나님께 나아갈 수 있는 곳까지 주님께서 나를 끌어올려 주셨습니다. 그것은 완전한 교제였습니다. '하나님께 너무너무 가까워 내가 더 이상 가까워질 수 없습니다. 그분의 아드님 안에서 그분이 하나님 아버지께 가까우신 것만큼 나도 가까이 있기 때문입니다'라고 진정 나는 말할 수 있었습니다."

그때 주님께서, 선지자들과 사도들이 취한 입장을 어느 것이든 그도 기꺼이 받아들일 수 있도록 그분께 마음을 열어 놓아야 한다고 말씀하셨다. 그는 이렇게 말하고 있다. "그 민족의 불의를 에스겔에게 짊어지운 것을 내가 알았지만 그와 같이 음식으로 시험받는 것은 두려워하지 않았습니다. 예레미야의 경우도 무서워하지 않았습니다. 그러나 내가 두려워한 것은 이사야였습니다! 왕족 혈통에 속하였으며 가장 위대한 정치가들과 저술가들 중의 한 사람이었던 그와 같은 선지자는 아무도 없었으나 성령께서 그를 부르셔서 하게 하신 것은 창피스런 것이었습니다(사 20장). 나의 유일한 위안은 창세기부터 읽기 시작하여 그의 기사에 이르기까지에는 두 달 가량의 시간적 여유가 있다는 것뿐이었습니다! 그러나 거기에 도착하기 훨씬 전에 다른 것에 부딪쳐 그것을 피할 수가 없게 되었습니다. 창세기에서는 시험을 받지 않고 무사했으나, 민수기 6장 2~6절에서 걸렸습니다. '남자나 여자가 특별한 서원 곧 나실인의 서원을 하고 자기 몸을 구별하여 여호와께 드리거든…그 서원을 하고 구별하는 모든 날 동안은 삭도를 도무지 그 머리에 대지 말 것이라 자기 몸을 구별하여 여호와께 드리는 날이 차기까지 그는 거룩한즉 그 머리털을 길게 자라게 할 것이며…시체를 가까이하지 말 것이요.' 이때 성령께서 이 중보 기간 동안 너도 이렇게 살아야 한다. 너의 아버지나 어머니가 죽을지라도 그들에게 가까이 가서는 안되며 어떤 이유에서도 면도를 사용하지 말라고 내게 말씀하셨습니다."

"이렇게 하느니 차라리 죽는 것이 훨씬 낫겠다고 주님께 말씀드렸습니다. 나는 꼭 30살이었으며 6형제 중의 하나였는데 형제들은 모두 매우 존경을 받고 살고 있었습니다. 집에서 그와 같이 하고 있는 것을 그들이 허용치 않을 것은 뻔했습니다. 모자를 쓰지 않고 다니는 것도 더 없는 고역

18. 나실인의 서원   121

같았는데, 이것은 천 배나 더 못할 일이었습니다. 수염을 기르는 사람은 적어도 매주 그것을 손질해야 할 것이었으나 나실인은 머리칼이든 수염이든 면도를 댈 수 없었습니다. 그때 마귀가 속삭였습니다. '이런 식으로 가다가는 6개월이 지나면 머리칼이 무릎까지 내려올 것이니 네게 적합한 장소는 보호소 같은 곳뿐일 것이다. 그곳에 너 혼자만 가면 그리 나쁠 게 없겠지만 최악의 사태는 너희 부모도 그곳에 보내게 될 것이라는 점이다.'"

"이 세대에 이와 같은 일을 하도록 부름 받은 사람이 아무도 없는데, 내가 어떻게 그런 일을 할 수 있겠느냐고 성령께 말씀드렸습니다. 그러나 그분은 항상 그리하셨던 것처럼 나의 싫어하는 진정한 이유를 토설하도록 캐물으셨습니다. 변명은 그분께 통하지 않았습니다. '사실을 나에게 말하라. 왜 사무엘이나 세례 요한처럼 걸어가기를 싫어 하느냐'고 그분이 물으셨습니다. '나의 부모님들 때문입니다. 제가 그들을 무덤으로나 광인 보호소로 보내야 한단 말씀이신가요?' 라고 대답했습니다. 나는 이것이 진정한 이유라고 생각했습니다. 그러나 주님께서는 이렇게 말씀하셨다. '너의 부모를 십자가에 못 박으라. 세상에서 가장 큰 희생이었던 십자가에 내가 달릴 때 나의 어머니는 군중 속에 있었다. 네가 그렇게 하기를 싫어하는 진정한 이유를 말해라.' 그래서 나는 그분께 '그 진짜 이유는 사람들의 이목과 비평이 너무 강하게 느껴져 그것에 내가 질까 봐 두려워하고 있는 것입니다'라고 대답했습니다. 그러자 그분은 말씀하셨습니다. '바로 말했다. 그런데 바로 그것 때문에 네가 그렇게 하기를 내가 원한다. 네 안에 세상이 없다면 세상이 어떻게 너에게 영향을 줄 수 있겠느냐? 세상이 죽은 사람에게 영향을 줄 수 있느냐? 그 모든 것이 너에게서 뽑혀질 때까지 너는 나실인이 되어야 한다.' 그분은 또 수염은 좌우간 면도로 밀어 버린 것보다 더 남자답지 않느냐? 고 덧붙이셨습니다. 나는 그렇다고 시인하고서는 한 가지 더 주님께 말씀드렸습니다. '제가 부랑자들을 집으로 데려가는 것은 가까스로 참아 줄 수 있을 것입니다. 제가 부랑자가 되어 집에 간다면 저의 형제들이 결코 저와 함께 살려 하지 않을 것입니다.

하숙집으로 갈 수 있도록 허락해 주십시오.' 그러나 그분은 이렇게 대답하셨습니다. '아니다. 집에 가야 한다. 네가 이런 위치를 획득하기 전에 자연적인 모든 애정, 모든 사랑스런 인연은 부서져서 다른 사람들의 영혼이 너의 가족들의 영혼과 동일하게 여겨지도록 되어야 한다.'"

그는 그렇게 할 수밖에 없다는 것을 알았다. 가시채를 뒷발질해 봐야 아무 소용없는 일이었다. 그는 언제나 그러했던 것처럼 "저를 끌어 헤쳐 나가게 해 주십시오"라고 할 수밖에 딴 도리가 없었다. 정말 끌어 당겨 주는 것이 필요했다. 그는 집안 식구들이나 바깥 사람들이 그가 면도로 손질 안한 것을 눈치채지 못하게 한 채 무사히 며칠을 보낼 수 있었다. 그들에게 어떤 반응이 생길지 그는 단단히 준비해야 했다. 런던 방문을 통하여 그의 인생에 화려한 전망이 전개될까 싶더니 불과 몇 주도 지나지 않아 이 모든 것이 발생하게 된 것이다. 고셋 씨의 아버지는 에드워드 7세 왕과 친구로서 개인적인 친분을 가진 분이어서 고셋 씨의 가정에 리스가 방문한 것은 그의 아버지의 생애에 하나의 큰 사건이었다. 지방 신문에 그 기사가 실렸는데 그의 아버지로부터 그것이 제보된 것을 그는 알고 있었다. 성령과 함께 걷는 사람은 거리의 부랑자들 뿐 아니라 지체 높은 귀족들과도 사귈 수 있는 것을 사람들이 깨달음은 너무도 당연한 일이었다! 그의 양친은 자기의 아들을 정말 자랑스럽게 여겼으며 또 다른 자랑거리를 기대하고 있었다. 지난 몇 달 동안 그의 이상스러운 생활 태도를 보고도 그들은 그의 정신의 건실성을 조금도 의심하지 않았으며, 그들이 단지 반대한 것은 그가 너무 극단적으로 나간다는 점뿐이었다. 그러나 이제 이런 최고의 "어리석음"이 보여지게 되었다!

그들이 첫째로 눈치챈 것은 그가 여느 때처럼 밤에 나가지 않는 것이었다. 그들은 전도 사업에 무엇이 잘못되었나 하고 의아해 했다. 또 보니 주일에 그가 아래층으로 내려오지 않았다. 그날 그의 아버지와 어머니도 예배당에 가지 않고 머물러 있었는데 아래층에서 이렇게 속삭이는 것이 하월스 선생의 귀에 들렸다. "그 애에게 무슨 일이 일어났을까? 런던에서 실망을 하고 돌아왔을까?" 결국 그가 수염도 전혀 깎지 않고 방에서 두문

불출하는 것을 그들은 알고, 큰일났구나 생각했다! 하윌스 선생은 이렇게 말한다. "나는 그 잔을 밑바닥까지 마셨습니다. 부모님께 이렇게까지 해야만 했습니다. 그분들은 내가 사람들이 보는 앞에서 실패자로 드러나는 것을 막을 수만 있다면 무슨 일이든 하였을 것입니다. 한 마디의 설명이라도 그분들에게 해 드릴 수 있었다면 좋았으련만! 그것만으로 모든 것을 보상했을 것입니다. 그러나 내가 가야 할 길은 '그분은 입을 열지 않으셨다' 뿐이었습니다. 그것은 바깥 세상이 모두 구경하는 가운데 맛보는 실제의 죽음과도 같은 고통으로 느껴졌습니다."

"그것은 커다란 죽음이었습니다. 두 사람 이상이 모인 곳마다 그들은 그것을 입에 올렸습니다. 내 몸은 어느 곳 하나 보살펴 줄 수 없었습니다. 많은 사람들은 내 외양이 실패의 결과라고 생각했으나 실패가 어디서 왔는지 그들은 발견할 수 없었습니다. 그때에 내 옷만 보아도 가족들이 나 때문에 부끄러워하기에 충분했습니다. 주님께서 가장 좋은 옷을 버리고 옷 한 가지만을 계속 입고 다니도록 내게 말씀하셨습니다. 첫 2주 동안은 일하러 나갈 때 매우 고통스러움을 느껴서 승리를 거두지 못했습니다. 그 수년 전에 윌 배터리와 함께 걸어다닐 때 사람들이 얼굴을 돌려 빤히 쳐다보면 나는 얼굴을 붉히곤 하였습니다. 그들은 덥수룩한 수염과 긴 머리에 구두끈도 매지 않은 그런 사람은 내가 보기에도 처음 있는 몰골이었으니까요. '나는 그때 이 사람과 함께 걸어가자니 낯이 따갑구나. 그러나 내가 만일 이 사람의 처지가 된다면!' 하고 생각했었습니다. 그 때에, 구주께서 그의 입장을 취하셔서 그의 죽음을 대신 죽으시고, 그분의 지상에서의 가족들은 그로 인해 큰 부끄러움을 겪었던 사실이 머리에 떠올랐습니다. 자의식이 생겨 그와 함께 있는 것에 수치감을 느끼는 때였습니다. 그러더니 또 '언젠가 너도 저런 꼴로 걸어야 하리라' 는 생각이 떠올랐습니다. 그분이 그렇게 말씀하신 만큼 이제 그렇게 해야만 하는 것이었습니다. 내가 어떤 사람들을 지나갈 때 부끄러워하기만 하면 꼭 같은 길을 다시 걷도록 그분이 말씀하셨습니다. 실제로 죽은 사람처럼 내가 죽게 될 때까지 그분은 하나하나 일일이 지켜보셨습니다. 단지 하나의 잃어

버린 영혼의 가치 때문에 나는 그렇게 해야만 했습니다."

그가 받은 비평은 세상으로부터 온 것만이 아니었다. 믿는 사람들로부터 온 것도 굉장했다. 그가 극단적으로 나아가는 것을 알았다고 그들은 말했다. 이런 타락은 예견했던 바이고 이제 그것이 온 것이라는 것이었다. 시편 69편 8절의 경험과도 같았다. "내가 내 형제에게는 객이 되고 내 모친의 자녀에게는 외인이 되었나이다." 그 이유가 그 다음절에 주어진다. "주의 집을 위하는 열성이 나를 삼키고 주를 훼방하는 훼방이 내게 미쳤나이다." 내적으로 깊은 사귐이 있는 극히 소수의 사람만이, 그가 이 중보의 길을 자기의 선택에 의하여 걷고, 수많은 사람들이 죄 때문에 떠내려가는 바로 그 부끄러운 길을 성령께서 그로 하여금 밟게 하고 계시는 것을 알고 있었다. 세상 사람들은 그가 '수도승과 같고 어리석은 사고방식을 머리 속에 넣고 다닌다'라고 생각했다. 혹은 실패 때문에 그가 정신이 돌아 버렸다고 했다.

그때에 결혼할 희망은 포기했었지만 영적으로 아주 가까운 동료로서 남아 있던 엘리자베스 존스 양의 심정이 어떠했을까는 우리가 상상만 해 볼 수 있을 뿐이다. 그들이 만나기로 되어 있던 어느 날 그녀가 어떤 일로 제시간에 올 수 없게 되자, 하윌스 선생은 생각하기를 손질하지 않은 덥수룩한 긴 머리와 수염을 기른 자기와 함께 가는 것이 남의 눈에 띄는 것을 더 이상 참지 못하고 그녀도 결국 포기하고 말았다고 생각했다. 그러나 그녀는 한 번도 움츠러들지 않았다. 그와 함께 끝까지 견고하게 참아 냈던 것이다.

그러나 처음에는 세상이 그에게 영향을 끼쳤지만 나중에 가서는 그가 세상에 영향을 끼치게 되었다. 사람들이 그에게서 하나님의 임재 하심을 느끼고 그것을 이야기하게 된 것이다. 심지어 신앙을 갖지 않은 사람들 중에도 거리에서 그의 옆을 지나갈 때에 모자를 벗어 드는 사람들이 있었다. 어떤 노인은 "여러분, 저기에 현대 세례 요한이 가고 있습니다"라고 사람들에게 말하곤 했다. 그가 그 지역에 얼마나 큰 영향을 미쳤는지 그 증거가 되는 한 사실이 후에 알려졌는데 그의 이름을 알지 못하고 찾아왔던 어떤 사람이 역에서 차표 받는 사람에게 그저 '성령과 함께 하는 사람이 어디에 사느냐'고 물었더니 하월스 선생의 집을 가르쳐 주어서 찾아왔다는 것이다.

그 자신은 그 시험에 대하여 이렇게 말했다. "두 주가 지나서 나는 승리를 얻어 세상의 영향에 대하여 죽게 되었습니다. 그것은 "우리의 잠시 받는 환난의 경한 것이 지극히 크고 영원한 영광의 중한 것을 우리에게 이루게 함이니"(고후 4:17)라고 사도 바울이 말씀한 바와 같았습니다. 오, 저 내적 생명의 영광! 저녁 3시간 동안은 영광 중에 보내는 시간이었습니다. 그것은 말씀이 성령에 의해 밝히 비쳐지는 바로 그런 순간이었습니다. 성령께서 나에게 얼마나 완전한 평화와 잃어버린 영혼에 대한 뜨거운 사랑을 부어 주셨던가! 그때까지는 성령께서 어떤 것을 지적하시지나 않을까 하고 나는 항상 두려움을 안고 있었습니다. 또 내가 전혀 거절할 수 없었기 때문에 내재 생활의 새로운 위치를 지시하실까 봐 염려했습니다. 가장 작은 두려움이라도 남아 있는 한 완전한 자유는 있을 수 없습니다. 사람들은 그들이 시험을 당하고 있지 않을 때는 두려울 것이 하나도 없다고 생각할지 모릅니다. 나도 세상의 사고방식에 거슬려 나아가는 것을 두려워하지 않을 것이며, 세상에 대해 죽는다는 것은 아주 손쉬운 일이라고 생각했었으나 그것은 엄청난 과오였습니다. 나는 조금씩 조금씩 앞으로 헤쳐 나가야 했습니다. 그것은 자아적 성품과 그 모든 정욕이 성결한 품성으로 바꾸어져야 하는 성화의 과정이었습니다(롬 6:6; 벧후 1:4). 매일 나는 쇠하고 그분은 흥해 가셨습니다. 이 모든 것 너머에서야 하늘이 그 영원한 광경을 전개하면서 나타났습니다."

나실인으로 6개월을 보낸 후에 주님께서는 그에게 중보할 수 있는 위치가 획득되었다는 확신을 주셨으며 하나님의 존전에서 놀라운 자유를 누리게 하였다. 그는 곧바로 어머니에게 가서 그가 자유롭게 되어 면도를 할 수 있게 되었다고 말했다. 그녀는 그 말을 듣고 너무 기뻐서 "하나님, 감사합니다!"를 연발했다.

그 후의 몇 개월에 걸친 그와 고셋 씨 사이의 교신에는 두 사람 모두

이 확신에 관하여 많이 언급하고 있었다. 즉각적인 최상의 응답은 그 아들이 생활 방식을 바꾸어 금주를 맹세하고 군대를 떠나 농장을 경영하러 캐나다로 간 것이었다. 하월스 선생이 중보의 완전한 결과에 관해 소식을 들은 것은 12년이 지나서였다. 한 편지가 남아프리카 연합 선교회의 간사로 있는 믿음의 친구 에드가로부터 왔다. 1921년 8월 3일에 써서 케이프 타운에서 부친 그 편지는 이러하였다.

친애하는 하월스씨,

귀하는 존 고셋 씨가 폐렴으로 일주일 동안 앓다가 지난 3월 12일에 고인이 된 소식을 이미 들으셨을 것입니다. 그의 마지막 말은 "주님께서 오셨다"이었습니다. 이 소식은 프루에트 씨가 그의 아들 랄프 고셋 씨로부터 받았는데 그는 자신의 회심에 대해서까지 이야기하고 있습니다. 한 전도자의 집회에 그와 그의 아내가 참석했었더랍니다. 그 전도자는 탕자에 관해 설교를 하였는데 "그가 제 정신이 들었다"라는 말이 그의 귀에 사라지지 않았습니다. 그 다음날 일하고 있을 때에 그 말이 그에게 또 나타났습니다. 며칠 후에 그와 아내는 집회에서 일어나 간증을 했다고 합니다. 이것은 대단한 소식으로 귀하께서도 매우 기뻐하시리라 생각합니다. 수년 전에 귀하가 그를 위하여 분명한 기도를 드리셨고 그 기도가 열납되었음을 귀하께서 확신하셨던 것으로 본인은 믿습니다. 랄프 고셋 씨는 지금도 캐나다 어디에서 농업을 하고 있는 것으로 압니다.

신실한 친구 에드가

디크 아저씨가 병고침을 받다
19

고셋 대령을 위하여 1910년 부활절까지 6개월 간의 중보 기간을 끝마치고 하월스 선생은 정상적인 생활로 되돌아올 수 있게 되었다. 그러나 주님께서 또 그에게 앞으로 4개월 동안 드러내지 않고 하는 중보 생활을 하도록 요청하셨다. 그 몇 개의 중보 대상 중에 강력한 사회 관습 때문에 심한 고통을 당하고 있는 인도의 과부들의 문제도 끼어 있었다. 그는 은둔 생활이 계속되는 것을 기쁘게 여겼다. 그는 이렇게 말했다. "내가 주님과 친히 가졌던 그 교제는 이제껏 사람들과 가졌던 모든 사귐보다 훨씬 행복한 것이었습니다. 또한 내가 아직 성령과 함께 성경을 통독하는 것을 끝마치지 못한 형편에 있었습니다. 실로 내 생애에 있어서 가장 어려웠던 일이 가장 달콤한 것이 되었습니다."

그때 주님께서 그에게, 이 과부들은 하루에 불과 한 움큼의 쌀로 연명하고 있음을 지적하시고 그들을 위하여 중보 하려면 그들처럼 살아야 하는 중보의 법칙을 상기시키셨다. 그래서 그의 식사는 한 끼니의 귀리죽으로 이틀을 때우는 것이어야 했다. 가히 '마귀가 돼지죽이라고 비웃을 만한 것'이었다. 그는 빵과 차와 설탕은 단념해야 했고, 이틀마다 한 페니 어치의 우유를 먹을 수 있었다. 일주일에 총 식비가 1실링 6펜스도 되지 못하였다. 그가 그렇게 적은 음식으로 굶주리고 살아가는 것을 그의 어머니가 차마 볼 수 없을 것이기 때문에 주님께서 그에게 집을 떠나 셋방에서 살라고 말씀하셨다. 이 중보를 완수할 수 있으려면 그 전에 이 어려움을 극복하여 이런 생활이 바꾸어지기를 바라지 않을 정도에까지 나아가야만 할 것을 그는 잘 알고 있었다. 성령께서 그의 식성을 변경하셔서 그가 이제 취하여야 할 음식이 자기 집에서 늘 먹던 훌륭한 음식만큼 만족을 주는 것이 되도록 하실 것인가?

그는 후에 이렇게 말했다. "내가 받은 굶주림의 고통은 굉장했습니다. 주님께서는 문제를 쉽게 만드시지는 않습니다. 말하자면 우리들을 독수리의 날개 위에 태워 옮기시지 않습니다. 승리는 우리가 그 문제를 이겨내는 것입니다. 빵을 전혀 들지 못한 첫날의 기분을 지금도 기억하고 있는데, 할 수만 있다면 어떤 것이라도 주고 빵 조각과 바꿀 수 있을 것 같았습니다. 우리가 타인의 입장에 서서 중보할 때에는 그의 고난을 짊어지고 그 길을 끝까지 걸어가야 합니다. 끼니는 어김없이 돌아오지만 나와는 아무 상관이 없었습니다. 놀라운 것은 내가 거기에 굴복하지 않은 것이었습니다. 에스겔만이 나의 친구였으며 내가 말할 수 있는 것은 '그 때 그가 어떻게 하였는가?' 뿐이었습니다"(겔 4장).

하웰스 선생에게 있어서 중보는 단순히 순종의 힘든 행동만을 의미했다고 생각해서는 안된다. 그 고통을 겪으면서, 그가 대신 짐을 짊어지고 중보하고 있는 사람들의 고난을 구제해 주실 것을 위하여 끊임없이 하나님께 부르짖어야 했다. 그는 이것을 10주 동안 계속하였으며 승리를 얻는 데는 10일이 걸렸다. 그는 금식의 요체가 몸을 완전히 성령께 복종시키는 것임을 발견했다. "성령님의 인도 아래 이행된다면 금식할 때마다 우리의 몸은 중보의 짐을 감당하기에 더 적합하게 됩니다." 그는 새벽 5시에 하루를 시작하여 그날 종일 음식을 먹지 않고 저녁이 되면 마루 바닥에서 잠을 잔다. 새벽 5시에 다시 기상하고 그 다음날 오후 5시까지 음식을 들지 않는다. "인도의 불행한 과부들을 구제하기 위하여 나는 내 평생을 그렇게 살 수 있었을 것입니다"라고 그는 말했다. 그가 승리를 얻게 되니 이틀마다 취하는 한 끼니의 음식이 그에게는 하루 세끼의 음식과 다를 바 없이 느껴지게 됐다. "주를 위하여 내게 승리가 오고 이를 통하여 그분이 그 과부들을 구제하실 수 있을 것을 내가 알았습니다"라고 그는 말했다.

1941년의 인도의 독립과 새로운 헌법의 제정으로 적어도 법적인 변화가 상속법에서 과부들의 권익을 위하여 이룩되고 여성의 일반적인 해방을 위한 새날이 동터 온 것은 의미심장한 사실이다. 이 해방과 오늘날 인도 전역에 걸친 복음 전파의 문호개방에 이때의 중보가 얼마나 큰 공헌을 했는지 누가 알겠는가?

이 중보 기간에 있어서 최종의 금식 단계는 처음에는 3일마다 한 끼니를 먹는 것이었으나 나중에는 15일 동안 한 끼니도 먹지 않는 금식이었다. 7일째 되는 날에 가서는 그가 이렇게 말할 수 있었다. "나는 행복하게 지내 왔으며 그것으로 인해 고통을 느끼지 않았습니다. 7일째 되는 날도 첫날과 똑같은 기분이었습니다. 힘이 하나도 빠지지 않았고 먹고 싶은 욕구도 느끼지 않았습니다." 그러나 그때, 그 자신의 생각으로는 일을 완전히 채우고 싶었지만 주님께서 그에게 중보가 달성되었으며 이제 금식을 끝내도 된다고 말씀하셨다.

이 중보의 마지막 몇 달 동안에 하월스 선생이 그의 생애의 가장 큰 경험 중의 하나라고 늘 생각하는 한 사건이 발생했다. 병환으로 고생하고 있는 그의 아저씨 디크가 블랙 마운틴 위의 조부모의 옛 집 펜톤에 아직도 살고 있었다. 새해 정월 초하루, 아저씨에게 찾아가기 전에 하월스 선생은 2층에 있는 그의 방으로 뛰어올라 갔다. 밖에 나가기 전에 주님의 보혈로써 자기를 보호해 주시고 자기의 도움을 필요로 하는 사람에게로 이끌어 주실 것을 주님께 의탁하는 것이 그의 습관이었다. 그러나 그날 아침 전연 뜻밖에도 "네 삼촌의 건강을 회복시키는 것이 하나님 아버지의 뜻이다"라고 성령께서 그에게 말씀하셨다. 이렇게 30년이 지난 후에 그의 아저씨가 다시 다른 사람들처럼 걸을 수 있게 되다니 그것은 '사실이기에는 너무 좋고 믿기에는 너무 커' 보였다.

그가 펜톤에 도착하니 매주 찾아오는 그를 눈이 아프게 기다리고 있던 그의 삼촌은 "주님으로부터 어떤 새로운 말씀이 있느냐"며 늘 하던 대로 물었다. "예, 그런데 아저씨에 대한 것입니다"라고 하월스 선생이 대답했다. "나에 대해서! 내가 무슨 잘못을 저질렀단 말이냐?" "아닙니다. 아저씨의 병을 고쳐 주시는 것이 그분의 뜻이라고 주님께서 저에게 말씀하셨습니다." 그 소식이 그의 귀에 어떻게 들렸을 것인지 우리는 단지 상상해 볼 수 있을 뿐이다. 그는 밖에 나가 그것에 대해 주님께 여쭤어 봐야겠다는 것밖에는 말이 나오지 않았다. 15분이 경과한 후에 뒤켠에 있는 작은 정원에서 빛나는 얼굴을 하고 그가 돌아왔다. "그렇다. 네 달 반 후에 그러니까 5월 15일에 내 병이 나을 것이다"라고 그는 말했다. 그들이 비확정적으로 날짜까지 말하지 않는다면 병 나을 것을 공표하는 것이 훨씬 수월했을 터이지만, 다른 사람들이 그것을 사실이 된 연후에 현실적으로 받아들이는 것처럼 그들은 아직 사실이 되지 않았지만 현실적으로 받아들이라고 성령께서 강력하게 촉구하시는 것으로 느껴졌다. "믿음은 바라는 것들의 실상이요 보지 못하는 것들의 증거니"(히 11:1). "이것은 믿음의 싸움이 아니라 가만히 서서 주님의 구원을 보는 일이었습니다"라고 하월스 선생은 말했다. 폐결핵을 앓는 여자 환자를 위한 중보가 전에 6개월의 긴 투쟁을 통과한 후에 달성됐었는데 "한 번 그것을 달성한다는 것은 그 위치를 점령하는 것을 의미했고 그것은 성령께서 원하시는 다른 경우를 위하여 이용될 수 있었다."

그 소식은 금새 온 지역의 이야깃거리가 되었다. 많은 사람들이 그의 삼촌이 어딘가 잘못되었다고 하면서 불쌍하게 여겼다. 주님께서 한 달이나 1주일이나 하루라고 말씀하시지 않고 왜 하필 네 달 반이라고 말씀하셨느냐고 묻는 사람들도 있었다. 하월스 선생은 이렇게 말했다. "그러나 그러한 일들은 우리가 이해할 수 없으므로 설명하려고 애쓰지 않았습니다. 사람들은 항상 '왜?'를 연발하는데, 말할 수 있는 것은 '선지자들은 하나님이 그들의 심령에 넣어 주는 말씀만을 전했다.' 그 날짜는 하나님께서 주셨다는 것뿐이었습니다."

소식이 알려진 2주 후에 그의 삼촌의 병은 더욱 악화되어 한 달 동안 몸져누워 있었다. 사람들은 그가 낫기는커녕 그날이 오면 무덤에 가 있을 것이라고 빈정댔다. 그가 심히 악화되고 있었지만 성령께서는 그들에게 그것을 위해 기도하지 말라고 경고하셨다. 만약 기도하면 그 기도는 의심을 의미하는 것이라 하셨다. 주님은 그의 삼촌에게 하루에 10시간씩 기도하던 것을 중단하고 병이 나은 후에 그에게 찾아올 공적인 사역을 위하여 준비하라고 말씀하셨다.

병이 나을 날짜 2주 전에 주님께서 하월스 선생에게 지시하시기를 그의 삼촌에게 이야기하고 몇 달 동안 고향을 떠나 삼촌의 병이 나은 후까지 다시 삼촌을 방문하지 말라고 하셨다. 어떤 사람도 이 신유로부터 칭송을 받는 것이 하나님의 뜻이 아니기 때문이었다. 그가 펜톤에 당도했을 때 그의 삼촌은 주님의 영광을 반사하는 듯한 얼굴을 하고 물었다. "주님께서 왜 네 달 반, 그러니까 5월 15일이라고 말씀하신 이유를 너에게 알려주셨느냐? 그날은 성령 강림 기념일이다. 성령 강림일을 기념하여 주님께서 나를 고쳐 주실 것이다. 그분이 나에게 말씀하시기를 내가 그날 오전 5시에 나아 30년만에 처음으로 예배당에 걸어갔다가 돌아올 것이라고 (3마일의 거리) 하셨다!"

하월스 선생이 매주 그의 삼촌을 찾아가다가 이제 다시 가지 않기 때문에 자연히 사람들의 마음속에 일어날 첫 생각은 삼촌을 궁지에 빠뜨린 채 그가 도망가 버렸다는 것이었다. 그는 이렇게 말했다. "우리는 하나님의 위대한 계획을 생각하고 종일 웃었습니다. 마지막 2주 동안 '잠잠히 서서 너희를 위하신 주의 구원을 보라'는 우리의 기본자세를 견지했습니다."

성령 강림 주일 전날 밤에도 그의 삼촌의 병세는 여전하였다. 매일 밤 한 시와 두 시 사이에는 누워 있을 수가 없어서 일어나야 했는데 그날 밤도 그러했다. 그것이 적의 마지막 공격이었다. 마귀는 속삭였다. "모든 것은 끝났어. 다른 날 밤과 달라진 게 뭐가 있느냐? 앞으로 3시간밖에 없다." 그러나 일분도 주님께는 충분한 시간이었다. 그는 잠자리에 다시 들어가 깊은 잠에 빠졌다. 다음에 그가 들은 것은 5시를 알리는 시계 종소리였다. 순간 자기의 몸이 완쾌된 것을 발견한다. 그는 가족을 불렀다. 집안에 엄숙한 경건이 차 있었으므로 바로 그 시간에 하나님께서 친히 그 큰 일을 행하신 것을 생각하고 그들은 움직이는 것조차 삼가했다. 교회에 걸어갈 시간이 되었을 때 약간의 부축이 필요할 때를 대비해서 지팡이를 들고 가라고 마귀가 꾀었다. "사단아, 내 뒤로 물러가라"라고 그는 단호히 소리쳤다.

그가 교회에 도착하니 '특별히 감사제를 드리는 그 주일에 교인들은 감사해야 할 또 하나의 사건을 맞게 된 셈이었다.' 다음 날 인근 각지로부터 사람들이 그를 보러 왔으며 "믿음의 생활"지의 웨일스 지방 통신원인 원 에반스 목사는 그 놀라운 신유 사건에 관하여 그 신문에 기사를 실었다.

하월스 선생은 그 기념 주일에 다과를 함께 나누기 위해서 친구 중의 두 사람을 초청하여 근 10마일 길을 오게 했다. 그 친구들은 실제로, 디크가 오전에 참석했던 예배당을 지나 그의 마을을 통과하여 왔지만 그의 완쾌된 소식에 관해서는 한 마디도 듣지 못했다. 하월스 선생도 전혀 듣지 못했다. 그날은 시험을 겪는 날이었다. 다과를 나눌 때의 유일한 화제는 아저씨 디크가 병고침을 받았을 것인가였다. 비록 그의 가장 절친한 친구가 믿음을 견지하지 못했어도 하나님께서는 그분의 종을 월요일 밤 11시까지 요동함이 없도록 지켜 주셨다. 그때에 그의 몇 친구들이 와서 "너의 삼촌을 예배당에서 보고 놀랐다"며 창문 밑에서 큰 소리로 말했다. 그들은 주일의 소식을 그에게 보냈기 때문에 그가 그것을 잘 알고 있을 것이라 생각했다. 그러나 전갈을 맡은 사람이 중도에 다른 사람에게 부탁했는데 그만 그 소식이 그에게 전달되지 못하고 말았다.

하월스 선생의 논평은 이러했다. "내가 의심했다면 내가 기뻐했을 것인가? 우리가 믿지 않으면 주님께서는 결코 증거를 우리에게 주시지 않습니다. 만약 우리가 믿는다면 증거가 지체되어도 견딜 수 있습니다. 내게는 병이 낫는다는 것보다 더 중대한 것이 있었습니다. 중보의 위치가 달성되고 하나님께서 원하실 때에는 언제든지 사용될 수 있음을 더욱 확고히 하는 사건이 그것이었습니다."

그의 삼촌은 그 지방에서 심방을 전문으로 하는 일종의 명예 선교사로 임명되었다. 그 후 5년 동안 그는 3마일 반경 내에 있는 각 가정을 일일이 반복적으로 심방 하였으며 수많은 기도 집회를 인도했다. 지상에서의 그의 사명이 완수되었다고 말씀하신 후 주님께서 그를 본향으로 불러 가시기까지 그는 조카와 함께 하루에 18마일을 걸어다녔으나 치유를 받은 이후 하루도 아파 본 적이 없었다.

임금노동에서 불러내심
20

강렬한 투쟁과 성령 안에서의 놀라운 승리로 점철된 3년 동안에도 하월스 선생이 매일 남자의 가장 고된 직종의 하나인, 탄광 속에서 석탄을 채굴하는 노동을 했던 것을 이해하기란 힘든 일이다. 그의 생활은 고요하게 보호된 수도원의 생활이 아니었다. 세상에 속해 있지는 않았지만 바로 그 속에서 성령님과 함께 걷는 생활이었다. 광부들이 탄광 속에서 어두움에 적응하게 되는 10분 내지 15분의 적응 시간 동안, 그가 거기에 있으면 외설적인 이야기가 그들의 입술에서 한 마디도 새어나오지 않았다. 탄광 속에서 같이 일한 많은 젊은 동료들에게 그가 새긴 인상은 십년 후 그가 아프리카 선교 활동으로부터 브리나만으로 돌아온 때의 한 사건에서 가장 잘 드러났다. 그의 고향 교회의 청중이 운집한 한 집회에서 앞 좌석은 젊은 광부들이 거의 다 차지하고 있었는데 그들 중의 상당수가 다른 때에는 예배드리는 곳의 근처에도 가지 않는 자들이었다. 최근에 믿음의 길에 들어선 토미 하월스라는 한 젊은 광부는 "믿음과 성령이 충만한" 하월스 선생의 실제 생활을 보고 크게 감동을 받았으며 그 만남에서 그들의 마음이 요나단과 다윗의 우정처럼 연합되어, 그 후 평생 토미는 그의 헌신적인 동역자와 기도의 후원자가 되었다.

그러나 이제 그의 구소(舊巢)로부터 한층 더 그를 끌어낼 더 깊은 데로의 부르심이 기다리고 있었다. 고요한 주위가 그에게 마치 하늘나라의 문처럼 여겨지곤 했던 정든 블랙 마운틴 위에 그가 있을 때에 주님께서 그에게 말씀하셨다. "네가 시간 당 2실링으로 하루에 7시간씩 노동하고 있으나 이제 더 이상 세상의 주인을 위하여 일할 필요가 없다. 하루에 이 7시간을 바쳐 나를 위하여 일하고 싶지 않느냐?"

하월스 선생은 조그만 개천 위에 걸친 나무다리 위에 서 있었다. 그때 주님께서 말씀하셨다. "너의 생계 유지를 위하여 다른 사람에게 의지하지 않을 것을 나에게 약속하겠느냐? 그렇다면 너의 손을 들고 이렇게 반복하라. '주께서 나에게 말씀하시지 않는다면 한 올의 실이나 구두끈도 타인으로부터 얻지 않겠습니다.'"

아브라함이 그의 많은 재산이 세상적인 방법으로 온 것이라고 사람들이 말할까 봐 마땅히 그가 차지할 수 있는 싸워 이긴 전리품들을 거절할 때에 그 태도처럼, 하나님께서 그분의 종에게도 동일한 자세로 여생을 살아가도록 요청하신 것이다. 그 다리 위에서 그는 손을 들고 엄숙한 서약을 하면서 덧붙여 말했다. "주님께서는 저 탄광 회사보다 저를 더 훌륭하게 보살펴 주실 수 있음을 믿습니다." 하월스 선생이 오래 전부터 사람들이 그에게 물질적 후원을 해 줄 수 있는 공적인 전도 활동을 중단했기 때문에 그런 행동을 한다는 것은 평범한 믿음의 자세가 아니었다.

그가 서약을 한 직후 주님께서 이렇게 말씀하심으로써 그 실제감을 그에게 깊이 인식시키셨다. "이것을 기억하라. 그 값을 치르지 않고는 한 끼니의 식사도 집에서 하지 말라. 그렇지 않으면 너의 형제들이 너를 먹여 살렸다고 말할 것이다." 그것은 가족들이 그를 돕는 것을 꺼릴 것이라는 말이 아니고 참된 믿음의 생활은 필요한 모든 것을 하나님으로부터 받으며 온 시간을 주를 위하여 사용하면서도 모든 필요한 것들을 지불할 수 있고 아무에게도, 특히 가족에게 의존하지 않는 생활임을 주님께서 그에게 깊이 새겨 두시려 함이었다.

하나님께 대한 그의 순종은 한번 더 어머니의 마음을 아프게 하는 희생을 치르고 증명되어야 했다. 그가 더 이상 전도인으로 살지 않으며 이상한 일들을 중단하고 정말 이제는 정상적인 생활을 하게 되어 어머니는 정말 기뻤다. 그래서 그가 새롭게 내리신 하나님의 말씀을 어머니에게 전하자 처음에는 그녀가 받아들이지 못했다. 그것은 정말 투쟁이었으며 며칠 동안 계속되었다.

"네 아버지께서 무어라 말씀하시겠니? 네가 돈을 지불하면 아들이 아니라 하숙하는 사람과 같을 게 아니냐?"라고 어머니가 물었다. 그러나 그것은 하나님께 대한 서약이었으므로 그분이 변경하시기까지는 도저히 깨뜨릴 수 없다고 그가 대답했다. "어머니께서 내가 밥값을 지불하도록 허락해 주신다면 집에 머물러 있겠습니다만, 그렇지 않으면 오늘 오후에 떠나야 합니다." 그가 매달 식비를 지불할 것을 어머니가 동의하기 전에 실제로 그는 나가 하숙집을 구하러 다녀야 했다.

그때 주님이 그에게 한 달간의 휴가를 주셔서 그가 진정으로 사랑하는 분을 경배하면서 보낼 수 있었다. 그는 매일 사람의 얼굴을 전혀 볼 수 없는 산 위에서 보냈다. 그때는 중보나 짐을 대신 지는 시간이 아니었고 하나님의 임재에 푹 잠긴 산 교제의 시간들이었다. 그는 가끔 그 한달 동안이 생애의 가장 귀중한 때의 하나였다고 말했다. 그는 1페니로 그 달을 시작했다. 주님이 더 추가해 주시지 않았기 때문에 처음 몇 날 동안 그가 산에 오를 때에 마귀는 매일 아침 되풀이하여 말했다. "너는 아직 기도의 응답을 하나도 받지 못했다." 그래서 그가 어느 날 아침 집과 들을 뒤로하여 철문을 통과하려 할 때에 주님께서 말씀하셨다. "내가 이 문을 닫는 순간, 다시는 마귀가 너에게 말을 못하도록 하라. 네가 너의 어머니에게 지불하는 날까지는 한 페니도 필요치 않을 것이다." 하월스 선생은 이렇게 말하고 있다. "그래서 나는 원수에게 일격을 가하여 월말까지는 돈을 위하여 한 마디의 기도도 하지 않을 것이라고 그에게 말했습니다. 내가 일하여 준 사람들이 주말이 되면 나에게 임금을 지불해 줄 것을 의심해 본 적이 없는데, 어찌 하나님을 의심했겠습니까? 나는 다시 한 마디의 기도도 하지 않고 나의 하늘 나라 신랑을 경배하면서 살았습니다."

그 달 마지막 날 정오쯤 되어서 주님께서 그에게 하산하여 집에 가라고 말씀하셨다. 그가 도착하자마자 그의 아버지가 점심을 먹으러 들어왔다.

믿음 생활로의 그의 새로운 소명에 대한 최종의 시험이 닥쳐온 것이었다. "경영인이 너의 자리를 빈 채로 놔두었다고 말하더라. 그러니 네가 원한다면 다시 들어갈 수 있다"라고 그의 아버지가 말했다. "어리석게도, 그가 왜 그런 짓을 하지요?" 하월스 선생이 소리쳤다. "네가 생계를 위해 돈을 벌지 않는다면 누가 너를 먹여 살리겠니?"라고 그의 아버지가 말을 이었다. "제가 하나님을 위하여 일하면, 지난 주인이 나의 생계를 맡아 주었던 것처럼 그분이 책임져 주실 것을 아버지께서는 인정하시지 않습니까?"라고 하월스 선생이 물었다. "그러나 이렇게 사는 사람을 한 사람이라도 이름을 댈 수 있느냐?"라고 아버지가 물었다. "조지 뮬러"라고 하월스 선생이 대답했다.

"그러나 그는 고인이야. 죽은 사람을 네게 끌어들여야만 하니?"라고 재빠른 대꾸가 나왔다. 하월스 선생이 대답했다. "그러면 '전대나 두벌 옷을 가지지 말며…일꾼이 그의 삯을 받음이 마땅하도다' 하신 주님의 말씀을 아버지께서는 믿지 않습니까?" 그 인용 성구에 그의 아버지는 누그러지면서 단지 한마디 더할 뿐이었다. "내가 너에게 그 말씀만 갖다 준 셈이었구나."

그들이 이야기하고 있는데 우편배달부가 하월스 선생에게 편지를 배달해 왔다. 그것은 고셋 씨가 부친 것이었는데 런던시 선교회의 한 직책을 그에게 제의하면서 그 직책을 맡게 되면 일년에 100파운드의 생활비를 받게 될 것이라고 말하고 있었다. 그는 "복음을 전하는 사람은 복음으로 먹고살아야 합니다"라는 말을 추가하고서 그 밑에 밑줄을 그어 표시했다.

하월스 선생은 아버지의 얼굴이 변하는 것을 볼 수 있었다. 그는 틀림없이 이렇게 생각하고 있었다. "아, 참 너는 복된 애로구나, 모든 것이 너의 좋을 대로되니 말이다." 그가 하월스 선생에게 말했다. "너 알고 있지? 복음을 전하는 사람은 복음으로 먹고 살아야 한다는 것을!" "예, 그렇습니다. 믿음을 전파하는 사람은 믿음으로 살아야 합니다!"라고 하월스 선생이 대답했다. 이리하여 그는 승리를 얻었고 그의 아버지는 웃음을 터뜨렸다. 반시간 이내에 그가 필요로 하는 구원을 주님께서 보내신 것이었다. "오늘날 우리에게 일용할 양식을 주옵시고"라는 주님의 기도가 그 확실성을 풍성히 증명한 40년 기도 생활의 멋진 출발이었다.

마데이라 섬
21

디크 아저씨가 병고침을 받은 바로 그때에, 초기의 어느 가정 집회에서 놀라운 은혜를 받고 훌륭한 조력자로서 일해 온 조우 에반스라는 젊은이가 악성 폐출혈로 고통을 당하고 있었다. 의사들은 그에게 요양소에 가라고 지시했다. 그래서 그는 하월스 선생에게 찾아와서 가야 하는지 물었다. 그는 세상적인 욕구에 영향을 받지 않고 판단하기 위하여 며칠 동안 하나님의 응답을 기다린 후에 그는 조우에게 의학적인 지시에 따르라고 말했다. 그것은 믿음의 탈선처럼 보였지만 세상적인 구제책이 모두 실패하면 하나님께서 직접 개입하시겠다고 그에게 가르쳐 주셨던 것이다. 그래서 그는 조우에게 "요양소에 가는 것이 당신에게 아주 안전한 방법일 것 같습니다. 아마, 의학이 치료할 수 없음을 주님께서 보이시기 원하실 것입니다"라고 말했다.

그가 5개월 동안 그 곳에 있었으나 퇴소할 때에 고열과 심한 기침으로 시달리고 있었다. 의사는 그에게 아무런 희망도 없었지만, 텐트를 가지고 블랙 마운틴 산에 올라가 휴양하라고 지시했다. 하월스 선생이 또 이야기했다. "의사의 말대로 하십시오. 그것이 실패하면 주님께서 고쳐 주실 기회가 올 것입니다."

가끔 하월스 선생이 산 위로 그를 찾아가면 조우는 "나는 완전한 승리를 선포했고 선생님은 중보의 기도를 하지만 우리에게 병을 낫게 하는 믿음이 없음을 만인에게 보여주듯이, 이 산 정상에 세워진 깃발 같은 텐트

속에 내가 있습니다"라고 농담으로 말하곤 했다. 과연 하월스 선생이 이렇게 말할 만 했다. "만약 성령께서 나에게 주시는 기도만 해야 한다고 말씀하시지 않았다면 오래 전에 벌써 내 친구의 어려운 형편을 떠맡았을 것입니다. 그것은 내가 중보의 위치를 보유했지만 성령께서 이끄시는 대로만 사용할 수 있음을 나타내는 증거였습니다."

조우는 2개월 이상 산 위에 있었으나 조금의 호전도 없었다. 그가 마데이라(Madeira : 대서양의 군도 이름) 같은 열대 지방에 가지 않으면 겨울을 넘길 수 없을 것이라고 의사가 말했다. 이것은 도시의 전문 의사에 의하여 확인되었지만 조우의 아버지가 듣고 의사에게 화를 냈다. 부잣집 아들이나 할 수 있는 일을 권고해서 그의 아들과 가난한 가족들을 실망시켰다는 것이었다.

그날 하월스 선생이 320파운드를 선물로 받았다. "하루 2페니면 살아 갈 수 있는 터에 320파운드로 내가 무엇을 하려고 하였을까요!"라고 그가 회고했다. 그러나 그 이유는 곧 발견되었다. 그것은 "마치 하나님처럼 정확했다." 조우를 위한 돈이 여기 마련되었다! 그래서 하월스 선생이 조우의 아버지에게 "댁께서 부한 사람이라면 댁의 아들을 열대지방으로 보내시겠습니까?"라고 묻자 "그렇고 말고요!"라고 그가 대답했다. "그러면 저에게 돈이 있으니 그가 갈 수 있습니다." 그 사람은 격한 감동으로 소리쳐 울었다. 그는 하나님의 은혜를 모르는 사람이었으나 하월스 선생이 말한 것처럼 "그는 자기를 부자와 동등하게 만들어 주시는 하나님의 사랑을 보았습니다. 나는 하나님의 사랑이 그에게 미치기만 하면 이렇게 되고도 남음이 있다고 생각했습니다."

그 다음의 문제는 조우가 혼자서 여행한다는 것은 분명히 적합치 않았기 때문에 그가 어떻게 마데이라 섬에 갈 것인가였다. 이미 주님께서 그에게 장래 계획을 보여주시기 시작하셨으므로 하월스 선생 자신이 조우를 데리고 간다는 것은 생각지도 못했다. 그러나 어느 날 밤, 그가 잠을 잘 수 없어 뒤척이는데 주님께서 그에게 이야기 하셨다. 그분은 조우를 간호하러 누가 갈 것인가를 그에게 물으시더니 "만약 네 자신이 그와 함께 가

21. 마데이라 섬

지 않는다면 그를 다른 사람과 누구든 함께 가게 하지 마라. 네 스스로 할 수 있는 것을 다른 사람에게 해 달라고 해서는 안된다"라고 덧붙여 말씀하셨다. 그것은 철저한 시험이었다. 그는 그렇게 하면 어떻게 될 것인지 잘 알고 있었다. 그는 첫번 경우 이래 폐병 환자들을 많이 부딪혀 왔기 때문에 그 병에 대한 일종의 공포감을 갖고 있었다. 거기다가 그 해에 환자와의 가까운 접촉은 매우 위험하다는 것을 경고하면서 대대적인 대(對)폐병 운동이 펼쳐지고 있었다.

다른 사람들에게 그것을 말하기 전에 그는 존스 양에게 이야기했다. 그는 그녀에게 이런 행동이 의미하는 것과 3개월 후에 그가 폐병 환자로서 돌아올지도 모른다는 것을 솔직하게 털어놓았다. 그녀가 무어라고 말할 것인가? 그것을 놓고 이틀 동안 기도하고서는 그 대답이 결정되었음을 알렸다. 주께서 그녀에게, 만약 하윌스 선생이 폐병 환자이고 다른 사람이 그와 함께 가겠다고 제의한다면 그녀가 그것을 기쁘게 받아들이지 않겠느냐고 물으셨던 것이다. 그리고 하나님의 말씀이 너희가 남에게 대접을 받고자 하는 대로 너희도 남을 대접하라고 말씀하시지 않는가? 주님의 말씀에 의거해서 그녀는 결정하였다.

그래서 조우와 그는 1910년 여름에 마데이라 섬을 향하여 출발했다. 도착하니, 하윌스 선생이 미리 소개받은 푼철(Funchal)에 있는 선교사가 마중 나왔다. 그는 조우의 병이 심한 단계에 있는 것을 즉시 알아채고 여러 의사들이 치료를 받으라고 충고하지 않더냐고 그들에게 물었다. 그런 후 그는 하루에 7실링 6페니 드는 영국 호텔과 4실링 2페니 드는 포르투갈 호텔 중 어느 것을 택할 것인지를 물었다. 주님께서 이미 하윌스 선생에게 내재 생활의 위치를 계속 지켜 필수적인 것에만 돈을 쓰라고 말씀하셨기 때문에 그들은 포르투갈 호텔로 결정하였다. 하윌스 선생에게는 "이틀에 한 끼니의 식사로 살아온지라 그 호텔 음식은 최고급이었다." 그러나 그것은 오래 계속될 수 없었다. 그 포르투갈 음식이 조우에게 맞지 않아 3일째 되는 날에는 거의 죽을 지경이 되었다. 그래서 하윌스 선생은 그에게 가만히 쉬고 있으라고 이르고 시골로 나가 잠시 주님과 함께 보냈다. 여기서 주님께서는 그에게 해야할 것을 보이셨다. 그는 그 호텔 비용의 두 사람 몫인 8실링 4페니를 하루에 쓸 수 있는 권한을 이미 갖고 있어서 조우를 영국 호텔에 투숙시키고 자기는 나머지 10페니로 살아가기로 했다. 선교사가 이 말을 듣고 1실링으로 마데이라에서 하룻밤 숙박하기란 불가능하며 식비까지 생각하면 더욱 더 말할 것 없다며 한 가지 제안을 갖고 있다고 말했다. 이래서 하월스 선생은 선교회 건물 지하실에 있는 수부들의 숙박소를 이용할 수 있었다. 그가 건물의 거실 하나를 내놓을 수 있었겠지만 그리고 그렇게 하는 것이 더 친절한 일이었겠지만, 하나님께서 특별한 목적을 가지시고 그 일에 관여하신 것이었다.

이 수부들의 숙박소는 12명 이상을 수용할 수 있는 방이 있고 아주 넓었다. 하월스 선생은 이렇게 말했다. "그러나 그 숙소는 열대 지방의 텅 빈 곳 어디서나 득실거리기 마련인 벌레들을 빼놓고는 몇 달 동안 한 사람의 손님도 맞지 못하고 있었습니다. 그래서 나는 애굽의 바로와 그의 백성이 세번째와 네번째의 재앙 때에 겪었던 고통을 약간 경험할 수 있었습니다! 첫날밤은 내부의 공포와 외부의 방해자들과 싸우느라 잠을 잘 수 없었습니다. 다음날 아침 식사 때에 사태는 절정에 달했습니다. 작은 상자 속의 귀리 식품과 빵과 치즈는 나 이외에도 같이 나눌 손님들이 있었습니다. 내가 식사하러 가보니 배를 채우느라 정신들이 없었습니다. 나는 베드로와 똑같이 기는 것들에 대하여 불평할 권리가 있다고 생각하니 그 선교사에 대한 나쁜 감정이 내 마음속에 일어나기 시작했습니다. 보통 때에는 어떤 일에도 그런 감정을 가지지 않았을 것입니다. 나는 내 마음을 바로 잡기 위해 애썼습니다. 그러나 이것은 내 속에서 확대되기 시작하였습니다. 내가 그를 사랑하는 것을 방해하는 그 무엇이 내 속에 존재하는 것을 인정할 수밖에 없었습니다. "나는 피곤했고 인생이라는 것이 살 만한 가치가 없는 것처럼 느껴졌습니다. 마음속에 성령이 계시는 사람보다 그냥 사는 사람이 더 좋아 보였습니다. 소리쳐 울고 싶었으나 주님께서 말씀하셨습니다. '네가 울기 전에 너에게 이야기하고 싶다. 하루에 2페니만 갖고 살아가는 몽골리아의 제임스 길모아(James Gilmour in

Mongolia)에 관하여 네가 설교하지 않았느냐? 에스겔과 그의 생활을 전하지 않았느냐?' 나를 용서해 주실 것을 주님께 간구 했으나 그분이 이렇게 말씀하셨습니다. '네가 이것을 유념해야 한다. 내가 너를 이곳 마데이라에 데리고 온 것은 나의 사랑과 너의 사랑간의 차이와 너의 성품 속에 내가 제거하고 싶은 어떤 것이 있음을 너에게 보이기 위함이었다. 구주께서는 선교사가 너를 푸대접한 것보다 더 악하게 네가 그분을 대접하였을 때에도 너를 사랑하셨다. 내가 이 땅에 살 때 나는 나를 대적하는 사람들을 사랑했고, 혹 누가 나를 대수롭지 않게 여겨도 나는 그를 마치 나를 가장 극진히 대해 준 사람을 대하는 것처럼 대하며 사랑했다. 이제 나는 너를 통해서도 그런 사랑을 하고 싶지만 너는 나에게 그 위치까지는 허락해 오지 않았다.'

"내 속에서 이것을 찾아내 주셔서 나는 하나님을 찬양했습니다. 선교사가 나에게 무엇을 주어서가 아니라 그를 사랑하지 않고는 견딜 수 없어서 내가 그를 사랑해야 했습니다. 구주의 성품의 근본은 사랑인 것을 볼 수 있었습니다. 내 성품의 근본도 사랑이라면 선교사가 무슨 일을 하든 나에게 영향을 주지 못할 것이었습니다. 순간적으로 그것을 깨닫고 나는 무릎을 꿇었습니다. 이 문제가 완전히 해결될 때까지 그 장소에서 나를 옮기지 마시도록 성령께 간구 했습니다. 내가 계속해서 소경과 어리석은 자가 된다는 것은, 그리고 이 사악한 성품을 지닌 채로 산상수훈을 설교한다는 것은 생각만 해도…! 내가 구주를 사랑한 적이 있다고 한다면 바로 그때였을 것입니다. 나는 그분이 자기를 죽음에 몰아넣는 자들을 사랑하심을 깊이 깨달았으니—그 사랑에는 한계가 없습니다."

"그날 나는 마데이라의 산에 올라가 주의 아름다움을 보고 그분을 예배했습니다. 나는 친구에 관해서는 잊고 완전하시고 거룩하신 구주와 함께 살았습니다. 내가 도달해야 할 위치에 이르게 될 때 어떻게 될지 알게 되었습니다. 그것은 내 안에 계신 성령으로 말미암은 타인들에 대한 완전한 사랑과 완전한 용서와 완전한 자비입니다. 한 시간 내에 내가 거기에 이를 것으로 생각할 사람이 있을지 모르겠습니다. '당신은 충분히 용서할 수 있었을 것입니다!'라고 말할 사람이 있을지 모르겠습니다. 그렇습니다. 다시 제자리로 돌아오고 마는 흉내내는 용서쯤. 그러나 우리가 주님과 같이 되고 그분처럼 용서할 수 있기까지는 진정으로 우리가 용서할 수는 결코 없습니다. 나도 정말로 여러 번 선교사를 용서하고 사랑한다고 생각했었습니다. 그러나 내가 실제로 그를 대하였을 때에 묵은 감정이 되살아났던 것입니다."

"그러나 6주 후에 주정뱅이가 구주께서 자기를 위하여 하신 일을 깨달을 때에 완전히 변화되는 것처럼 나는 변화되었습니다. 완전히 변화되었습니다. 그분이 나를 이끌고 가신 곳은 얼마나 아름다운 인생입니까! 오, 그 완전한 사랑! 다음날 그 지방 전도자를 만났을 때 그 증거가 확증되었습니다. 그가 전에는 별로 나에게 말을 하지 않았지만 그 아침에는 '어디에서 기숙하고 계십니까?'라고 물었습니다. 나는 속으로 말했습니다. '너 사단아!' 그 뒤에 사단을 볼 수 있었습니다. 그는 계속 했습니다. '수부들의 숙박소에서요?' 내가 대답했습니다. '예' '당신을 그러한 곳에 머물게 하다니, 당신 나라에서는 그러한 것도 기독교라 부릅니까?'라고 그가 언성을 높였습니다. 그가 며칠 전에 그와 같이 물었다면 어떻게 되었을까요! 나는 대답 대신에 한 질문을 하였습니다. '전기와 세탁 요금을 물지요?' '예, 그 요금은 아주 비싸지요'라고 그가 말했습니다. '그런데 저는 무료입니다. 이것이 기독교입니다. 선교사의 덕분이지요.' 오, 자유! 오, 승리! 그 후로 그 수부 숙박소보다 더 하나님의 은혜가 넘친 곳에서 살아본 적이 없습니다. 훌륭한 음식과 안락한 침구가 있는 호텔에 계속 머무는 것보다 그곳에서의 한 시간이 더 많은 교제를 가져왔습니다. 수부 숙박소에 내가 사는 것과 그곳에 하나님이 사시는 것의 차이점을 분명히 깨달을 수 있었습니다."

한편, 영국 호텔에 투숙된 조우는 2개월이 지난 후에도 조금의 차도도 없었다. 어느 날 병이 극도로 악화되어 그는 자기가 곧 죽을 것으로 생각했다. 집과 고향에 대한 그리움이 엄습해 왔다. 실로 캄캄한 어둠이 내리덮은 순간이었다. 하월스 선생은 어떤 조치를 취해야 한다고 느꼈다. "주께서 당신을 이곳까지 데리고 오셔서 그분의 뜻을 우리에게 보이시지 않고 당신을 죽게 하실 것 같습니까?"라고 묻고는 그는 다시 덧붙여 말했다. "이 병은 죽을병이 아니라 하나님의 영광을 위한 것입니다." 하월스 선생을 산기슭까지 태워다 줄 작은 열차를 타기 위해 그들이 서로 갈릴 때, 조우는 울음을 터뜨렸다. 그가 밤중에 출혈할까 염려스럽고 그의 눈물로 마음이 더욱 괴로웠기 때문에 하월스 선생은 발을 옮기기가 심히 어려웠다. 그러나 그는 이렇게 말한다. "내가 기차에 들어섰을 때 어린애가 자기 아버지의 목소리를 알아보는 것만큼 분명히 잘 알아들을 수 있는 음성이 내게 들려 왔습니다. 그 음성은 이렇게 말했습니다. '한 달 후 오늘, 조우가 나으리라.' 하나님의 영광이 열차 안에 임재했습니다. 그것은 특이하고 놀라운 것이었기 때문에 사람들이 고개를 돌렸으며 무엇인가가 일어나고 있는 것을 느끼는 것 같았습니다."

그는 수부 숙박소에 돌아오자마자, 그의 집과 조우의 아버지와 존스 양에게 편지를 써서 한 달 후에 돌아갈 것이라고 전했다. 그날 "자연과 의학의 모든 것이 실패했을 때 더 높은 법칙이 작용할 것이라"고 주께서 그에게 보이셨다.

다음날 아침 그는 조우에게 그 소식을 털어놓기 위해 영국 호텔로 갔다. 맨 먼저 그는 장난스런 투로, 이제 앞으로 무슨 일이 그에게 벌어지게 될 것 같냐고 그에게 물었다. 이 말을 듣고 조우는 아픔에 젖어 "무덤 밖에는 아무 것도"라고 대답했다. 그러나 그는 영국 호텔로 옮기면서 다시는 불평하지 않겠다고 약속했었다. 하나님의 뜻을 받아들였던 것이다. 하월스 선생은 이윽고 요양소와 야외의 천막생활과 마데이라에서 그에게 베푸신 하나님의 자비를 그에게 상기시킨 후 조용하게 이렇게 말을 이었다. "그러나 그분은 지금까지 가장 좋은 것을 내보이지 않고 보관해 두셨습니다. 한 달 후에 하나님께서 당신의 병을 고치실 것입니다!" 눈물이 흐르기 시작했다. 하월스 선생은 이렇게 말한다. "눈물은 마치 샘이 터진 것과 같았습니다. 2, 3일 동안 계속해서 흘러나왔습니다. 그가 고향으로 돌아가 친구들을 만난다고 생각하니 너무 좋아 믿기지가 않는 모양이었습니다. 그는 내 삼촌의 경우에는 믿었지만 자기 자신의 경우에 믿는 것은 또 다른 문제라고 말했습니다. 그러나 하루 이틀이 지나니 그 자신이 낫게 된다는 자신감을 갖게 되었습니다."

하윌스 선생이 그날 밤 선교사의 아내를 만났더니 평상시 처럼 그녀는 조우의 형편을 물었다. "그는 매우 악화되어 있습니다만 한 달 후면 주님께서 그를 고쳐 주시겠다고 저에게 말씀하셨습니다"라는 대답이 나왔다. 그것은 그녀에게 믿을 수 없는 말이었던지 소리치다시피 말했다. "당신은 어떻게 그런 말을 할 수 있습니까? 그의 두 폐가 거의 다 나가 버려 도저히 그렇게 될 수 없는 걸 알면서요. 전에도 그런 일은 한번도 없었어요!" 그가 대답했다. "불신앙 때문에 그런 일이 한번도 일어나지 않았습니다. 그러나 주님께서 한 달 후에 조우를 고쳐 주시고 우리가 돌아가게 된다고 저에게 말씀하셨습니다."

다음날 아침 그가 선교사를 만났다. 그는 아내로부터 그들의 대화에 관해 들었으므로 이렇게 말했다. "한 달 후에 떠난다면서요! 겨울을 보내러 일부러 왔으면서 한 겨울에 환자를 데리고 가다니요. 전문의의 진료를 받아 보겠습니까?" "좋습니다. 내게 200파운드가 있으니 의학이 할 수 있는 모든 것을 기꺼이 해보겠으며, 그 전문의가 말하는 대로 하겠습니다"라고 하윌스 선생이 대답했다. 그는 자기가 의학에 반대하지 않으며, 자연의 법칙이 완전히 손을 들 때까지는 하나님께서 영적인 법칙을 가지고 개입하시지 않음을 선교사에게 설명하고서 그에게 물었다. "전문의가 조우를 포기하는데도 그가 낫게 되면 그렇게 하신 분은 하나님이심을 믿으시겠습니까?" "믿겠습니다. 그런 말보다 더 이치에 맞는 말은 아직 들어보지 못했습니다"라고 눈에 눈물이 괴면서 그가 대답했다. 그는 마데이라에 있는 모든 호텔에 그것을 알렸다. 또한 그는 200파운드에 대한 말을 듣고 매우 놀랐다. 그 모든 돈을 갖고서도 하윌스 선생이 왜 수부 숙박소에 거처하는지 그 이유를 이해할 수 없었다.

전문의는 조우를 철저히 진찰하고서는 그가 위독한 상태에 있으며 피를 토하게 될 것이라고 말했다. 그는 또 하윌스 선생에게 그의 곁을 떠나

21. 마데이라 섬

지 말라고 또 가장 좋은 길은 집으로 돌아가는 것일 거라고 말했다. 그래서 우리 두 사람은 자연의 법칙이 끝난 것을 보고 만족해 했다고 하월스 선생은 그때의 소감을 말했다.

조우가 한 달 후에 병고침을 받을 것이라는 편지가 브리나만에 있는 집에 도착하였다. 그의 어머니는 그것을 조우에게 요양소에 가라고 최초로 말한 의사에게 보였다. 그는 편지를 보고 웃으면서 그것은 불가능하다고 말했다. 만약 그렇게 되는 날이면 그날로 자기도 신자가 되겠다고 덧붙였다.

하월스 선생은 조우의 곁을 떠나지 않겠다고 전문의에게 약속했기 때문에 조우와 함께 투숙했다. 그가 이렇게 말했다. "그것은 한 달 간의 휴일이었습니다. 이번 경우는 기도를 필요로 하지 않았기 때문이었습니다. 주님께서 그가 나을 것이라고 말씀하셨기 때문에 우리는 그분의 말씀을 신뢰했으며 새들처럼 행복했습니다. 많은 사람들이 알아보려고 찾아 왔으며 결과가 어떻게 될 것인지 예리한 호기심을 가지고 주시하고 있었습니다."

치유 전 주에 그들은 배표를 사고 떠날 모든 준비를 했다. 하월스 선생은 디크 아저씨가 완쾌되는 정확한 시간을 받았던 것을 조우에게 말하면서 조우 자신도 그 일에 참여하게끔 주님께 나아가 토요일 아침 그가 완쾌될 정확한 시간을 물으라고 제의한다. 그가 웃으면서 돌아와 오전 3시와 6시를 받았다고 말한다. 그러나 3시는 너무 이르기 때문에 마귀에게서 온 것으로 생각한다면서 나중 것을 택했다! 그들은 완쾌되는 날 조우의 아버지에게 전보를 치자고 뜻을 모았다.

하월스 선생은 이렇게 말했다. "전날은 매우 흥분되는 날이었습니다. 나는 그에게 다음날 아침 6시에 내 방으로 와서 소식을 전해 달라고 말했습니다. 자기 위해 우리가 헤어지면서 악수할 때에 '이 몸에 폐병을 몸에 지닌 상태로는 마지막으로 잠자리에 든다 생각하니 감개무량합니다' 라고 그가 말했습니다. 나는 기쁨과 흥분 때문에 온 밤을 거의 잠을 잘 수 없었습니다. 그러나 그것은 특히 예정된 시간이 오기를 기다리는 아침 5시와 6시 사이에는 엄숙한 시간이었습니다. 그런데 6시가 되어도 조우에게서 아무런 기척이 없었습니다. 그래서 그를 불렀더니 그제서야 머리에 담요를 덮어쓰고 와서 얼굴을 떨군 채 내 침상 발치에 앉으면서 '내게 아무런 변화가 없어요. 어제와 똑같습니다'라고 말했습니다.

"즉시 성령께서 나에게 '전보를 치겠느냐?'라고 말씀하셨습니다. 나는 조우에게 돌아가서 나를 위해 기도해 달라고 부탁했습니다. 그는 자기가 왜 그래야 하는지 이해할 수 없었습니다. 그는 자기야말로 기도가 필요한 사람이라고 생각했습니다! 그러고 나서 나는 주님께 나아가서 지체되는 이유가 무엇이냐고 그분께 물었습니다. 그분이 이렇게 말씀하셨습니다. '그가 완쾌되었다고 내가 말하면 너는 전보를 치겠느냐? 네가 만일 네 눈으로 보는 것과 조우가 하는 말을 초월하여 내 말만 듣고 조우가 치유되었다는 것을 믿는다면 너는 네 삼촌의 경우 때보다 한 차원 높은 위치에 들어가게 되는 것이다.' 여기에 매우 중요한 점이 있었습니다. 기적적으로 병이 나은 바 있는 나의 삼촌의 고향으로 전보를 친다는 것이 어떤 의미를 가지고 있는지 잘 알고 있었습니다. 만약 이번에 실패하면 내 삼촌의 병이 나은 것은 순전히 우연한 일이었다고 모든 사람들이 이구동성으로 말할 것이었습니다. 오직 하나님께 대한 진정한 믿음만이 나로 하여금 그렇게 하도록 만들 수 있었습니다. 주님께서 백부장의 종에 관한 사건을 내게 생각나도록 해주셨습니다. 눈으로 볼 수 있는 것을 무시하고 하나님의 말씀을 내가 믿을 것인가? 한 시간 동안의 씨름 끝에 아직 실제의 치유는 나타나지 않았지만 단순히 하나님의 말씀에 의지하여 전보를 치기로 결단을 내렸습니다. 아침 8시 전에 우체국에 가서 '승리'라는 한 마디의 전보를 보냈습니다. 전보를 보내고 난 후에 보니 내 손에 땀방울이 흐르고 있었습니다."

"그 다음날은 주일이었습니다. 정오에 우리가 점심시간을 기다리며 호텔 앞에 나와 앉아 있을 때에 주님께서 소낙비같이 조우에게 임하심으로 그는 즉석에서 고침을 받았습니다. 그가 즉시 나에게 말하더니 기뻐 춤을 추고 있었습니다. 그가 나에게 자기와 함께 달리기를 하자고 했습니다.

달리기를 했습니다. 결국 그가 나를 앞지르고 말았습니다. 그는 아합을 앞질러 달리는 엘리야와 같았습니다. 모든 힘이 그의 다리에 몰려든 것 같았습니다! 기쁨에 어쩔 줄 몰라 계속 달리기를 함으로 우리는 안식일을 깨뜨렸습니다! 그것은 표현할 수 없는 기쁨이요, 병고침뿐이 아니라 믿음의 승리이기도 했습니다. 우리 둘은 오후에 선교사의 집회에 참석했습니다. 그것은 12개월 동안 조우에게 있어 처음 있는 일이었습니다. 선교사가 기적적인 병고침을 모든 사람들에게 알릴 때에 그 승리는 놀라운 것이었습니다."

이틀 후에 그들은 마데이라를 떠나 집으로 향했다. 그들은 그 호텔의, 주님께 복 받은 많은 사람들로부터 대대적인 전송을 받았다. 선교사가 그 가족들과도 이별하는 굉장한 광경이 벌어졌다. 토요일에 그들이 집에 도착하였는데 다음날 의사가 집에 와서 검진을 받아도 괜찮겠느냐고 조우에게 물었다. 조우가 쾌히 승낙하였더니 검진을 끝낸 후에 의사는 "이거 참 이상하고 놀랍다. 그에게서 병의 흔적을 도저히 찾아볼 수 없으니"라고 말했다. 그 의사는 그 지방에 온 후 처음으로 주일에 예배당에 나갔다. 몇 달 후에 한 폐병 환자가 그에게 왔을 때 그는 환자에게 "이봐요, 의사가 당신을 위하여 더 손쓸 수가 없습니다. 가서 주님께 매달려 보시오!"라고 말했다. 젊은이는 의사가 농담을 하고 있나 싶어 그를 쳐다보았다. 그러나 그는 되풀이했다. "가세요. 가서 주님께 매달려 보시오!"

신유가 있은 후 이 승리의 배후에 있었던 중보의 실제성이 극한적으로 시험을 받았다. 조우는 전에 소명을 느꼈던 성직자의 사역에 입문하였다. 그러나 그들이 마데이라에서 돌아온 직후 하월스 선생은 자신이 기침을 하면서 피를 토해 내는 것을 발견했다. 조우와 가까이 지내 왔기 때문에 병을 얻게 된 것이 틀림없었으나 그의 내적 평화는 조금도 흔들림이 없었으며 그가 한 일에 대한 일말의 후회도 느껴지지 않았다. 며칠 후에 그 증세가 실은 심각한 것이 아니었음이 드러나고 그가 주님께 완전히 맡긴다 함이 진실한 것이었음이 입증되었다.

결혼과 선교사명 22

마데이라에서 돌아온 후 곧 하월스 선생은 엘리자베스 한나 존스와 결혼하였다. 그녀 역시 브리나만이 고향이었다. 결혼 날짜는 1910년 12월 21일이었다. 그들은 유년 시절부터 서로 아는 사이였다. 그녀는 웨일스 지방 부흥기간에 수개월을 죄책감에 시달린 후에 중생의 체험을 하게 되었다. 그 후에 마을 봉사단의 일원이 되어 점차로 주님 안에서 그들은 가까워졌다. 그래서 그들은 '결혼하여 부랑자들을 위한 가정을 이룩하는 것이 하나님의 뜻이 아닐까' 하고 생각하기에 이르렀다. 그러나 이내 곧 정반대 방향으로 이끌려져 언제 그들 간의 결혼이 다시 가능하게 될지 전혀 예기치 못한 채 단념하게 되었다. 3년 후, 그제서야 그들의 생을 결합하여 하나님을 섬기라는 주님의 말씀이 왔다. 생각이 완전히 그와 동일한 하월스 여사는 남편에게 있어서 하나님께서 짝지어 주신 내조자요 성령 안에서 짐을 항상 같이 지는 신실한 동역자였다.

꽤 큰 선물이 결혼 비용을 위해 미국에서 보내져 왔다. 일부는 생활 필수품을 사는데 쓰고 나머지는 결혼식 비용을 위해 남겨 두었다. 그러나 일주일 전에 긴박한 형편에 놓인 어떤 사람이 도움을 청하러 하월스 선생에게 왔다. 믿음의 생활에서 그는 항상 "먼저 필요한 것을 먼저 채워야 한다"라는 원리를 지켜 왔다. 이 사람의 필요가 그들의 것보다 일주일 먼저 왔기 때문에 주님께서 그들의 필요를 공급해 주실 것을 확신하고 그 돈을 그에게 주었다. 그러나 결혼 전날까지도 무엇 하나 생기지 않았다. 그는 이렇게 말했다. "내가 주님께 아뢰기를, 그 날이 다른 날이라면 내가 상관치 않을 터이지만, 이미 나의 누이와 매부에게 오전에 우리를 거들어 달라고 초청했으며 오후에는 우리가 열차를 타야 하기 때문에 그날 돈이 없으면 아무것도 해 나갈 수 없다고 말씀드렸습니다. 저녁이 되었습니다. 그러나 내게는 한 페니도 없었습니다."이런 때야말로 주님을 의심하기 쉬운 순간이었습니다. 그러나 그분은 한번도 실패한 적이 없으셨으니, 그날 밤 늦게 구조가 왔습니다. 그 속에 위대한 가치가 있었습니다! 그것이 믿음의 생활을 함께 하는 우리의 첫 출발이었습니다!"

몇 개월 후에 그는 한 친구와 함께 미국에 가서 다시 복음을 전파하기 시작했다. 특히 자기가 중생의 체험을 한 도시에서 많은 옛 친지들을 방문했다. 3개월 후에 그들이 돌아왔는데 성령께서 그에게 예배당에 다시 참석하기 시작하라고 말씀하신 것은 그로부터 오래지 않아서였다. 오랫동안 독자적으로 전도 활동에 종사하다가 또 은거 생활을 해 왔던지라 그것은 이상한 기분을 느끼게 했다. 그와 아내는 5년 이상을 예배당에 참석치 않았던 것이다. 다음의 문제는 어느 교회로 나갈 것인가였다. 그는 회중 교회 교인이었고 그녀는 침례 교인이었다. 주님의 인도하심을 찾는 중에 교역자가 없는 한 작은 회중 교회로 그들이 인도되었다. 이 행동은 전에 그가 은거 생활을 시작할 때보다 더 신자들을 어리둥절하게 했다. 대부흥 기간 후에, 부흥 운동으로 은혜를 받은 사람들과 기성 교회들 사이에 모종의 알력 관계가 있었다. 많은 사람들이 교회를 떠나 독자적으로 전도 활동을 시작했다. 예컨대, 가족들로부터 항상 가장 존경을 받는 하월스 선생의 맏형 존은 어느 교회의 집사로 있다가 부흥 운동 기간에 회심을 경험하였는데 나중에 자기의 몇 몇 친구들과 함께 브리나만에 복음 회관을 지었다. 이것은 지금까지 그 도시의 전도 활동의 중심지가 되고 있다. 시간이 지남에 따라 부흥 운동에서 교역자들이 은혜를 받은 교회에서는 회심자들이 떠나지 않고 자기네의 교역자를 도왔지만, 일반적으로 전도 단체와 기성 교회간의 거리는 가끔 확대되어 갔다. 그래서 하월스 선생 부부가 다시 교회에 나간다는 말을 사람들이 들었을 때에는 특히 그가 나가기 시작한 교회가 전도단의 1마일 이내에 있었기 때문에 그것은 그의 타락의 표시로 간주되었다.

처음부터 그가 여러 집회에 참석하기 시작하자 성령의 역사가 나타났다. 그런데 어느 주일 예배드리러 가는 도중에 하나님께서 그에게 성직자의 길에 들어서야 한다고 말씀하셨다! 그는 곧바로 집으로 가서 부인에게 "당신은 목사와 결혼한 것을 알았었소?"라고 말했다. 그는 이에 관해 사람들에게 아무 말도 하지 않았으나 어느 날 밤 장로들이 그에게 목사가 되는 것이 어떠냐고 물었다. 어느 집회 후에 그는 추대되어 첫 설교를 하였다. 성직자로의 부르심은 훈련을 의미했다. 그래서 그의 처남과 함께 카마덴(Carmarthen)에 있는 신학대학에 다니기 시작했다.

그는 이렇게 말했다. "그때에 내 설교에서, 사도 바울이 아라비아에서의 자기 생활을 이야기하지 않은 것과 마찬가지로 나도 중보 사역이나 지난 생활을 언급하지 않았습니다. 단순한 복음을 전파하도록 내가 부름을 받았기에 그것을 고수했습니다. 강단에 서서 성령의 능력으로 측량할 수 없는 그리스도의 부요를 선포하는 것이 얼마나 위대한 특권이었던가요! 주님께서는 나로 하여금 매우 자연스런 생활로 되돌아가 살도록 허락하셨습니다. 그 지방의 여러 교회에서 수많은 청중들에게 설교할 수 있는 특권을 주셔서 그분께 감사하는 마음이 늘 떠나지 않았습니다. 십자가를 선포하는 것만큼 영광스러운 일은 달리 없었습니다. 우리 나라에는 속죄와 부활을 믿으나 사망에서 생명으로 이미 옮겨진 것을 확신 못하는 사람들이 매우 많았기 때문에, 성령님의 거룩하신 인격에 대해서 보다 영원한 생명에 대하여 더 많이 가르치라는 지시를 받았습니다. 나는 설교하기 시작한 때부터 모든 시간과 생각을 그 일에 쏟았기 때문에 중보 사역은 더 이상 나아가지 못하고 있었습니다." 그러나 그는 동일한 하윌스 선생이었다. 카마덴에서 어느 날 그와 동료 학생이 얇은 옷을 걸치고 추위로 떨고 있는 한 부랑자를 지나게 되었다. 하윌스 선생은 즉시 외투를 벗어 그에게 주었다.

이런 중에 하나님께서 다시 부르셨다. 그와 그의 아내는 서아프리카의 앙골라 복음 선교회에서 선교사로 봉직하고 있는 스토버 부부를 위하여 기도하는 책임을 맡게 되었다. 그들은 그 선교사 부부를 어떤 방법으로든지 도와야 한다고 느끼고 그 일로 주님께 간구하는 중에 에디스라는 딸애가 그 선교사 가정에 출생했다는 기사를 선교 회보에서 발견했다. 하월스 선생은 서아프리카가 어린이들에게 적합치 않은 기후인 것을 알고 있었기 때문에 그의 아내에게 이번이 그들을 도울 수 있는 기회라고 말했다. 양친은 아프리카에서 계속 일하지만 딸애는 데려다 키울 수 있다는 것이었다. 그것은 쉬운 문제가 아니었다. 하월스 여사는 집에 매이게 될 것이고 정성을 쏟은 그 애는 결국 그들의 품을 떠나게 될 것이었다. 그녀는 결정을 내려 이렇게 말했다. "그들이 아프리카를 위하여 생을 바친다면 나도 그 애를 위하여 바치겠습니다." 그들은 편지를 써서 스토버 부부에게 그 뜻을 전했다. 그러나 스토비 부부는 '곧 귀국할 터이니 그때에 상의하자'는 답신을 보냈다.

하월스 선생이 이렇게 말했다. "나는 내 친구 스토버를 랜드린도드 집회에서 만났습니다. 첫 몇 날 동안은 그가 아무 말도 하지 않다가 내가 선교를 위한 모임에 참석코자 가고 있는 길에서야 '그와 그의 아내가 우리의 제의를 받고 얼마나 고마왔는지 표현하기 어려웠으나 바로 그 때에는 에디스를 그들에게서 떼어 두고 싶지 않았다'고 나에게 말했습니다. 나는 곧장 모임으로 걸어갔으며, 그곳에서 아프리카의 환상을 보았습니다! 알버트 헤드 여사는 남아프리카 연합 선교회에 대해 이야기하면서 에드가 페이스풀 부부가 본국의 간사로 전임할 것이기 때문에 다른 부부가 그들을 대신하여 줄 것을 호소하고 있었습니다. 나는 많은 사람들이 선교의 필요성에 대해 거론하는 것을 들었으나 그날 오후까지는 이방인들의 영적인 비참상을 '보지' 못했었습니다. 주님은 나에게 그들의 환상을 보여 주셨는데 그들이 목자 없는 양으로 내 앞에 서 있었습니다."

그는 토요일에 집으로 돌아와 그의 아내에게 특히 부부 선교사 지망에 대하여 말하였다. 그날 밤 그들은 지망 부부가 나타나기를 위하여 기도했는데, 오랫동안 기도를 계속할 수밖에 없었다. 기도를 끝내고서도 잠을 잘 수가 없었다. 아침이 되기 전에 주님께서 "너희들을 통하여 그 기도에 응답하겠다. 너희 둘을 그곳에 보내고자 한다"라고 말씀하셨다. 하월스 선생은 이렇게 말했다. "그것은 우리 생애에서 최고로 놀란 순간이었습니다. 우리에게 아프리카인들의 환상을 보여주신 것은 다른 어떤 사람이 갈 수 있도록 기도하는 임무를 부과하기 위한 것으로 우리는 생각하고 있었습니다. 그러나 주님께 있어서는 우리들 자신이 기꺼이 자원할 수 있는 한에서만 타인의 자원을 위하여 기도로 밀어 줄 수 있었습니다. 많은 장애물이 가로놓여 있었지만 주님께 변명이 통할 리가 없었습니다. 뜻이 있는 곳에 길이 있기 때문입니다."

가장 큰 문제는 그들에게 아이가 태어난 점이었다. 에디스를 양육하겠다고 제의한 때에는 그들이 아직 아이를 갖고 있지 않았다. 하월스 선생은 이렇게 말했다. "그 선교사들이 딸애에 대한 애착을 끊고 선교 사업에 온 시간을 바쳐야 마땅하다고 우리는 서로 이야기하였습니다. 그러나 우리가 스스로를 위한 함정을 준비하고 있는 것을 미처 생각지 못했습니다. 해야 마땅하다고 다른 사람들에 대해서 생각한 것을 이제 우리가 행하도록 명령을 받은 것이었습니다!"

그들의 사내애가 태어나기 몇 달 전에 그의 이름을 사무엘이라 부르라고 주님께서 말씀하셨다. 그들의 가계에는 사무엘이라는 이름이 없었으나 사가랴의 집안에 없는 요한이라는 이름이 주어진 것처럼 그 이름이 그들에게 주어졌다. 그의 생애에서 아들의 이름이 누구를 본따서 지어진 것과 같은 일이 몇번 있었다. 그 중의 하나가 하월스 여사의 이름이 한나라는 것이었다. 그녀도 역시 이제 아들을 희생의 제단에 올려놓아야 했다.

"그것은 소명을 받은 후의 첫번째 시험이었으며 최대의 것이었습니다"라고 하월스 선생은 말했다. 직접 그의 이야기를 들어보자. "구주께서 '누구든지 아들이나 딸을 나보다 더 사랑하는 자는 나에게 합당치 않다'라고 말씀하셨습니다. 그런데 이제 성령님이 우리에게, '영생을 얻어야 하는 아프리카의 영혼들을 네가 너의 친아들보다 더 사랑하는 것을 내게 입증하여야 한다'라고 말씀하셨습니다. 그분이 정말로 그렇게 말씀하신 것일까 하고 생각해 보았습니다. 그렇습니다. 그분이 아브라함에게 산에 올라 그의 외아들을 번제물로 바치라고 명하신 것처럼 그분이 요구하신 것은 액면 그대로였습니다. 나는 여러 번 아브라함이 이삭을 포기한 일에 대하여 설교하였으며 '네 아들 네 사랑하는 독자 이삭을 데리고'라는 말씀을 강조하였습니다. 내가 얼마나 아브라함의 입장을 이해하지 못하고 있었던가요!"

"나는 내 생명을 내어 준다는 것이 무엇인지 알고 있었지만 다른 사람의 생명을 내어 준다는 것은 두 개의 물건이 전혀 다를 수 있는 것만큼 별개의 일이었습니다. 하나님께서 사무엘이 태어나기 전에 그의 이름을 주셨기 때문에 그의 생애를 위하여 그분이 어떤 목적을 갖고 계신가를 알고 있었는데 이것이 우리의 시험이었습니다. '네가 그를 포기하면 다시는 그에 대해 네가 주장할 수 없다'라고 하나님께서 말씀하셨습니다. 그 때 이후로 사무엘이 우리들에게 속해 있다는 생각을 한번도 해보지 않았습니다. 하나님께서 친히 아드님을 내어 주시고, 아브라함이 그의 아들을 포기한 것처럼 우리도 그를 진정으로 양도해야 했습니다. 사람이 만일 하나님 앞에 무엇을 양도한다면서도 그것이 진실한 것이 못되고 표준에 이르지 못할 땐 얼마 못 가서 넘어지고 말 것입니다. 우리가 사무엘을 포기한다는 것은 그를 뒤에 남겨 둔다는 뜻이 아니었습니다. 뒤로 돌아보며 그에게로 우리의 마음이 끌리는 것이 아니었습니다. 사무엘 때문에 우리의 관심이 이 나라로 돌려져서는 안되었습니다."

"내 아내가 성경상의 훈련 과정을 수련할 시간이 왔습니다. 우리는 주께서 어린 사무엘을 위하여 어떤 곳을 열어 놓으실지 알지 못하였습니다. 우리는 이 문제를 완전히 주님의 손에 맡겼습니다. 우리는 감히 개입하려 하지 않았는데 만일 그러하면 가장 큰 실수를 범할 위험이 있었습니다. 우리가 떠나기 몇 주 전에 신유의 은혜를 입은 디크 삼촌의 형이 나를 보고자 한다는 기별이 왔습니다. 그의 아내는 아만포드(Ammanford)에서 가까운 가난트(Garnant)에 있는 시골 학교의 여교장이었고 그들은 그

학교 구내에서 살았습니다. 삼촌은 우리가 사무엘을 데리고 갈 것이냐고 물었습니다. '아닙니다'라고 대답했습니다. '그 애는 어디로 갈 것인가?' 어디로 갈지 모르고 있다고 나는 대답했습니다. '그러면, 그 애를 이리 오게 하지'라고 그가 말했습니다. 그들이 3, 4마일 내에 살고 있었지만 아직 사무엘을 보지 못했습니다. 그러나 며칠 전 밤에 사무엘에 관하여 지시하여 주는 어떤 것이 그들 위에 임해 와서 우리가 떠나 있는 동안 그 애를 양육해 주고 싶다고 삼촌이 말했습니다. 2, 3일 후에 그들이 사무엘을 보러 오기로 하였습니다."

"그날 집으로 걸어오면서 생각하니 내 아내에게 도저히 말할 수 없을 것 같았습니다. 이미 마음속으로 그 애를 포기하고 있었지만 실제로 주님께서 그 애를 위하여 문을 열어 놓으실 때에는 내 마음이 갈기갈기 쥐어뜯기는 것만 같았습니다. 그러나 집에 도착하기 전에 내 자신을 통제할 수 있는 힘을 얻었습니다. 아내에게 내가 무너지고 있는 꼴을 보인들 아무 소용도 없었을 것입니다. 집에 당도했을 때 그녀는 재롱부리는 사무엘과 함께 놀고 있었습니다. 그날 밤처럼 사무엘이 예뻐보인 적이 전에 한 번도 없었다는 생각이 들었습니다. 한동안 그 소식을 털어놓을 수가 없었으나 나는 용기를 내어 아내에게 말했습니다. 그 후 일어난 상황은 묘사하기보다 상상하는 것이 더 적당할 것입니다. 우리는 평생에 한 번만 이런 일을 당하면 된다는 것으로 기뻐했습니다. 그날 밤 우리는 아프리카가 우리에게 무엇인가를 지불시킬 것이라는 점을 확신했습니다. 점차 승리를 향하여 다가 가고는 있었지만, 그 과정은 더디고 힘든 것이었습니다. 그것은 철저하게 남을 대신하는 중보의 길이기 때문이었습니다.

"나의 숙부와 숙모가 오셨습니다. 그런데 그들은 사무엘과 같이 사랑스런 애를 처음 보았던 것입니다! 틀림없이 그 애에 대한 엄마 아빠의 애정을 주님께서 그들의 가슴속에 부어 주셨습니다. 그들이 제일 먼저 한 일은 내 누이에게 그 애의 유모가 되어 달라는 부탁이었습니다. 그것은 미리암과 모세와도 같았습니다. 누이가 그 애를 데려갈 아침이 왔습니다. 그때의 경험은 우리에게 영원히 기억될 것이고 주님께 우리의 가장 좋은 것을 바친 걸 잊지 못하리라 생각합니다. 우리는 돈과 건강과 다른 많은 것을 내어 준다 함이 무엇인지 알고 있었지만 이것은 가장 어려운 시험이었습니다. 그날 아침 마귀는 가만히 있지 않았습니다. 그는 내가 어린애를 버린 세상에서 가장 매몰찬 인간이라고 공박했습니다. 사무엘의 옷 등을 챙기고 있는 아내의 감정에 최악의 사태가 돌발할 것만 같았습니다. 아이가 나가고 나니 온 집이 텅비고 우리의 가슴도 텅하니 비었습니다. 밤에 집에 돌아와서 나는 아내에게 물었습니다. '당신 어떻게 넘겼소?' 그녀가 대답하기를 자기는 정원에 나가 울다가 혼자 이렇게 생각했다는 것이었습니다. '나는 이 성가를 수없이 불러왔다.

그러나 우리의 모든 것을 제단에 내어놓기까지는
주님 사랑의 그 기쁨을 참으로 알 수 없습니다.

오늘 아침 그것을 입증해야 한다.' 그러나 그때 주님께서 나에게 너희의 것을 갈보리와 비교하라'고 말씀하셨습니다. 이 말씀을 듣고 그녀는 승리를 얻었습니다."

"후에 함께 기도하는 중에 주님께서 그 보상을 보여주셨습니다. 그분은 우리에게 이렇게 말씀하셨습니다. '너희가 나를 위하여 버린 것은 무엇이든지 백 배로 갚아 주리라. 이로 인해 너희들은 아프리카에서 10,000명 영혼의 구원을 주장할 수 있으리라.'
그래서 우리는 그것을 믿었습니다."

하월스 선생 부부가 아프리카로 떠난 후에 사무엘은 완전히 리스 부부의 아들이 되어서 이름도 사무엘 리스로 개명되었다. 그는 그들 곁에서 자라 후일에 옥스포드 대학에 입학하여 졸업했다. 옛날의 사무엘처럼 그도 글자 그대로 주님을 위하여 성별된 것 같았으며, 젊은 시절부터 주님을 섬겼다. 그는 12살 때에 그리스도를 개인의 구주로 받아들였다. 그의 양부모는 의사가 되기를 원하였으나 그는 성직자로의 주님의 부르심을 느꼈다. 하월스 선생 부부가 그를 곁으로 끌기 위해 손짓 한번 안했지만,

그는 대학 과정을 마친 후에, 양부모의 자애로운 승낙을 얻어 친아버지에게 돌아와 함께 일했다. 그를 그들에게 되돌려 보내신 분은 하나님이셨다. 그는 웨일즈 바이블 칼리지(성경 대학)의 교감이 되어 일하다가 아버지의 소천 이후, 지금은 교장으로 봉직하고 있다. 그는 또 다시 사무엘 리스 하월스로 불리어지고 있다. 주님께서는 그의 부모에게 그의 출생 전에 주신 약속까지 얼마나 완전하게 이루어 주셨는가. 그리고 그의 부모가 그를 버림으로써 드린 희생 제물을 주님께서 얼마나 명예롭게 하셨으며 얼마나 많은 애정과 보살핌을 양부모를 통하여 그 위에 쏟아 부으셨는가.

빈손으로 줄서서 기다리다
23

하월스 선생은 케스윅과 랜드린도드 집회의 의장일 뿐 아니라 남아프리카 연합 선교회의 의장인 앨버트 헤드 씨에게 편지를 써서 선교사로서 일할 것을 지원했다. 그는 그의 삼촌과 조우의 신유에 대한 것도 편지의 내용에 담았는데 헤드 씨로부터 편지가 왔다. 그에게 조우를 대동하고 런던에 올라가 선교 협의회에 들러 달라는 내용이었다.

그들이 런던으로 떠나는 날 아침, 그와 하월스 여사에게는 2파운드밖에 없었으며 바로 그날 그녀에게도 돈이 필요했다. 그러나 항상 "먼저 필요한 곳에 먼저 충당한다"였다. 우편이 도착하기 전에 그는 출발해야 하기 때문에 먼저 돈을 먼저 써야 했다. 그는 더 많은 돈이 틀림없이 우편에 올 거라고 말함으로써 그의 아내를 위로하였다! 조우와 그는 왕복 차표도 없이 단지 5실링만을 갖고 런던에 도착하였다. 하월스 선생이 다음날 오후에 협의회를 찾아가자 그들 부부는 선교사로서 받아 들여졌다. 다음날 그를 위한 집회가 헤드 씨에 의해서 마련되었는데 거기서 그가 중보에 관하여 말하게 되어 있었다. 주님께서 축복하셨고 다음날 그가 떠날 때에 헤드 씨와 악수하면서 이렇게 말했다. "주님께서 당신을 통하여 나에게 말씀하셨습니다. 나는 전에 선교사를 한 분도 '보유'하지 못했으나 하나님께서 당신을 나의 선교사로서 보유하라고 말씀하셨습니다. 그 밖에 아무도 당신을 지원해 줄 수 없습니다. 당신이 아프리카에서 복음을 전파하는 동안 나는 그 추수에 동참하겠습니다!"

그들이 돌아가는 열차를 타기 전에 어떤 친구들과 함께 점심을 들었다. 그런데 그들이 떠나면서 봉투 하나를 하월스 선생의 손에 쥐어 주었다. 패딩톤에서 그것을 열어 보니 안에 금화 5파운드가 들어 있었다. 그들이 도착할 때는 5실링을 갖고 있었으나 이제 5파운드를 가지고 떠나게 되었다. 조우가 한마디 말했다. "주님께서 우리를 위하여 바로 물로 포도주가 되게 하신 일을 해주셨군요. 그분은 단지 색깔만을 변케 하셨습니다." 그들은 집에 돌아와 찬양의 집회를 갖고 하월스 여사는 그가 떠난 지 반 시간만에 2파운드가 도착한 사실을 이야기하였다. "믿음을 견고하게 하기 위해서는 시험보다 더 좋은 것이 세상에 없습니다"라고 하월스 선생은 말했다.

나중에 그들 두 사람은 스코틀랜드로 떠났고 하월스 여사는 신앙 선교 (Faith mission)에서 2년의 훈련을 받게 되었다. 그 후 곧 그는 그녀를 거기에 남겨 두고 리빙스톤 대학에서 9개월 간의 의학 과정을 수료하기 위하여 런던으로 떠났다. 여기서 다시 많은 믿음의 시련이 있었고 그때마다 구원해 주심을 경험했다. 대학에서 성령 안에서 밀접한 교제를 나누었던 그의 특별한 친구는 형제단의 성 요한이라 불리는 해럴드 씨였다. 그는 후일에 성경을 잘 가르치는 사람으로 널리 알려지게 되었다. 그들은 매일 아침 5시에 기상하여 하나님을 사모하는 시간을 가졌는데, 두 사람 사이의 벽을 똑똑 두드려 서로 깨워 주곤 하였다. 한편 하월스 여사는 필요한 모든 것을 스코틀랜드에서 공급받았다. 하월스 선생이 그녀에게 무엇을 보낸 적은 한 번도 없었다. 그는 이렇게 말했다. "우리들은 믿음의 학교에서 수련을 받고 있었습니다. 그런데 내재 생활을 유지하기 위해서는 내어 맡기는 것과 비교할 만한 것이 없습니다. 그것 없이는 결코 주님 안에 거할 수 없습니다."

어느 한때, 그는 며칠 내에 20파운드를 마련해야 했다. 하월스 여사가 시티 로드 병원(City Road Hospital)에서 운영되고 있는 어머니 교실에 들어가기 위해서 런던에 올 참이었는데 입학 수속을 위하여 돈이 필요했던 것이다. 그런데 직접적이고 명확한 응답을 가져오는 그러한 기도는 한 번도 해본 적이 없다고 공공연히 말해 온 캠브리지 대학 출신의 한 학생이 있었다. 그래서 하월스 선생이 20파운드를 구하는 이 기도에 동참하자고 그에게 제의했다. 그는 이와 같이 돈을 구하고 그것이 올 것을 기대하는 기도에 관해서는 들어보지 못했었다. 그들은 각각 자기 방에서 어느 날 오후에 두 시간 기도하기로 했다. 그 젊은이는 기도 시간이 끝날 즈음에서는 완전히 죽어 가는 상태였다! 시간이 그렇게 천천히 흘러갔던 적은 이제껏 처음이었다. 두 시간이 두 달과 같이 느껴졌다고 그는 말했다. 하월스 선생은 오후에 기도를 끝장내지 않았기 때문에 저녁에 두 시간 더 기도에 들어가자고 말했다. "뭐라고요! 20파운드를 얻기 위해 네 달간의 중노동을!"하고 그의 친구가 소리쳤다. 그러나 그는 자기가 조금이라도 도움이 될 것이라고 하월스 선생이 생각한다면 다시 해보겠다고 동의했다. 하월스 선생은 이 두번째의 기도 시간이 채 끝나기도 전에 그의 방으로 가서 "이제 더 이상 기도할 필요가 없습니다. 끝마쳤습니다"라고 말했다. "돈을 구했습니까?"라고 그가 물었다. "아니오, 그러나 믿음을 얻었습니다. 돈이 올 것입니다." 그날 밤 늦게 그들이 함께 산책을 하고 있을 때 이 학생이 갑자기 멈추고 울타리에 기대고 서서 복통을 일으킬 정도로 웃어댔다. "무엇을 보고 그렇게 웃습니까?"라고 하월스 선생이 물었다. "20파운드라는 생돈을 내놓을 사람을 생각하니 웃음이 나옵니다." 그도 깨달았던 것이다. 이틀 후 2장의 10파운드 지폐를 하월스 선생이 받았다. 그가 친구의 방에 들어서서 지폐를 들어올려 보일 때의 감격은 얼마나 컸던가! 그 대학의 학장이 특별한 손님을 맞아 다과를 나눌 때마다 하월스 선생을 그 환담에 불러들여 그의 신앙에 관한 몇 가지 경험을 들려 달라고 부탁하는 것이 하나의 습관이 되다시피 했다.

어떤 사람들은 주님께서 그에게 그토록 놀라운 병 고치는 은사를 주셨는데도 왜 하월스 선생이 의학을 공부하는지 의아해 했다. 그러나 한마디로 말하면, 이미 언급한 바와 같이 그는 의학에 반대하지 않았다. 그가 중보의 생활에서 체득한 원리는 "인간의 궁지가 하나님의 기회이다"라는 사실이었다. 그리고 그가 고친 환자들은 의학이 완전히 손을 든 경우가 대부분이었다. 이에 대하여 의견을 말하면서, 하월스 선생은 자기가 의학의 이용을 거절한 것은 단지 한 경우뿐이었으며 그것은 사무엘이 태어나고 자기의 아내가 위독한 때였다고 말하며, "얼마나 큰 시험이었는지!"라고 말했다. "그것은 나로서의 믿음의 싸움이었고 그녀에겐 죽음과의 싸움이었습니다. 나는 내 위치에서 조금도 흔들리지 않았습니다. 내가 알고 있는 꼭 한가지는 주님께서 나에게 말씀하셨다는 것이었습니다. 아내에게 '당신은 의학의 힘을 빌려서는 안되오. 그리고 당신은 죽지 않아요'라고 말했습니다. 우리가 극한적인 고비에 처해 있던 어느 날 아침 성경을 읽고 있는데 '하나님을 믿으라'는 글자가 황금빛을 띠면서 눈을 사로잡았습니다. 우리는 믿었습니다. 그리고 그 순간부터 그녀가 나아지기 시작했습니다."

의학과 신앙의 일반적인 문제에 관하여 하월스 선생은 이렇게 말하였다. "우리가 그렇게 하는 것에 대해 확신을 갖고 있지 않으면서 다른 사람들에게 의학을 이용하지 말라고 말하는 것은, 만일 그들이 죽는다면, 정말 비극이 아닐 수 없습니다. 그러나 나는 사람들이 의약을 이용하지 않도록 인도함을 받아 평생토록 승리를 거둔 경우들을 알고 있습니다. 그 한 사람이 래드스톡 경이었는데 그는 주님께서 믿음을 어떻게 영예롭게 하셨는지에 대한 많은 실례들을 나에게 제공해 주었습니다. 또 한 사람은 선교 협력 단체인 크리스천 선교사 연맹(Christian and Missionary Alliance)의 창립자인 심슨(Simpson)이었습니다. 그는 그리스도의 보혈에는 신유의 능력이 있다는 것을 거듭거듭 입증했던 것입니다. 의약을 이용하는 경우에도 온전히 인도하심에 의존합니다. 한편 성령께서 의약을 사용하지 말라고 인도하실 때에는 틀림없이 그분께서 그것을 보충해 주실 것입니다. 우리 둘은 간호학과 의학의 과정을 이수하도록 인도함을 받았습니다. 우리가 그렇게 할 수 있도록 주께서 기도에 응답을 해주셨던 것입니다. 에딘버러와 런던에서 우리가 훈련을 마친 후에 주께서, 나는 6개월 동안 어느 의사와 어울려 약제사가 되고 내 아내는 산과학 과정을 공

23. 빈손으로 줄서서 기다리다

부할 수 있는 길을 열어 주셨습니다. 이 두 가지 훈련은 선교에 있어 가장 유익하게 쓰였습니다."

그들이 항해하기 약 한 주 전에 런던까지 갈 경비에 충당하도록 선교회로부터 돈을 받았다. 그러나 여행 채비를 마치자면 몇 가지 것들이 필요했으므로 또 다시 규칙―먼저 필요한 것을 먼저 충당한다―이 적용되었다. "우리에게는 하나님의 시험을 면하기 위하여 항상 돈을 쓰지 않고 두려는 경향이 있습니다"라고 하윌스 선생이 말했다. "그래서 우리는 이번에 그렇게 하려고 최선을 다했습니다. 아무튼 그 돈을 쓸 수밖에 없었으며 우리 주위의 사람들은 모두 우리 손에 여유있는 큰돈이 들어왔다고 생각했습니다. 그 주까지는 그렇게 순풍이었고 우리가 런던으로 떠날 전날에 어디에선가 돈이 틀림없이 올 것이라고 생각하고 있었습니다. 그러나 마지막 우편배달 시간이 되었는데도 돈은 오지 않았습니다. 내일 아침 우편배달 시간 전에 우리 기차는 떠날 것이었습니다. 우리는 숙부모와 어린 사무엘에게 작별 인사를 하기가 정말 어려울 것이라고 생각하였으나 기차 요금에 대한 짐이 그 이별을 좀더 쉽게 해주었습니다. 주님의 방식은 종종 그러하지요. 우리가 하기에 매우 어려운 일을 만났을 때에 그분께서 우리에게 다른 것으로 짐을 지우셔서 먼저의 극심한 것을 더 쉽게 만드시곤 하십니다."

"다음날 아침, 우리의 부모님들과 헤어지는 것이 그렇게 힘들지 않았습니다. 차비도 없이 역으로 가야 했기 때문이었습니다. 역의 플랫폼에 가면 틀림없이 돈이 들어오겠지 하고 생각했었는데 그것이 아니었습니다. 기차가 떠날 시간이 왔는데 우리는 어떻게 해야 할 것인가? 가능한 것은 꼭 한 가지가 있었습니다. 우리에게 아직 10실링이 있었으니까 그것으로 갈 수 있는 데까지 가고 그 다음으로는 우리의 궁지가 하나님의 기회가 될 것이었습니다. 우리는 집에서 20마일 떨어진 래널리 역에서 기차를 갈아타기 위해 그곳에서 2시간 동안 기다려야 했습니다. 그래서 아무도 모르게, 그곳에까지만 표를 끊었습니다. 고향 역에는 우리에게 모든 좋은 것들을 기원해 주며 환송하는 사람들이 많았으나 우리에게 필요한 것은 런던까지 갈 여비였던 것입니다. 또한 많은 사람들이 줄곧 노래하면서 래널리 역까지 따라왔습니다. 내가 한 생각은 '돈이 있다면 더 잘 노래할텐데'였습니다."

"래널리 역에서 우리는 몇 명의 친구들과 함께 아침 식사를 하러 나갔다가 아직도 구조 받지 못한 채 정거장으로 걸어왔습니다. 이제 차 탈 시간이 되었습니다. 그때 성령께서 나에게 말씀하시더니 '네가 돈이 있다면 어떻게 하겠다고?' 라고 꼬집으셨습니다. '저 대신에 매표소에 줄을 서 주십시오' 라고 나는 말했습니다. '헌데, 너는 내 약속들은 현금과 같은 것이라고 가르치고 있지 않느냐? 네가 가서 줄을 서는 편이 좋다.' 그래서 나는 순종할 수밖에 없었습니다. 내 앞에는 약 12명의 사람들이 서 있었습니다. 이제 그들이 하나하나 매표소를 지나가고 있었습니다. 마귀는 나에게 계속하여 말했습니다. '네 앞에 지금 몇 사람뿐이다. 네 차례가 오면 너는 그냥 지나쳐야 할 것이다. 앞에는 홍해, 뒤에는 애굽 군대로 가로막힌 모세에 관하여 너는 많이 설교해 왔다. 그러나 지금은 네가 가로막힌 사람이다.' '그렇다. 막혀 있다' 라고 내가 대답했습니다. '그러나 모세처럼 나도 영광스럽게 이끌려 나올 것이다!' 내 앞에 두 사람만이 남게 되었을 때에 군중 속에서 한 사람이 나오더니 '더 기다릴 수 없어 미안합니다만 저는 제 가게를 열어야 합니다' 라고 말하였습니다. 그는 작별 인사를 하고 30실링을 내 손에 쥐어 주었습니다. 그것은 가장 영광스러웠으며, 우리가 순종하면 아프리카에서 주님께서 하실 일을 미리 맛본 것이었습니다. 내가 차표를 산 후에 나와 함께 온 사람들이 우리에게 선물들을 주기 시작했습니다. 주님께서는 우리가 시험을 통과할 때까지 그들을 붙잡아 두셨던 것입니다. 우리는 런던까지 내내 노래하고 왔습니다."

그들이 도착하자마자 헤드 씨가 그들을 아침 식사에 초대했다. 그 자리에서 그는 그들을 위해 50파운드를 갖고 있었으나 우편으로 붙이지 않았다고 이야기했다. "보내 주시지 않은 것이 다행입니다" 라고 하윌스 선생은 자기에게 유익한 것으로 해석하여 말하였다. "하마터면 줄에 서서 무엇을 기다리는 시험을 경험하지 못 할 뻔하였습니다."

그들은 세 가지 물건—각자의 시계와 만년필과 비옷—을 제외하고는 선교지로 떠날 모든 채비를 갖추었다. 그들이 이 물건들을 누구에게도 언급하지 않았으나 아침식사 시간에 헤드 씨가 그들에게 "어떤 종류의 시계를 갖고 계신가요?"라고 묻더니 자기의 아들 알프레드가 그들에게 각각 시계 하나씩을 선사하고 싶어한다고 말하였다. 또 그가 "아프리카의 장마철을 위해 준비하셨습니까? 비옷들을 갖고 계신가요?"라고 물었다. 그들이 갖고 있지 않다고 말하자 그는 그들더러 가서 각각 하나씩 구입하라고 말하고서는, 카드에 어느 주소를 적어 주면서 자기가 지불할 터이니 그것들을 장만하라고 말하였다. 주소를 써 준 후에 그는 "이런 종류의 만년필을 본 일이 있습니까?"라고 물었다. 그들은 "본적이 없습니다"라고 대답하였다. "여러분들도 하나씩 갖고 계셔야 합니다"라고 그가 말했다. 그들이 주님께 열거했던 세 가지 물건을 그가 그들에게 그대로 이름을 댔던 것이다. 헤드 씨는 그 다음날 아침에도 그들에게 아침 식사에 와서 기도 시간을 갖자고 요청했다. 그는 하월스 선생에게 신앙의 경험을 약간 들려줄 것을 제안하였다. "선생님은 얼마 전에 믿음으로 사는 생활을 하셨지요?"라고 물었다. "예, 그리고 아주 최근에도 그러했습니다."라고 하월스 선생은 대답하고 줄에 서서 기다리던 일에 대하여 그들에게 이야기했다. 헤드 씨는 그가 어떻게 그 곤경에서 헤어나오나 듣노라고 숨을 죽이며 귀를 기울였다. "그와 같은 것은 처음 들었습니다"라고 감탄해 마지않았다. 그러나 하월스 선생은 아직 자기의 이야기를 끝내지 않았다고 말하며 전날 바로 그 방에서 일어난 일이 훨씬 더 들을 만 하다고 말했다. 그가 시계와 비옷과 만년필의 이야기를 그들에게 하자, 헤드 씨는 "나는 이것을 천만금보다 더 귀중히 여기고 싶습니다"라고 말하였다. "주님께서 이토록 나를 인도하셔서 필요한 것을 주도록 하신 것을 알게 되었으니 말입니다." 그들은 영광스러운 승리 후에 어떤 환경에서도 구하여 주실 것을 믿고 1915년 7월 10일 영국을 떠났다.

아프리카에서의 부흥
24

남아프리카 선교회는 복음이 들어가지 않은 남아프리카의 수많은 지역에 복음을 전하기 위하여 1889년에 설립되었다. 선교회의 초대 회장은 앤드류 머레이 목사였다. 하월스 선생 부부가 그곳에 들어갈 당시 선교회는 25개의 주둔지에 170명의 유럽인과 아프리카인의 일꾼들을 갖고 있었다. 그러니까 활동 범위는 북으로 벨기에령 콩고의 남쪽 국경선까지, 그리고 동서로는 앙골라와 모잠비크의 포르투갈 영토 내에 있는 깊숙한 곳까지 미치고 있었다. 하월스 선생 부부는 포르투갈령 동아프리카의 국경에서 가까운, 가자지역(Gazaland)의 루시투(Rusitu) 선교 지부에 파송을 받았다. 그들은 그곳에서 수년 간 수고하여 온 햇츠(Hatch) 씨 부부와 함께 지내게 되었다. 햇츠 씨 부부는 그들보다 먼저 봉사하기 시작한 다른 사람들과 함께 확고한 기초를 닦아 놓았으며 사람들에게 복음을 전파하는 데 있어 참으로 가치있는 일을 수행했다. 햇츠 씨 부부는 최근에 주의 재림에 대해 연구하여 왔는데, 하나님의 말씀과 기도에 시간을 보내면서 교인들에게 더 충만한 축복이 임할 수 있도록 그들 자신의 영혼에 더 깊은 축복을 갈망하고 있었다. 그렇기 때문에 하월스 선생 부부가 도착하였을 때는 이미 성령의 역사를 위한 심령의 준비가 되어 있었다.

선교 분야에 갓 지원한 사람들에게 항상 따르는 일은 언어 습득과 풍토 적응 그리고 낯선 나라의 생활 풍습을 전반적으로 몸에 익히느라고 상당한 시간이 걸린다는 점이다. 하지만 하월스 선생 부부가 대부흥이 일어났던 곳에서 왔다는 것을 미리 들었던지라 사람들은 그 축복을 가져왔느냐고 그들에게 대뜸 물었다. 하월스 선생은 그들에게 모든 부흥의 원천은 성령이시기 때문에 웨일스 지방에서 행하신 일을 그들 가운데서도 그분께서 행하실 수 있다고 말했다. 그들은 물론 통역으로이지만, 그것에 관하여 설교해 달라고 요청했다. 그들의 언어에는 부흥에 해당하는 낱말이 없어서 그는 오순절에 대하여 이야기했다. 즉 오순절에 강림하셔서 사람들의 마음속에서 활동하시고 모인 군중을 돌풍처럼 휩쓸어 그들로 하늘 나라를 맛보게 하신 분이 바로 하나님이시며, 그들이 기꺼이 회개한다면 그들에게도 똑같은 일을 하나님께서 하실 것이라고 말했다.

하월스 선생은 집회에서 그들에게 대부흥에 대해 계속하여 말하였는데 6주 후에 성령께서 그들 가운데 역사하시기 시작했다. 금요일 저녁, 하월스 선생의 집에 그들이 12명 가량 모였을 때 하월스 여사가 "주여, 부흥을 주옵소서, 나 자신부터 부흥케 하옵소서"라는 찬송을 그들에게 가르쳤다. 성령께서 찬양할 때에 그들 위에 임하셨다. 그들은 며칠을 연이어 정원이나 어느 곳이든 찬양을 계속했다. 하월스 선생은 그들의 찬양을 듣고 있다가 웨일스의 대부흥에서 들었던 한 소리를 알아 차렸다. "우리가 그 소리를 들으면 알아낼 수 있습니다"라고 그가 말했다. "그러나 그 소리를 낼 수는 없습니다. 다음 목요일까지 나도 그 찬양을 부르고 있었습니다. 그 찬양에는 우리를 변화시키고 하나님의 평온 속으로 이끄는 무엇이 있었습니다."

목요일마다 모임을 갖는 그들의 습관대로 그날 저녁에도 4명의 선교사들이 성경을 읽고 기도를 하기 위해 함께 모였다. 그들이 무릎을 꿇고 있을 때에 주님께서 '그들의 기도가 상달되어 부흥이 올 것'이라고 하월스 선생에게 말씀하셨다. 그는 모두에게 일어나라고 말했다. 더 이상 간구할 필요가 없었다. 성령께서 오셔서 지역에 하나의 오순절을 재현하실 것이었다. 하나님의 말씀은 힘이 매우 강렬했기 때문에 바라는 사건이 돌발하기를 그들은 순간마다 기대했다. 그들은 기도할 때마다, 성령께서는 이미 오셨다고 누군가가 와서 말하고 있는 것처럼 느껴졌다고 확신했다. 이렇게 그들이 기다리며 이틀을 지냈는데 주일에 과연 그분께서 오셨다. 그 이후의 날들에 대해서 하윌스 선생 자신의 설명을 들어보자.

"그 주일은 10월 10일—나의 생일이기도 하였습니다—이었습니다. 아침에 설교를 하고 있을 때에 우리는 성령께서 회중에 임하시고 계시는 것을 느낄 수 있었습니다. 저녁에도 그분께서 임하셨습니다. 나는 그 사건을 결코 잊지 못할 것입니다. 성령께서 쿠파세(Kufase)라는 소녀에게 임하셨습니다. 그녀는 주님께서 오실 것에 대하여 자기가 준비되어 있지 않다는 깊은 자각에서 3일 동안 금식하여 왔던 것입니다. 그녀가 기도하다가 통회하며 울자 5분 내에 전회중이 얼굴을 바닥에 대고 하나님께 울부짖고 있었습니다. 번개와 천둥과 같이 능력이 내려왔습니다. 웨일스의 부흥에서도 이런 것을 보지 못했었습니다. 피니와 또 다른 몇몇 사람의 경우에 그런 일에 대하여 들었을 뿐이었습니다. 하늘이 열리고 신령한 축복이 넘쳤습니다. 나는 성령께 사로잡혀 그들과 마찬가지로 많이 기도했습니다. 내가 말할 수 있는 것은 '그분께서 오셨다'라는 것뿐이었습니다. 밤늦게까지 우리는 계속 했습니다. 그 집회를 중단할 수 없었던 것입니다. 6주도 채 지나지 않아서 내가 아프리카에 가기 전에 주님께서 나에게 말씀하신 것이 실제로 일어나고 있었습니다. 성령께서 임하시는 그러한 집회는 우리가 어떻게 설명할 수가 없습니다. 나는 그날 밤 그 지역에서의 소리—울타리를 친 원주민의 작은 부락마다에서 기도하던 소리를 결코 잊지 못할 것입니다."

"그 다음날 성령께서 다시 임하셨으며 사람들은 오후 6시까지 무릎을 꿇고 있었습니다. 이런 일이 6일 동안 계속되어 사람들은 자기들의 죄를 고백하고 성령의 역사 하심에 따라 자유를 누리기 시작했습니다. 그들은 죄사함을 받고 오직 성령만이 계시하실 수 있는 방식으로 구주를 만났습니다. 가까이 오는 모든 사람이 성령의 능력에 휩쓸려 들어가곤 하였습니다. 사람들이 일어나서 간증하였는데 한꺼번에 25명이 일어서 있는 것을 보는 것은 아무 것도 아니었습니다. 한 주의 마지막에 이르면 거의 모두가 간증을 한 사람들이었습니다. 우리는 15개월 동안 한번도 거르지 않고 매일 두번씩 부흥 집회를 가졌으며 금요일은 하루종일 집회를 속행했습니다. 수백 명이 회심했습니다. 그러나 우리는 더 많은 사람, 즉 만 명을 간구하고 있었습니다. 우리가 그 인원수에 대한 권리를 갖고 있다고 성령께서 우리에게 말씀하셨던 것입니다."

이 성령의 폭발과 인근 선교 지부에의 파급에 대한 소식이 영국에 전해지자 앨버트 헤드 씨의 아내인 베시 포터 헤드 여사는 두 권의 소책자를 출판했다. 그 책명이 하나는 『가자 지역에서의 전진(Advance in Gazaland)』, 또 하나는 『가자 지역의 회개와 부흥(Retrospect and Revival in Gazaland)』이었다.

헤드 여사는 1897년의 루시투 선교 지부의 설립에 대하여 대강 설명함으로써 소책자의 저술을 시작했다. 햇츠 씨의 첫번째 아내를 포함한 몇 명의 초기 개척자들이 그 사업의 기반을 굳건히 하느라고 그들의 생명을 바쳤다. 그들은 수년간 씨를 뿌려 왔었다. 헤드 여사가 말한 대로 하윌스 선생 부부가 도착한 후에 축복이 시작되었다. "전자의 두 사람(햇츠 씨 부부)은 그곳에서 여러 해 동안 수고하면서 인내와 기도로써 생명의 씨를 '눈물로 뿌렸다.' 후자의 두 사람(하윌스 선생 부부)이 이제 그들을 도와 풍성한 추수를 '기쁨으로 거두고' 있다. 그것은 성령의 능력으로 말미암아 하나님의 영광을 위하여 거두어 들여지고 있다." 그 첫 주일에 있은 성령의 강한 역사를 모사하고 나서 그녀는 이렇게 계속한다. "집회는 중간에 잠시 한번 쉴 뿐, 이른 아침부터 해질 때까지 계속 되었다. 사람들은 통회하며 자기들의 죄를 고백했다. 선교사들은 한마디의 말도 개입할 수 없었고 그들과 함께 울며 그들을 위해 기도할 뿐이었다. 때때로 모든 사람이 일제히 무릎을 꿇고 영혼의 큰 고통 속에서 죄를 고백하였으며, 그러다가 한 사람 한 사람 '자유함을 얻고, 기쁨을 노래하기 시작했다. 이런 일이 주일부터 목요일까지 매일 계속 되었다. 성령께서 사람들의 영혼 속에 죄를 깨닫게 하는 역사를 강하게 하셔서 어떤 인간적인 힘도 그들에게서 취할 수 없는 그런 회개로 이끄셨던 것이다."

"루시투 선교 지부에서 그토록 놀랍게 일어난 하나님의 역사를 듣고서, 미국 선교단 지부(남쪽으로 약 40마일 떨어진)로부터 햇츠 씨와 하윌스 선생에게 실린다(Silinda) 산(山)을 방문해 달라는 초청장이 왔다. 이곳은 의사들과 목사 그리고 학교 여교사 등의 구성원을 가진 큰 선교 지역이다. 목요일 오전 9시, 첫 집회에 사람들이 가득히 모여들었는데 두 선교사는 은혜가 어떻게 루시투에 임하였는가 그리고 은혜의 조건들이 무엇이었나를 설명했다. 두세 명의 루시투 교인들이 간증을 들려준 후 군중은 은혜를 갈망하여 울부짖으며 자기들의 죄를 고백하기 시작하였다. 집회가 낮 1시까지 계속되었지만 인원수가 너무 많았기 때문에 그들을 모두 돕는다는 것은 불가능했다. 오후 2시에 모든 사람이 다시 모여 놀라운 시간을 가졌다. 오전에는 약간 망설이던 사람들이 죄를 고백하며 앞으로 나왔으며 완전히 거꾸러졌다. 교사, 전도자, 학자들 모두가 기도하며 죄를 고백했는데 성령의 인도하심에 따라 아무런 혼란 없이 이 일은 해질 때까지 계속되었다."

"앞에서 얘기 한대로 성령 외에는 아무도 사람들이 자기들을 짓누르고 있는 죄들을 고백하게 할 수 없었다. 예를 들면, 한 키 큰사람이 일어나서 울음이 북받치는 목소리로 이런 이야기를 토로하였다. 토착 종족들 간의 싸움에서 젊은이들이 여인들을 어떻게 죽였는가 등을 자랑하며 이야기하고 있었다. 그래서 이 사람도 가서 어린 소녀를 냉혹한 심정으로 죽였다. 그가 그리스도인이 된 후에 죽은 어린 소녀가 항상 그의 앞에서 왜 자기를 죽였느냐고 그에게 힐문하는 것 같았다. 이것은 정상적인 그리스도인으로서 고백하기에는 너무 큰 죄라고 그가 생각하고 있었기 때문에 오직 성령의 능력만이 고백으로 이끌 수 있었다. 그는 울고 또 울고, 자기는 죄인의 괴수라고 소리치며 여러 시간을 영혼의 고통 속에 있었다. 그러나 그가 자유함을 얻었을 때의 그 광경이란! 그는 그저 '주 예수여, 감사합니다'라고 말 할 수 있을 뿐이었다. 그가 간증을 하기 시작하여 자기는 수년 동안 평안이 무엇인지 모르고 살아 왔다고 말하더니, 또 다시 '주 예수여, 감사합니다!'라고 터지듯 외치고 싶어했다. 그날 약 백 명의 영혼이 완전한 구원과 승리에 이르렀고 토요일에는 수십 명이 평화와 자기 포기의 새로운 생활로 들어왔으며, 영혼의 고통 대신에 대다수의 사람들이 찬양하고 기쁨으로 노래하고 있었다. 주일에는 2백 명 이상이 영혼의 자유 속으로 들어왔다. 간증하려고 한꺼번에 네다섯 명이 일어설 정도였기 때문에 선교사들이 무슨 말을 할 필요가 없었다."

"그 지역에서 가장 복된 광경은 아마 하나님께서 20명의 젊은 남녀를 강력한 능력으로 만나 주시고 성령으로 채워 주신 일일 것이다. 그들은 부흥이 일어나기 몇 주 전에 포르투갈령 동아프리카에서의 복음 사업을 위해 주님께 자신들을 바쳤던 것이다."

"하나님의 역사하심에 대한 이와 같은 간단한 설명이 인쇄되어 나오려 할 때에 가자지역에서 하나님의 영이 계속하여 부어졌다는 그 이후의 소식이 입수되었다. 햇츠 씨와 하월스 선생이 멜세터(Melsetter)에 잠깐 들른 동안에 성령의 능력이 집회에서 매우 강하게 나타나 백인이나 흑인이나 다 같이 깊이 죄를 뉘우치고 그들의 삶을 완전히 주님께 의탁하였다. 멜세터로 가는 길 도중에 있는 농장들을 방문하여 6명의 화란인과 영국인을 결신케 하였으며, 이미 신자였던 네 사람은 완전히 하나님께 헌신하였다."

"이런 사실들은 우리 모두에게 절실한 기도를 끊임없이 계속 하도록 하는 격려가 아니겠는가? 또한 하나님께서 가자 지역뿐만 아니라 바로 남아프리카 전역에서 그분의 '더 큰 일들'을 우리에게 계속 보여주시지 않겠는가? 여러 중심지에서 이미 불붙은 작은 불꽃들이 우리의 기도의 바람에 불리어 맹렬한 기세로 타오를 수 있다."

이제 하월스 여사가 이야기를 잇는다. "15개월이 다 지나갈 무렵 케이프 타운에 있는 남아프리카 선교회의 본부로부터 모든 선교 지역에 한 요망 사항을 보내 왔습니다. 우리가 이 루시투에서 체험했던 것과 똑같은 은혜를 모든 선교지부가 받기 위해 선교사들과 아프리카인들은 매일 아침 7시부터 7시 30분까지 반시간 동안 특별 기도하는 시간을 갖자는 내용이었습니다. 하월스 선생은 이 반시간의 특별 기도를 위해 매일 아침 여름

철용으로 지은 조그마한 집으로 가고 있었습니다. 기도를 시작한 지 약 한 달쯤 후인 어느 월요일 아침, 나는 하월스 선생이 밖으로 나간지 겨우 15분밖에 되지 않았는데 안으로 들어오는 것을 보았습니다. 그이의 얼굴로 보아 어떤 놀란 만한 일이 일어났음을 알 수 있었습니다. 그이가 이렇게 말했습니다. '내가 주님의 말씀, 말라기 3장 10절을 부여잡고 간구하고 있었소. 그때 성령께서 강림하시는 것을 보았어요 그분께서 내게 나타나셨소. 또 그분께서 모든 선교지부에 강림하시는 것도 보았소.' 하나님의 영광이 그이 위에 넘쳐서 그이는 아직도 황홀한 상태였어요. 선교지부에 가만히 있을 수 없으니 산으로 올라가야겠다고 말하더군요. 그이는 잠잠히 있을 수 없어서 하루종일 소리 높여 하나님을 찬양하면서 산 위를 수마일 걸어다녔습니다. 나는 그이를 따라 다니다가 말할 수 없이 지쳐버렸습니다. 그이는 한 주 내내 그 영광 속에 있었습니다. 그 감격적인 영광은 너무 커서 감당할 수 없을 정도였습니다."

하월스 선생은 한 달 후에 더반(Durban) 회의에 초청 받기까지는 자기가 선교지부들을 순회하는 사람이 되리라고 생각하지 못했다. 그 회의에는 자기들의 선교지부를 떠날 수 있는 모든 선교사들이 참석하게 되어 있었다. 하월스 선생 부부는 '선교지부들을 순회하기를 선교사들이 바라기 때문에 6개월 동안 입을 수 있는 충분한 의복을 가지고 오라'는 부탁을 받았다. 하월스 선생은 하나님께서 쓰시고자 하시는 사람이 되는 책임을 매우 피하고 싶었기 때문에 갈 수 없다고 말했다. "저는 선교 활동에 몸을 담은 지 겨우 2년밖에 되지 않습니다"라는 것이 그의 변명이었다. 그러나 케이프 타운에 있는 감독인 미들미스(Middlemiss) 씨에게서 "당신은 상부 기관 아래에 있는 한 사람입니다. 꼭 오셔야 합니다"라는 답신이 왔다.

그들이 더반으로 내려가기에 앞서 미들미스 씨가 편지로 다음과 같이 말했다. "나는 귀하가 은행 계좌를 갖고 있지 않으신 것으로 알고 있습니다(그는 이들이 개인적으로 믿음의 생활을 계속 유지하기 위하여 자기들의 봉급에서 50%를 다른 사람들에게 주며 살고 있다는 것을 알고 있었다). 그러니 여비가 없다면 전보를 쳐주십시오." 그러나 하월스 선생은 "아닙니다. 전보같은 건 치지 않겠습니다. 그저 주님만 신뢰할 것입니다" 라고 말했다. 그는 그 부름이 과연 주님으로부터 왔는지 확인하기 위한 좋은 방법으로 여겼다. 다음날 아침 6시에 출발하기로 되어 있었는데 2시간 전의 마지막 우편에 문제의 여비가 도착했다. 그 우편에는 미국에 있는 한 친구가 발송한 편지가 들어 있었다. 전에는 그들에게 돈을 준 일이 없는 그가 25파운드에 상당하는 달러를 보내 왔다. 그래서 그들은 믿음의 확실한 증거를 갖고 여행을 시작했다. 회의에는 43명의 선교사들이 참석했다. 하월스 선생은 다른 어떤 삶보다 더 큰 역할을 담당하리라고 기대하지 않았으나 개회 집회 시에 은혜가 매우 컸으므로 매일 말씀을 전해달라는 요청을 받았다. 약 3주 동안 부흥회를 열게 되었던 것 같았다. 어떤 밤에는 집회가 이른 아침이 될 때까지 계속 되었으며, 모든 선교사들이 큰 축복을 받았다. 그들은 기쁨이 충만하여 시내버스 속에서도 노래하고 있었다. 회의가 끝날 즈음에 선교사들이 하월스 선생에게 모든 선교지부들을 방문해 달라는 만장일치의 초청을 하였다. 이리하여 케이프 타운에 있는 심의회로부터 그가 이미 받았던 통고 사항이 확실하게 되었다. 그런 후에 그들 모두는 성령께서 루시투에서 강림하셨던 것처럼, 그분께서 모든 선교지부에 각각 강림하실 기대를 안고서 하월스 선생의 방문을 위하여 기도하고 준비하러 각자의 선교지부로 돌아갔다. 하월스 선생이 이야기를 계속한다. "경우에 따라서는 여전히 형편없는 자갈밭도 있을 터인데 이 선교지부들에서 많은 사람들이 구원받게 될 것을 내가 어떻게 믿을 수 있을까요? 원수는 이 점을 들고 나에게 도전하여 왔으며, 선교지부들 간에 언어가 다르고 또 수백 마일의 거리가 가로놓여 있는 터에 한 곳에서 또 다른 곳으로 어떻게 부흥의 불길을 옮겨갈 수 있겠느냐고 다그쳐 물었습니다. 나는 이 시험을 하루로서는 이겨낼 수 없었습니다. 문제들이 엄청났기 때문에 힘든 전투가 계속되었습니다. 그러나 결국 승리하게 된 때를 기억했습니다. 나는 은혜 받은 사람들을 한 선교 지역에서 다른 선교 지역으로 데리고 다닐 필요가 없노라고 말했습니다. 성령께서 우리 안에서 항상 계실 것이며 그분은 오순절의 주인이시며 부흥의 근원이시기 때문이었습니다."

"우리는 1만 1천 마일 이상을 여행하며 다섯 나라—스와지랜드, 폰도랜드, 봄바나랜드, 템불랜드, 줄루랜드를 방문했습니다."

"첫번째 선교 지역에서의 첫날은 힘들었습니다. 선교사는 교회의 많은 타락을 우리에게 말하여 주었는데, 심지어 집사들 중에서도 몇 사람이 문제를 일으켜 오고 있었습니다. 그러나 나홀째에 성령께서 내려오셔서 그곳을 휩쓰셨습니다. 집사 두 명은 언제나 뒷전에 앉아 있었는데, 사람들이 자신들의 죄를 고백하고 큰 은혜를 체험하기 시작하자, 그 두 사람은 내게로 와서 '우리는 집회를 매우 좋아합니다. 그러나 죄를 고백하는 이런 따위의 일은 좋아하지 않아요. 이런 일들이 시작될 때면 우린 머리의 뒤통수에 큰 통증을 느낍니다!' 라고 말하였습니다. '그러할 것입니다. 그러나 그 아픔이 조금씩 더 밑으로 내려와 여러분의 가슴에까지 이르는 날이 올 것입니다!' 라고 내가 대답했습니다. 그러자 '당신은 우리가 죄를 고백할 필요가 있다고 생각합니까?' 라고 그들이 물어 왔습니다. '만약 당신들이 하나님께 대하여 범죄 하였다면 그것은 당신들과 하나님 사이의 일입니다. 그러나 교회에 대하여 죄를 지었다면 교회 앞에서 죄를 고백해야 합니다' 라고 내가 대답했습니다. 이 집사들 중의 한 사람은 이름이 제프타(Jephthah)였습니다. 그는 가서 기도하더니 나홀 가량을 계속하여 기도하더군요. 그런데 새벽 한 시쯤에 그의 부인이 와서 문을 두드렸습니다. '빨리 와 보셔요. 제프타가 미칠 듯이 기뻐하고 있어요. 종을 쳐서 사람들을 모이게 할까요?' '이 밤중에 종을 쳐서는 안됩니다' 라고 내가 타일렀습니다. 그러나 그의 어머니가 집집에 돌아다니며 사람들을 모두 불러 모아 새벽 3시경에는 교회가 꽉 차게 되었습니다. 제프타는, 꼭 사도 바울처럼, 눈이 멀어 있었습니다. 사람들이 그를 교회로 인도해 주어야만 했었는데 교회에서 그는 그 동안 자기가 지어 온 죄들을 고백했습니다. 그의 시력은 며칠 지나서 회복되었으며 우리는 약 3개월 동안 그를 데리고 다녔습니다. 그가 간증을 할 때마다 한 사람 한 사람 죄를 깨닫게 하시는 성령의 능력 앞에 거꾸러졌으니 그 간증은 마치 총에서 끊임없이 나가는 탄알 같았습니다. 그는 언제나 많은 사람들로 하여금 구원에의 영적인 과정을 체험토록 하였습니다."

"그 다음 장소는 학생 수가 99명인 여학교였습니다. 그 학생들은 사람들이 자기들의 죄를 고백하고 있더라는 말을 미리 듣고서, 함께 모여 자기들의 죄를 고백하지 않기로 그들 간에 의견을 모았습니다! 그 결과 처음의 두 집회는 매우 힘들었습니다. 그러나 둘째 날 한밤중에 한 울음소리가 터져 나온 것으로 시작하여 그들은 더 이상 버틸 수가 없었습니다. 그들이 죄를 고백하기 시작하여 98명이 회심하기에 이르렀습니다. 나머지 한 사람은 도망가 버렸습니다. 많은 사람들이 집회에 한번도 나온 적이 없는 자기의 가족들을 위해 기도하기 시작했습니다."

"다음으로 우리가 방문한 곳은 베다니(Bethany)였는데 그 곳은 스와지랜드의 여왕이 사는 지역이기도 했습니다. 첫 날 우리는 열 세시간 동안 교회 안에 있으면서 줄곧 영혼들로 씨름을 했습니다. 셋째 날, 그 곳에 임한 능력! 그것은 설교가 아니었습니다. 바로 능력이었습니다. 한 아프리카인이 '주여 앞으로 삼일 동안에 100명의 결신자를 우리에게 주옵소서'라고 기도했습니다. 이런 것들은 성령을 믿는 믿음이었습니다. 스와지랜드 여왕이 사람을 보내 나를 불렀습니다. 그녀는 '왜 자기 백성들이 나의 하나님을 따라가고 있느냐'고 물었습니다. 나는 그녀에게 그들이 살아 계신 하나님을 만났으며 죄의 용서와 영생의 선물을 받았기 때문이라고 대답했습니다. 하나님께는 아들이 꼭 한 분 계시는데, 그분께서 그 아드님을 우리를 위하여 죽으시도록 내어 주셨음을 그녀에게 설명했습니다. 또 우리도 아들이 하나 있으나 아프리카 사람들에게 하나님을 알려주기 위하여 그 아들을 떼어놓고 왔다고 말했습니다. 그녀는 내 아내와 내가 우리 자신의 아들을 사랑하는 것보다 그녀의 백성들을 더 사랑한다는 말을 듣고 크게 감동을 받았습니다. 그녀는 자기의 요인(要人)들과 함께 비공개적인 모임을 갖도록 나에게 허락해 주었습니다. 그러나 내가 그녀를 바라보아서는 안되고 그들에게만 이야기하는 것처럼 말해야 한다고 그녀가 조건을 달았습니다. 후에 교회에서 있는 집회에 하나님의 능력이 내렸습니다. 내가 확인해 보니 여왕의 며느리인 젊은 여왕을 포함하여 50명이 일어섰습니다. 100명의 영혼을 위하여 기도했던 아프리카 사람이 펄쩍뛰어 일어나면서 '기도를 응답해 주신 하나님을 찬양합시다. 50명의 영혼-그리고 여왕, 이분은 다른 50명과 맞먹습니다! 우리는 100명의 영혼을 얻은 셈입니다!'라고 외쳤습니다. 그러나 3일도 되기 전에 105명이 그리스도를 영접하였습니다. 얼마 후에 돌아왔을 때 그 나이 많은 여왕은 우리를 은밀히 만나기를 요청했습니다. 여왕은 그리스도인이 되었던 자기 딸을 얼마 전에 잃었다고 말했습니다. 딸은 예수님을 신뢰하면서 완전한 평화 속에서 죽어 갔다는 것이었습니다. 여왕은 매우 크게 감동을 받아서 자기도 역시 마음속으로 구주를 이미 영접했다고 덧붙였습니다."

"폰도랜드의 한 선교지부에서 주님께서 못 박히신 성금요일에 관하여 설교하고 있을 때에 성령께서 '그를 없이 하소서, 그를 십자가에 못박으소서!'라는 그때의 외침을 내 입을 통하여 재현하셨습니다. 사람들은 마치 자기들 앞에 지옥이 입을 벌리고 있는 것을 보는 듯 하였으며 전회중이 하나님과의 올바른 관계를 갖고자 한 떼가 되어 앞으로 몰려나왔습니다. 나는 그들이 강대상을 밀어 넘기지나 않을까 하고 염려되었습니다."

"줄루랜드의 또 다른 곳에서 내가 설교를 하고 있을 때에 한 전도자가 자기에게는 영혼들을 정복할 능력이 결여되어 있다는 죄책감을 깊이 느꼈습니다. 그는 숲으로 나가서 하나님께 밤새도록 부르짖었습니다. 다음날 그는 가장 영광스럽게 성령의 역사를 경험했습니다. 그 성령 부음의 결과가 아주 현저했기 때문에 그리 머지 않아 그가 맡은 선교지부가 선교 본부(main station)보다 더 커지게 되었습니다."

이와 같이 여러 가지 방법으로 성령께서 각 선교지부에 임하셔서 부흥을 주셨거니와, 그분께서 하시겠다고 말씀하셨던 꼭 그대로 만 명의 영혼에 대한 약속을 이루셨습니다. 예를 들면, 요하네스버그에서 하윌스 선생은 그곳의 가장 큰 교회들 중의 한 곳에서 21일 동안 부흥 집회를 인도하였다. 교회는 밤마다 초만원이었다. 여러 종족들이 모여들었으므로 3명의 통역을 통하여 말씀을 전해야 하였으나 그것이 성령께서 폭발하는 듯한 능력으로 역사하시며 매일 밤 수백 명이 구원을 받았다. 성령께서 그 일을 행하시는 분이시라는 것과 "이는 힘으로 되지 아니하며 능력으로도 되지 아니하고 오직 나의 신으로 되느니라"하는 말씀을 주님의 종은 누구보다도 더 확실하게 알고 있었다. 그는 성령의 능력과 인도하심에 따라 수백 명의 사람들에게 안수하였는데, 그때마다 그들은 자유함을 얻었다. 집회 밖에서는 그의 손을 아무리 보아도 그저 평범할 뿐인데 그 능력이 도대체 어디에서 나는 것인지 놀라웠다! 그러나 그는 알고 있었다.

순방 여행을 끝내고 요하네스버그에서 루시투로 돌아오는 길에, 하월스 선생 부부는 한 친구로부터 움탈리(Umtali)에 그와 함께 머물러 달라는 간청을 받았다. 움탈리는 철도 선로가 끊어지는 곳이어서 거기서부터는 멜세터까지 우편마차를 타고 가서 또 말이나 나귀로 갈아타고 그들의 여행을 마쳐야 했다. 움탈리에 도착하니 친구가 그들을 맞으러 역에 나와 있었다. 그는 자기 집에는 독감이 감염되어 있기 때문에 그들을 집으로 모실 수 없어 대단히 미안하다고 말하면서 선교사들에게 보통 유숙하는 호텔로 가자고 제의했다. 알고 보니 이렇게 하자면 하루에 15실링의 경비가 필요했다. 그들은 돈이 없었으나 하월스 선생이 그의 아내에게 "우리 가서 편히 쉽시다. 금주가 끝나기 전에 주님께서 틀림없이 돈을 보내 주실 것이오"라고 말했다. 그렇게 해서 그들은 멋진 휴일을 즐겼다.

토요일 저녁은 철도편으로 우편이 오는 시간이었다. 그들은 다음날 아침 6시에 떠나기 때문에 주님께서 그 우편으로 무엇인가를 보내 주시리라고 기대하고 있었다. 그러나 그들이 기차를 마중하러 나가니, 기차가 고장을 일으켜 그 밤에는 도착할 수 없다는 소식을 들었다. "우리는 이제 저녁도 못 먹게 되었으니 어떡하느냐며 서로 깔깔대며 웃었다. 그리고 호텔 지배인에게 주일 아침에 떠날 터이니 우리 계산서를 준비해 놓으라고 말했습니다. 아침 5시 30분 그가 문을 두드리고 계산서를 우리에게 건네주었습니다. 우리는 우체국에 갔다 와서 6시에 지불하겠다고 말했습니다. 아침 5시 30분, 계속 기도하면서 갔습니다. 우리는 움탈리에 몇몇 친구들에게 편지하라고 알린 사서함을 갖고 있었습니다. '32번함에 뭐가 들어 있습니까?' 라고 물었더니, 직원은 들여다보고 나서 '아무 것도 없습니다. 선생님' 하고 말하더군요. 그러나 순식간에 '32번이 아니라 23번이다' 라는 생각이 내 아내의 뇌리를 번개처럼 스쳤습니다. 거기에 편지 꼭 한 장이 들어 있었고 그 위에는 다섯 개의 다른 주소들이 적혀 있었습니다. 그 편지가 우리를 찾아 그때까지 따라다니다가 바로 이 날 아침에 30파운드를 속에 동봉한 채 우리에게 도착했던 것입니다. 호텔 숙박비는 물론 우편마차 요금으로 7파운드 10실링까지 지불했습니다. 마차는 푹신푹신한 쿠션 장치도 없는 딱딱한 좌석이었으나 우리들에겐 최고로 좋은 자동차와도 같았습니다. 가는 동안 우리는 그것이 짐마차로 140마일이 넘는 길이라는 생각이 들지도 않았습니다—우리 속에 기분 좋은 스프링 장치가 있었으니 말입니다!"

처음 2년 동안 하월스 선생 부부는 친다우(Chindau) 언어를 익혔다. 그들은 루시투로 돌아와서 곧 아프리카 선교 본부의 일상 업무에 맞춰 자리가 잡혀졌다. 그때 햇츠 씨 부부가 휴가를 떠나게 되어, 집회와 성인들에 관한 업무는 물론 남녀 학교를 맡는 책임이 그들에게 넘겨지게 되었다. 이 몇 년 동안의 그들의 일상적인 경험은 대부분 그대로 지나쳐야 하겠다. 그러나 한가지 특기할 만한 사건이 있었다. 부흥은 여전히 계속되고 있었으나 특별한 장애가 하나 있었다. 기혼자들은 전혀 복음을 받아들이려고 하지 않는다는 점이었다. 그들은 '어떤 사람들이 라반(!)에게서 시작되었다고 생각하는 라볼라(Labola)' 라는 오래된 관습에 얽매여 있었다. 고정적으로 신부 값이 25파운드였으니 딸을 서너 명 가진 아버지에겐 큰돈이 굴러 들어오는 것을 의미했다. 그러나 신자가 된 사람은 자기의 딸을 팔 수 없었던지라 기혼자들은 주님께로 돌아오려 하지 않았다. 그때 성령께서 하월스 선생에게 잃어버린 한 영혼을 위한 예전의 그의 중보 역할을 상기시키면서 이 문제로 마귀에게 도전하여 이 사람들이 자유롭게 되어 그리스도를 영접할 수 있도록 '갈보리의 승리' 를 사용하라고 그에게 말씀하셨다.

24. 아프리카에서의 부흥

때마침 그가 집을 한 채 건축하고 있었으므로 일할 인부를 기혼자들로 얻게 해달라고 기도했다. 6명의 기혼자가 일하겠다고 왔다. 매일 아침 기도가 있었으며 그들은 복음을 듣고 있었다. 주님께서 그에게 주신 첫 지시는 그들에게 돈 버는 노고에서 잠시 쉬고, 주일 예배에 참석하도록 권하라는 것이었다. 그들은 주일 아침 대신 매일 아침 오겠노라고 대답했다. 그러나 그러한 매일의 집회는 작업 시간에 열렸기 때문에 가만히 앉아서 돈 버는 일이었다. 그들이 만일 자신의 의사에 따라서 주일에 온다면 하나님께서 더욱 더 기뻐하실 것이라고 그는 말했다. 그들이 정말 왔다. 그래서 다섯 명이 구원을 받았다. 그것은 적의 전열을 첫번째로 깨뜨린 일이었다. 그러나 아직도 손이 미치지 못한 수백 명의 영혼이 있었다. 하나님께서 어떻게 그들에게까지 다다르실 수 있을까?

하나님께서는 사람들이 전혀 예기치 못한 방법을 갖고 계셨다. 당시는 세계 제1차 대전 직후, 세계 도처에 전염성 독감이 무섭게 만연하면서 수백만의 목숨을 앗아가는 때였다. 아까 말한 다섯 사람이 구원을 받은 후에 이윽고 하월스 선생은 그들의 지역에도 인플루엔자 독감이 들이닥쳐 많은 사람이 앓고 누워 있다는 소식을 들었다. 기혼자들이 이제 겨우 무너지기 시작한 때에 이런 재난이 찾아 들다니, 그는 실망이 컸다. 그러나 주님께서 그에게 이렇게 말씀하셨다. "너는 로마서 8:28을 믿지 않느냐? 이것을 재난으로 위장된 축복으로 믿어 나를 신뢰할 수 없느냐?"

그때 주님은, 고향 마을에서 그가 병든 사람들을 위하여 중보 하면서 수없이 죽음에 도전하도록 인도함을 받았던 일을 그에게 상기 시켜 주셨다. 그가 다시 여기에서도, 훨씬 더 큰 규모로, 죽음에 도전할 수 있을 것인가? 그는 아프리카에 온 이후로 이미 매우 날카로운 한 시험을 겪어 이런 문제에 있어 다시 한번 자신을 위하여 하나님을 입증할 수 있었다. 그 시험은 극심한 증세의 말라리아의 공격을 통해서였다. "그 병은 이 위치를 확보하도록 시험하기 위하여 허용되었다고 나는 확신합니다"라고 그가 말했다. "왜냐하면 우리가 실제로 이런 적을 직면할 때에 우리가 어떤 곳에 있는지를 확신하지 않는 한 그렇게 용감하게 도전할 수 없기 때문입니다." 일상적인 모든 치료를 동원했는데도 비웃는 듯이 고열은 여러 날 동안 조금도 수그러지지 않고 있더니 갑자기 그가 급속도로 사라지고 있었다. 어느 날 밤 그는 아침까지도 살 수 없을 것 같았다. 하월스 여사가 기도하려고 잠시 곁을 떠나고 혼자 있을 때에 성령께서 그에게 "왜 아버지께 고쳐 달라고 간구하지 않느냐?"라고 말씀하셨다. 그는 자기가 간구했었다고 생각했으나 성령께서는 그에게 "네가 믿고 구하지 않았다"라고 말씀하셨다. "나는 즉시로 침대에 엎드렸습니다"라고 하월스 선생이 말했다. "그런데 그 순간 고침을 받았습니다. 아내가 그 사실을 알고 있는지 궁금했습니다. 그녀가 짐을 벗고 홀가분해 할까? 그녀가 방으로 돌아왔습니다. 문을 여는 순간 그녀는 무엇인가가 일어난 것을 알아차렸습니다. '당신 고침을 받으셨군요'라고 그녀가 말하자 나는 크게 웃고는 설명을 해주었습니다." 그러한 3일 후에 달구지 여행을 떠났는데(그가 열로 눕기 전에 그렇게 하기로 계획했었다) 건강 상태는 만점이었다. 또 그 후에도 말라리아가 도는 지역을 다니면서 일을 해도 그 병이 다시는 그에게 옮아오지 않았다.

그러나 이번에는 그가 대규모로 죽음과 맞닥뜨려 있는 것이었다. 선교 지부들을 순방한 후에 하월스 선생 부부는 앤드류 머레이 박사의 아들인 찰스 머레이 씨로부터 자기의 선교지부를 방문하여 달라는 초청을 받았다. 그러나 그들 부부는 두 사람의 선교사와 수많은 결신자들을 앗아가 버린 인플루엔자 독감 때문에 그들의 방문을 취소해야겠다는 연락을 받았다.

루시투에서는 인플루엔자가 제일 먼저 선교지부로 찾아왔다. 나흘이 지나서 많은 사람이 눕게 되었다. 이교도들은 '라볼라'라는 풍습을 깨뜨린 그리스도인들 때문에 조상의 혼들이 내리는 저주라서 저렇다고 수군댔다. 그러나 병은 그들이 살고 있는 촌락에까지 침범해 들어가 많은 사람들이 죽어 가고 있었다. 삼일 후에 그들의 우두머리로부터 한 대표단이 찾아와서 "당신들 중에 죽은 사람이 있습니까?"라고 물었다. "아니오, 마을에서는 사람이 죽었나요?"라고 하월스 선생이 말했다. "예, 많아요"라고 그들이 말했다. "하지만 마법사들이 아무 도움도 주지 않던가요?" "아, 네, 그들 중에서 두 사람이 맨 먼저 쓰려졌습니다.""그러면 당신네 조상신들은 어떻습니까?""우리 조상들은 이런 병을 앓아 본 적이 없었습니다. 그래서 그들의 혼은 이 병을 어떻게 할 수 없어요"라고 그들이 대답했다. "네, 그렇겠군요. 마법사들도 실패하고 조상의 혼들도 실패했는데—그러나 우리 하나님은 실패하지 않으셨습니다"라고 하윌스 선생이 대꾸했다. "그러면 당신네의 사람들은 아무도 죽지 않을 것인가요?"라고 그들이 물었다. 성령께서 자기의 종에게 "선교지부에서는 아무도 죽을 수 없다고 그들에게 말하라"라고 말씀하셨다. 그래서 그는 "물론입니다. 우리 선교지부에서는 한 사람도 죽지 않을 것입니다."

"나는 이제 믿음의 승리를 했습니다"라고 하윌스 선생이 말했다. 그리고 주님께서 앞으로 일을 처리해 나갈 방법에 관해 지시해 주셨습니다. 예배당을 병원으로 쓸 수 있게 하고 밤에는 안에 불을 피워 항상 일정한 온도를 유지토록 하라고 주님께서 말씀하셨습니다. 만약 내가 그 15개월간의 의학 훈련을 받지 않았더라면 어찌할 바를 몰랐을 것입니다. 그러나 실수할 필요가 없었습니다. 환자의 수가 자꾸 늘어가 한꺼번에 50명 가량이 쓰러지는 지경에까지 이르렀습니다.

"며칠 후에 다시 대표단이 찾아 왔습니다. '당신네는 아직도 죽은 사람이 없습니까?' 라고 그들은 오자마자 물었어요. '한 사람도'라고 내가 그들에게 대답했습니다. '그럼 죽는 사람이 앞으로 생기겠습니까?' '아니오. 선교지부에서는 한 사람도 죽지 않을 것입니다. 성령께서 죽음보다 더 강하신 것을 알지 않고서 내가 그렇게 말했겠어요?' '그러면, 만일 이 병에 걸리면 우리들 몇몇쯤 선교지부에 와서 죽음을 피할 수 있는지 물어 오라고 추장께서 우리를 보내셨습니다.' '추장께 말씀드리시오'라고 내가 말했습니다. '원하는 사람은 누구든지 올 수 있다고 말입니다. 우리가 돌봐 줄 테니 한 사람도 죽지 않을 것입니다. 그러나 이것은 꼭 기억하세요—당신들이 오려면 하나님께서는 살아 계신 하나님이시라는 것과 또 마술사와 조상의 혼들이 어찌할 수 없는 경우에도 하나님께서는 도우실 수 있다는 것을 인정해야 합니다.'"

몇 시간 후에, 그는 한 떼의 슬픈 행렬이 선교지부를 향하여 오고 있는 것을 보았다. 기혼자들 중에서도 가장 악독하고 복음에 냉담한 5명의 죄인들이! 그들은 머리 위에 모포를 두르고 죽음의 공포가 서린 얼굴로 느릿느릿 오고 있었다. 뒤편에는 그들의 부인들이 침구와 식기를 갖고 따라오고 있었다. "나를 그토록 자상하게 인도해 주시는 하나님을 내가 얼마나 찬양했던가!"라고 그가 말했다.

그 후에 그들이 수십 명이나 왔다. 하월스 선생은 그들을 위해 석 달 동안 불철주야 일했다. 하월스 여사도 그와 함께 헌신적으로 일하다가 그녀 자신이 그 병에 걸리게까지 되었다. 그녀는 8일 동안 지독하게 앓았다. 그러나 하월스 선생은 그녀에게 한가지를 일러주었다―그녀가 죽을 수 없다고! 그는 수면 부족과 지속되는 시련으로 너무 지쳐 있었기에 한때 자신도 전염된 증세를 느꼈다. 그러나 그가 환자들 중의 한 사람을 간호하고 있을 바로 그때에 주님께서 그에게 이렇게 말씀하셨다. "내가 이 선교지부를 죽음에서 지킬 수 있다면 그리고 이 환자들을 돌보기 위하여 네가 필요하다면 내가 균이 너를 이기지 못하도록 막아 줄 것을 너는 믿지 않느냐?" 그의 믿음이 그 분의 말씀을 붙잡았다. 그는 이렇게 말했다. "나는 그 순간 승리를 체험했습니다. '하나님 안에서 나의 은신처를 발견했도다' 라는 찬송을 배운 것이 그때였는데 마지막 절이 이러했습니다.

천 사람이 내 곁에 쓰러지고
만 사람이 내 주위에 무너져도
내 위에 주의 날개 넓게 펼쳐져
그 밑에 안전히 내가 서리.

나는 내 안에 계신 성령께서 인플루엔자 독감보다 더 강하시다는 확신이 새로워졌습니다. 역병 속에서 하나님과 함께 사는 것이 얼마나 희한합니까!"

그는 이야기를 계속한다. "내게 정말 크게 시험이 되는 두 환자가 있었습니다. 만약 사단이 그 두 사람을 데려갈 수 있다면 결국 50명 가량의 목숨을 앗아갈 수 있었습니다. 나는 그들을 위해 의학적으로 할 수 있는, 모든 일을 했습니다. 그러나 아무리 애를 써도 열을 끌어내릴 수 없었습니다. 그래서 나는 그들의 문제를 주님 앞으로 가져가서 그분의 말씀을 내세웠습니다. 승리를 확신한 순간 그들의 열이 떨어져 안전하게 되었습니다. 한 사람도 죽은 사람이 없었습니다." 그 백인의 하나님이 죽음보다 더 강하시다는 소식이 20마일 반경의 전역에 퍼져 나갔다. 죄의 자각이 많은 사람들을 사로잡았으며 선교지부에 온 그들 중에서 많은 사람들이 구주를 발견했다. 주님 승리의 위대함은 이 전염병이 다 끝난 후의 집회에 예배당의 한 쪽 전체가 기혼자로 가득 차게 되었던 사실에서 보여졌다. 하월스 선생이 말했다. "주님은 얼마나 놀라운 분이신지! 주님께서는 저의 어떤 말을 통해서보다 이 방법으로 아프리카 사람들에게 더 많은 것을 전파하셨습니다' 라고 나는 성령께 찬사를 드렸습니다."

부흥이 있은 후로, 성령이 충만한 사람들 중에서 몇 명이 선교지부와 베이라 항구 사이에 위치한 포르투갈령 동부아프리카로 늘 전도 여행을 다녔다. 그곳 사람들 중의 얼마가 은혜를 받았다. 그 결신자들은 로마 카톨릭으로부터 그들이 함께 모여 기도해서는 안된다는 엄한 경고를 받고서도 조그만 예배 처소를 지었다. 어느 주일 아침 6명의 군인이 그 작은 예배당 안으로 마구 들어와서 그들 32명—남자와 여자와 어린이—을 끌어다가 4개월 동안 감금했다. 그 중에서 한 사람도 믿음을 버리지 않았으니 그들은 순교자의 정신을 갖고 있었다. 4개월 후에 그들은 부인들과 어린이들을 풀어 주었다. 그러나 맥주를 마시라고 그들에게 강요했다. 6명의 남자들에게는 그들이 만일 전도하는 것을 중지한다면 그들도 그 날로 석방될 수 있다고 말했다. 그들은 자기들이 석방된다면 그 다음 날로 전도하기를 시작하겠다고 말하며 거절했다. 그리하여 그들은 2년 동안 감옥에 갇혔으며 그 중 4명은 감옥에서 숨졌다.

그들이 갖고 있는 것이 도대체 무엇인지 간수들이 이해할 수 없었던 까

닭에 그들은 이유없이 심문과 핍박을 받았다. 그들이 크게 기뻐하며 찬양하는 소리를 간수들은 듣기 싫어했다. 그래서 그리스도인들의 지도자인 매튜(Matthew)를 분리해서 오랫동안 감옥 생활을 해 온 한 늙은 이교도인 중범자와 함께 가두었다. 첫날 밤과 둘째 날 밤에는 아무 소리가 없어서 간수들은 그 외쳐 대는 것 같은 큰소리를 중단시킨 것을 기뻐했다. 그러나 그 다음날 밤은 이전보다 더 야단이었다. 매튜만이 기뻐하는 것이 아니라 그 늙은 이교도 소리치며 하나님을 찬양했다. 구원을 받았기 때문이었다. "매튜는 감옥에서 천연두에 걸렸다. 그는 자기가 곧 죽을 것을 알고 친구들을 모두 한 곳에 불러 자기가 곧 주님과 함께 있게 될 것이라고 말하고, 믿음에 굳게 서 있기를 간곡히 당부했다. 그런 후 그들에게 작별을 고하더니 저 영광의 본향으로 떠났다.

하윌스 선생은 그 나라에 영구적인 발판을 구축하는 데의 유일한 방법은 어느 불란서 사람이 제의한 1,200파운드 상당의 농장을 구입하는 것이라고 깨달았다. 루시투의 주요 교사인 디모데와 다른 사람들이 그 말을 듣고 "그 농장 사는 것을 돕기 위해 우리 봉급의 3분의 1을 헌금하겠습니다"라고 말했다. 하윌스 선생 부부는 그들의 모범에 큰 감명을 받아 자기들은 이미 매달 헌금하여 온 봉급의 50%위에 100파운드의 감사 헌금을 더 바쳐야겠다고 느꼈다.

이 일 바로 후에 하윌스 선생은 휴가 중에 어느 집회에서 매튜와 포르투갈령 동부아프리카에서 일어났던 일에 대하여 이야기하고 있었다. 그는 돈에 관해서는 한마디도 말하지 않았으나 이야기를 시작한 지 채 5분도 되지 않아 청중석에 있던 한 부인이 일어나서 "내가 그 농장 값을 지불하겠어요"라고 말했다. 그때 주님께서 하윌스 선생에게, 그녀가 지금 집회의 분위기에 욱하는 기분으로 말하고 있기 때문에 그 돈을 전부 받아들이지 말라고 말씀 하셨다. 그래서 그는 나중에 그녀에게 "나는 당신이 내가 헌금한 100파운드 이상을 헌금할 것을 바라지 않습니다"라고 말했다. 그때 그녀의 남동생이 자기도 100파운드를 헌금하겠다고 말했으며 또 다른 두 사람이 와서 각각 100파운드를 바치겠다고 말했다. 그는 버밍엄에 가서 또 100파운드의 선물을 받았다. 던디(Dundee)에서는 어느 날 아침 그의 접시 밑에서 100파운드를 발견했다. 또 글래스고우에서는 한 사람이 "매튜가 자기의 피를 바쳤다면 나도 100파운드의 적은 돈이 나마 바치겠습니다"라고 말했다. 100파운드씩의 헌금이 통틀어 1,100파운드가 되었다. 결국 그 농장이 실제로는 구입되지 않았지만 그 지역에 여러 개의 센터가 개설되었다.

그리하여 그들의 아프리카에서의 임무 기간이 끝났다. "그것은 완전한 승리였습니다"라고 하월스 선생은 말했다. "우리들에게 한 시간의 불화도 생긴 일이 없었습니다. 내 아내와 나 자신에게 있어서 그 6년 간의 생활은 우리 생애에서 가장 행복한 나날이었다고 생각합니다."

최초로 학교 부지를 구입하다
25

하월스 선생 부부는 1920년 크리스마스에 본국에 도착했다. 선교 본부에서, 그렇게 좋은 얼굴로 휴가 오는 부부를 본 적이 없었다고 사람들이 칭찬했다. 그는 "우리는 6년 동안 휴가를 보내고 있었지요"라고 대답했다. 하월스 선생은 즉시 집회를 시작하기 원했다. 선교 본부 당국은 최소한 몇 주간만이라도 휴식을 취하여야 한다고 한사코 권했다. 할 수 없이 6주간을 쉬며 그들은 애써 참았다. 집회가 시작되자 3년간 연속되었다. 부흥 집회에서의 하월스 선생의 증언은 큰 반응을 일으켰다. 도처에서 그에게 문이 열렸으며 엄청난 축복이 있었다. 사실 청중들에게 있어 그의 증언은 너무도 독특한 것이었다. 본부의 선교 위원회는 성령의 역사하심이 유별난 것을 인정하고 그에게 자유를 부여하여, 하나님께서 인도하시는 대로 5년 동안 전영어권 세계를 여행하면서 곳곳의 하나님 백성들에게 증언해 줄 것을 그에게 요청했다. 그런 일은 그가 가장 하고 싶어한 바로 그것이었다. "나는 주님께서 은혜를 내리시는 가운데 수많은 사람들에게 복음을 전파하는 그 일과 비교할 수 있는 어떤 직책도 생각할 수 없었습니다"라고 말했다. "내가 회심하기 전에는 세계를 여행하는 꿈을 갖고 있었으나 그 꿈을 포기했습니다. 그런데 이제 주님께서 그것을 되돌려 주시려는 것이었습니다."

그러나 다시 한번 전혀 예기치 않은 일이 일어났다. 1922년 랜드린도드 집회에서 운집한 청중들에게 그가 설교하고 있을 때에 능력이 너무 강하게 나타나므로, 그는 한 집회의 첫번째 강사였으나 의장인 헤드 씨가 전적인 헌신을 청중들에게 호소하도록 그에게 요청했다. 전청중-의장과 강사들과 회중이 일어섰다. 뒤를 이을 강사인 런(G. H. Lunn) 목사가 자기가 강의를 하는 것은 아주 격에 맞지 않을 것이라고 말하여 집회는 그것으로 끝냈다. 그 직후에 어느 목사가 하월스 선생과 다른 몇 사람에게 자기와 함께 기도하자고 요청해 왔다. 그는 매우 많은 젊은이들이 하나님의 부르심에 응하고 있는 사실과 웨일스에 더 많은 훈련 시설이 시급하다는 사실을 직시하게 되었다. 그는 선교 훈련 대학의 설립을 위해 주님께 간구 하자고 제의했다. 하월스 선생은 자기가 그런 사업에 참여하게 될 것이라고는 조금도 생각하지 못했다. 그러나 그들이 기도할 때에 주님께서 그에게 "신중히 기도하라. 내가 대학을 세우려 하는데 너를 통하여 세울 것이다!"라고 말씀하셨다. 그 말씀이 그에게 대단히 충격적이었으므로 이렇게 밖에는 말할 수 없었다. "주님께서 정말 저에게 말씀하시고 계신다면 성경 말씀을 통하여 확인하여 주옵소서."

그날 밤 역대상 28장 20, 21절을 통하여 그에게 확신이 왔다. 그 구절에서 이런 세 가지 약속이 그 앞에 뚜렷이 부각되었다. "강하고…이 일을 행하고…네가 여호와의 전역사의 모든 일을 마칠 동안에 여호와 하나님 나의 하나님이 너와 함께 하사 네게서 떠나지 아니하시고 너를 버리지 아니하시리라." "모든 공역에 공교한 공장이 기쁜 마음으로 너와 함께 할 것이요…" 그리고 그 다음 장(29:4)으로부터 받은 셋째의 약속은 주님께서 그에게 금 한 달란트를 주시겠다고 하신 것이었는데 스코필드 성경의 난외주에서 찾아보니 그 값어치는 6,150파운드에 상당하는 것이었다.

그와 그의 아내가 이 문제를 놓고 기도할 때에 그것은 하나의 커다란 시험으로서 다가왔다. 그것은 그들에게 가장 매력을 주는 바로 그 일-세계 순회 부흥사로부터 엉뚱한 곳으로 불러내는 것을 의미했다. 그것은 새롭고 무거운 재정적인 부담을 의미했다. 왜냐하면 현재의 직책을 위해서는 모든 경비가 지급되어 왔지만 앞으로 그 일을 믿음으로 성취해야 한다고 주님께서 그들에게 말씀하셨기 때문이었다. 또 무엇보다도 어려운 점은 아프리카에 가기 위해 외아들을 떼어 놓아야 했던 그들이 이제 수많은 영적인 자녀들을 아프리카에 떼어놓아야 한다는 사실이었다.

그들은 개인적인 용무로 미국에 가려고 준비하고 있었다. 3일 후에 떠날 참이었는데, 대담한 방법을 시도했다. 그들은 전 여행에 필요한 돈을 바로 그 다음에 보내 주심으로써 그 새로운 부르심을 보증하여 주시라고 주님께 간구했다. 그들이 선교사들로서 생활비를 지급 받고 있는 것을 다 알고 있어서 사람들이 그들에게 돈을 줄 하등의 이유가 없었기 때문에 그 부탁은 쉬운 것이 아니었다. 그러나 다음날 주님께서 그들에게 그 선물을 주셨다. 금액은 138파운드, 그 중에는 11년 전에 하윌스 선생을 통하여 은혜를 받은 어떤 사람에게서 받은 50파운드도 들어 있었다. 그 사람은 은혜를 받고 다시 하윌스 선생을 만나면 그 금액을 그에게 주겠다고 주님께 기도했었던 것이다. 그 선물은 그들에게 정말 성스러워 보였기 때문에 감사 헌금으로 100파운드를 선교회에 바쳤다. 다윗이 베들레헴의 샘에서 떠온 물을 주님 앞에 쏟아 부었던 것처럼 바쳤다. 미국에 머무르는 동안 그들은 여러 모임에서 말씀을 전하고 뉴욕의 풀톤 지역 기도 모임 같은 유명한 단체들을 방문하였다. 그러나 한 곳 시카고의 무디 성경 학교가 유별나게 하윌스 선생에게 깊은 인상을 주었다. 그는 "그 성경 학교를 구경한 것만으로도 9천 마일을 달린 보람이 있었습니다"라고 말한다. "관람한 것 중에서 그것이 최고였습니다. 하나님의 손에 붙잡힌 9백 명의 남녀들." 그런데 주님께서 그 대학 문제를 그에게 최종적으로 확정시켜 주신 것은 그가 말씀을 전하기에 앞서 단상에 앉아 있는 동안이었다. 주님께서 "내가 이와 같은 대학을 웨일스 지방에 세울 수 있겠느냐?"라고 그에게 물으셨다. "예, 주님께서는 하실 수 있습니다. 주는 전능하신 하나님이시니까요"라고 대답했다. "그러나 내가 할 수 있는 것을 사람을 통하여 하여야 한다. 너는 이 청년들에게 내가 네 안에 거하게 되었다고 말할 것이다. 그러면 내가 너를 통하여 그 대학을 세울 수 있겠느냐?" 하윌스 선생은 후에 이렇게 말했다. "나는 그 순간 하나님을 믿었습니다. 그 순간에 대학이 이미 세워졌습니다!"

25. 최초로 학교 부지를 구입하다

그들은 브리나만으로 돌아오자마자 그 새로운 부르심에 대하여 자신들을 최종적으로 헌신했다. 자기들이 좋아하는 산인 블랙 마운틴으로 올라가서 무릎을 꿇고, 대학을 건립하기 위한 도구로 사용하시도록 자신들을 주님께 바쳤다. 그들이 그날 갖고 있던 돈은 모두 16실링뿐이었다. "하나의 슬픈 사실은 새로운 부르심이 선교회로부터의 사퇴도 의미했던 점이었다. 양쪽 모두 이별의 큰 쓰라림을 겪어야 했다. 선교 위원회는 그들을 가게하고 싶지 않았으며 그들도 하나님의 직접적인 명령만 없었던들 선교회와 사랑이 익어 온 동역자들을 떠나지 않았을 것이다.

대학을 어디에 세워야 할지 그들은 전혀 알지 못했다. 아브라함과 같이 갈 바를 알지 못하고 나아갔다. 1923년 초여름에 한 친구가 해변 도시에 있는 가구를 갖춘 휴가용의 집을 그들에게 거주하도록 내주었다. 그들이 즐길 기대를 갖고 거기에 갔으나 도착하자마자 이상한 일이 일어났다. 하월스 선생은 그 도시에 거주해서는 안된다고 강하게 느꼈다. 그는 "내가 전에 어떤 곳을 싫어해 본 적이 있는지 기억이 잘 나지 않았습니다"라고 말했다. "그러나 나는 아내에게 '난 여기가 싫소. 아버님이 말씀하신 곳 멈블러스(Mumbles)로 갑시다'라고 말했습니다. 집을 공짜로 얻었다가 다시 그것을 거절하는 이 꼴이 나는 우스웠습니다. 그러나 우리가 멈블러스에 간 순간 그곳이 하나님께서 우리가 거주하기를 원하시는 곳이라는 것을 알 수 있었습니다." 그들은 그곳에서 한 달간 하숙을 하였다.

하월스 선생은 자주 절벽 위에서 시간을 보냈는데, 바다를 구경하기 위해서가 아니라 그 다음에 어떻게 행동해야 할지를 몰라 조용히 하나님과 함께 있기 위해서였다.

어느 날 오전, 그의 두 친구 케리 에반스(Keri Evans) 교수와 루이스(W. W. Lewis) 목사가 기도하기 위해 그와 함께 모였다. 성경 대학을 어디에 세워야 할지 그가 아직 모르고 있다는 말을 듣고 케리 에반스 교수가 스완제가 좋은 장소일 것 같다고 넌지시 말했다. 거기가 주님께서 기뻐하시는 곳인지 궁금하여 하월스 선생은 기도로써 분명한 답을 부탁드렸다. "스완제가 예정된 장소라면 제가 다음 주 케스윅에 가기 전에 그

대학을 저에게 보여주옵소서." 응답이 왔다. "내일 너에게 보여 주리라."

그 다음날, 하월스 선생 부부가 스완제 만(灣)의 변두리를 달리는 도로인 멈블스 길을 따라 걸어가면서 만을 굽어보는 언덕 위의 땅을 따라 큰 저택을 지나가게 되었다. 집이 비어 있는 것을 알 수 있었다. 그들이 문에까지 가서 보니 그 땅의 이름이 글린더웬(Glynderwen)이었다. 그곳에 서 있을 때에 주님의 말씀이 왔다. "이것이 대학이다!"

하월스 선생이 직접 그 이야기를 계속한다. "그 저택이 내겐 얼마나 어마어마하게 보였던지! 그런 장소의 값이 얼마나 될지 전혀 알 수 없었지만 1만 파운드는 될 것이라고 멋대로 생각해 보았습니다. 우리 부부가 갖고 있는 돈은 모두 해야 2실링뿐이었습니다! 그때 그 저택이 내게 준 인상—그와 같은 곳을 믿음으로 사야만 한다는 사실에서 온 인상을 나는 지금도 기억하고 있습니다."

"정원을 가꾸는 사람은 우리에게 포목상을 하며 치안 판사인 윌리암 에드워즈(William Edwards) 씨가 그 소유주인 것을 알려 주었습니다. 그때 성령께서 나에게 말씀하시기를 주님께서 말씀하셨다는 증거로서 그 불가능한 것에 대한 확증을 보여주시도록 그분께 구하라고 하셨습니다. 하나님께서 그와 같은 증거를 주실 때에는 말씀하신 분이 하나님이시며 사람이 아니라는 것을 확신할 수 있었기 때문입니다. 그래서 나는 이틀 안으로 그 소유자를 알고 있는 사람을 보내 달라고 주님께 구했습니다. 멈블스에는 우리가 알고 있는 사람이 한 사람도 없었습니다!"

"그 다음날 내 기분이 어떠했겠습니까? 대학을 건립한다는 것이 무엇을 의미하는지를 알고 있었기 때문에 매우 착잡했습니다. 증거를 얻지 못한다면, 그땐 자유롭게 될 것이며 지난 10년 동안 가졌던 자유를 다시 누릴 수 있을 것입니다. 반면 증거가 온다면 나 자신을 완전히 던져 싸움에 임해야 할 것입니다."

"다음날 오전 10시경에 그 곳의 교역자가 찾아 왔습니다. 지난 주일, 그가 없을 때에 그의 교회에 갔었는데 우리가 선교사들인 것을 듣고 차를 마시며 함께 이야기를 나누려고 그가 왔던 것입니다. '포목상인 에드워즈 씨를 아십니까?' 라고 내가 물었습니다. '예, 아주 잘 압니다' 라고 그가 대답했습니다. 내게 말씀하신 분이 하나님이셨습니다! 그러나 금방 어두운 구름이 나를 덮어 왔습니다. 대학이 세워질 때까지 다시는 내가 자유로워질 수 없을 것이 분명해졌기 때문이었습니다. 그와 같은 것을 경험해 본 사람만이 그 의미를 충분히 이해할 수 있습니다."

"나는 에드워즈 씨를 만나 보러 갔으나 스스로가 열병에서 갓 회복되고 있는 사람처럼 연약하게 느껴졌습니다. 오, 그 무거운 부담감, 바로 지옥의 권세가 나를 짓눌러 오는 것 같았습니다! 마귀는 내가 돈 한푼 없고 사업 경험도 없으면서 항상 일을 미숙한 방법으로 고집스럽게 한다고 빈정댔습니다. 나는 방울을 울릴 힘이 전혀 없었습니다. 내가 그에게 찾아온 이유를 밝혔더니 그는 '다른 종교인들이 그 곳을 탐내고 있습니다. 당신의 종교와 같은 종교가 아니지요. 오늘 런던에 가려고 합니다. 다시 나에게 찾아오면 그때 그 문제를 생각해 보지요' 라고 말했습니다. 그러나 선교사가 그런 빌딩을 살리 없다고 그가 생각한 게 분명했습니다! 한 가지를 들어 말하자면 그가 말하기를 거기에는 술집이 있는데 그런 장소로 내가 무엇을 하겠느냐는 것이었습니다. 그와의 이야기를 마치고 나올 때의 순간들이 어떠했던가! 내가 혹시 잘못한 것은 아닐까?"

"다음날 나는 그 저택을 보러 갔습니다. 정원사와 이야기하는 중에 그가 '카톨릭이 이 집을 샀습니다' 라고 알려 주더군요. '그럴 리가!' 라고 내가 말했습니다. 그때 주님께서 말씀하셨습니다. '그렇기 때문에 이 곳을 너한테 사라고 하였다. 로마교회에 대항하여 나를 위한 시험적인 사례를 이룩하도록 너를 아프리카에서 불러들였다.' 그들은 포르투갈령 동아프리카에서 우리의 가장 훌륭한 형제 중 여섯 사람이 죽은 사건에 책임이 있었습니다. 그것이 그들과 접촉한 유일한 경우였는데 내 속에 있는 모든 것이 그들에 대한 울분으로 솟구치듯 일어났습니다. 그들이 모든 대학 주변의 땅을 사들이고 있는 것을 알았지만, 그들을 막으려는 사람은 아무도 없었습니다. 성령께서 그분을 믿는 사람들을 발견하신다면 이 나라에서 로마 카톨릭이 다시 세력을 얻게 되는 것을 허용하시지 않겠다고 말씀하시고 계시는 것을 나는 깨달았습니다. 내게 하시는 그분의 말씀은 분명했습니다. '그들이 이 토지를 사들인다면 나는 너에 대해 크게 불만을 갖게 될 것이다.' 나는 곧 이것이 세상에서 가장 돈 많은 교회와의 경쟁인 것을 생각하고 '그러나 주님께서 저에게 돈을 주시지 않으셨습니다' 라고 말했습니다. '금 한 달란트를 너에게 약속하지 않았느냐?' 라고 주님께서 대답하셨습니다. '네가 믿는다면 여기에서 무릎을 꿇고 가서 이 장소의 권리를 주장하라.' 그래서 나는 거기 작은 다리 옆에 있는 잔디 위에 무릎을 꿇고 그것을 주장하며, 큰 소리로 선언했습니다. '그들은 이 땅을 결코 갖지 못한다. 주님을 위하여 내가 이 땅을 취한다.'"

며칠 후에 다시 에드워즈 씨에게 찾아갔는데 에드워즈 씨는 그에게 단도직입적인 질문을 하였다. "내가 다른 사람들을 끊으면 당신이 나와 그것을 '계약' 하겠습니까?" 하월스 선생은 땅을 매매하는 일에 대해 별로 아는 바가 없어서 먼저 그 말이 무슨 뜻인지를 물어 봐야 했다. 그리고 나서 2주 후 그 케스윅 집회에 다녀온 후에 그렇게 하겠다고 약속했다.

케스윅에 체류하는 동안 하나님께서 그에게 또 하나의 경이로운 확증을 주셨다. 남부 스코틀랜드의 엔워쓰(Anwoth) 교구에서 말씀을 전해 달라는 초청이 왔다. 그토록 중대한 문제를 스완제에 남겨 둔 채 성령의 명백한 인도하심이 없었더라면 그들이 가지 않았을 것이다. 그러나 엔워쓰에 도착하자마자 그들과 함께 머물게 된 페르시아 주재 전 총영사의 미망인인 스튜어트(Stewart) 여사가 그들의 침실 창문 앞에서 수십 명의 신교도들이 순교 당했었다고 일러주었다. "하나님께서 하신 일이었습니다"라고 하월스 선생이 말했다. "인도하심이 또 딱 들어맞았습니다. 말하자면 우리 자신들도 그 뜻을 모르게 이 곳에 데리고 오셨던 것입니다." 그 다음날 그들이 초대를 받아 윌리암 경과 막스웰 여사와 함께 카도네스(Cardoness) 저택에서 차를 나누었다. 그가 제일 먼저 한 일은 어떤 기록 문서를 액자에 넣어 벽에 걸어 둔 조그만 방으로 그들을 안내한 것이었다. "스코틀랜드에서 가장 귀중한 증서를 선생님들께 보여 드리겠습니다"라고 그가 말했다. "신교도들의 피로 서명한 증서 말입니다." "그가 그렇게 말할 때"라고 하월스 선생이 말을 이었다. "나는 내 피가 싸늘해지는 것을 느꼈습니다. 로마교회에 대한 시험적인 사례를 세우기 위하여 나를 다시 불러내셨다고 주님께서 글린더웬에서 말씀하신 일이 생각났으며, 여기에 저 피로 물든 증서를 마주 대하고 서 있기 때문이었습니다. 내가 그대로 똑바로 서 있었다는 것이 의아스러웠습니다. 마치 막대기로 쓴 듯 삐죽삐죽 피로 쓰여진 서명들. 나는 그것을 보고 완전히 변했습니다. 이제 성령의 뜻을 옹호하기 위해서는 싫다 할 것이 아무것도 없었습니다. 전이나 이후에도 그와 같은 느낌은 가져 보지 못했습니다. 그날 밤 나는 방에서 눈물을 흘리며 성령께 이렇게 말씀드렸습니다. '저의 피가 요구된다 하더라도 주님을 위하여 이 일을 하겠습니다. 에드워즈 씨가 1만 파운드를 요구한다면 그 액수를 지불하겠으며 로마교회가 그 다음날로 글린더웬에 성냥불을 붙여 잿더미로 만들어 버린다 하더라도 저는 그것이 제가 한 최고의 투자라고 말하겠습니다.' 하나님의 영이 로마 카톨릭과 싸우도록 내게 임하셨습니다. 그것은 대륙과 그밖의 곳에서 5억의 영혼들을 흑암 중에 붙잡아 두고 있는 로마교회에 대한 하나님의 분노가 내 안에서 발로한 것이었습니다. 나는 다른 사람들과의 교제는 거의 들지도 않고 오직 복음의 자유를 위하여 목숨을 바친 순교자들만 사귀는 세계에 몰입했습니다. 그 피의 증서를 보았을 때 하나님의 힘이 들어와서 내 몸을 진흙에서 강철로 변화시켰습니다."

하월스 선생이 케스윅에서 돌아왔을 때 에드워즈 씨가 글린더웬을 6,300파운드에 팔겠다는 계약 신청을 해 왔다. "나는 그가 그것보다 더 한 값을 요구할 것으로 생각했습니다"라고 하월스 선생이 말했다. "그의 제의를 받아들일 의향이었습니다. 그러나 주님께서는 '아니다! 내가 너에게 약속한 것은 금 한 달란트 즉 6,150파운드였다. 한 페니도 더 많지 않다'라고 말씀하셨습니다. 나는 곧 항의하듯 불만스런 태도를 하나님께 보였습니다. 그러나 그분께서 더 이상 아무 말씀도 안하셨으므로 내가 감히 그분께 불순종할 수 없다는 것을 알았습니다. 내가 그 값을 선뜻 받아들이지 않자 에드워즈 씨는 다음날 자기 변호사와 그 문제를 토의하라고 말했습니다. 그러나 나는 변호사에게 가지 않고 래넬리에 있는 친구의 집에 가서 이틀 동안 먹지도 마시지도 않고 지냈습니다. 얼마나 지독한 고통을 겪었던가, 그러나 얼마나 큰 교훈을 깨쳤던가! 하나님께서 나를 로마교회와 싸우도록 불러 놓으시고는 이제 와서 150파운드를 놓고 트집을 잡으신다고 그분께 불만을 토로했습니다. 그러나 그분께서 되받아 나에게 시비를 따지셨습니다. 내가 글린더웬을 주장한 것은 그분을 위해서가 아니었던가? 그때 내가 카톨릭이 그 땅을 구입하지 못할 것을 믿지 않았던가? 스코틀랜드에서의 전투에서 승리했다면, 에드워즈 씨가 그 재산을 다른 누구에게 팔도록 성령께서 허용하실 수가 있겠는가? 나는 이제 강하여지기 시작하였습니다. 에드워즈 씨가 성령의 손안에 들어 있지 않는가? 마귀가 그 소유를 팔도록 그를 꼬일 수 있겠는가? 이틀 동안에 나는 시련을 말끔히 통과했습니다. 내가 맛보게 되었던 자유가 어떠했던가! 우리의 적이 어떠한 값을 내겠다고 제의할지라도 그 땅을 살 수 없었습니다. 에드워즈 씨가 굉장한 상인이라는 걸 듣고 알고 있었으나 나는 하나님께서 그를 통제하실 수 있음을 배워야 했습니다. 하나님께서 어떤 재물을 인계 받고자 하실 때에는 언제나 그 소유자 따위는 그 일에 별로 관계가 없다는 사실을 깨닫게 되는 지점에 이르렀습니다."

"집으로 돌아와서 에드워즈 씨로부터 편지를 받았습니다. 모든 협상은 끝났다는 내용이었습니다. 내가 변호사를 찾아가지 않았기 때문에 타협할 의사가 없는 것으로 간주하여 그에게 10,000파운드를 내겠다고 제의하는 다른 사람들에게 팔겠다는 것이었습니다."

"보이지 않으시는 대장께서 인계 받으셔서 더 이상 책임질 일이 아니었으므로 나는 그런 편지를 받고도 아무렇지 않았습니다. 나는 에드워즈 씨에게 답신을 보내어 6,300파운드라는 그의 제의를 거절하는 쪽이 그것을 받아들이는 쪽보다 나로서는 훨씬 더 어렵다고 아주 터놓고 그에게 전했습니다. 그러나 하나님께서는 내가 6,150파운드를 초과해서는 안된다고 말씀하셨으며 식음을 전폐하고 그분과 함께 이틀을 보낸 끝에 하나님께서 자기의 말씀을 나에게 더욱 확실하게 해주셨음을 그에게 알렸습니다. 그로부터 다시 답장이 왔습니다. 그가 값을 500파운드나 깎아 주겠다는 것이었습니다. 그는 조금도 더 받기를 사양했습니다. 그게 하나님의 일하시는 방식이 아니었겠습니까?"

계약이 체결되고 계약금 지불할 기한은 10일까지로 정해졌다. 그가 돈을 가지고 변호사에게 가야 하는 날, 140파운드가 모자랐다. 떠날 시간이 되었는데도 금액이 채워지지 않았지만 믿음으로 곧장 사무실로 출발했다. 거기에 조금 있으니 하월스 여사가 도착했다. 그녀는 우편물을 갖고 그의 뒤를 쫓아왔었는데 그 안에 3장의 수표가 들어 있어 한 페니도 틀리지 않고 140파운드가 되었다.

그러나 진짜 싸움은 전대금을 지불하는 일에 있었다. 그는 전에 그런 거금을 취급해 본 일이 없었으므로 그 압박감은 대단했다. 그렇다고 집회를 열어 누구에게 호소할 수도 없었다. 그는 눈을 오직 하나님께만 두어야 했고 자신을 기도에 바쳤다. 생가의 작은 다락 침실에서 오전 6시부터 오후 5시까지 하나님과 그분의 말씀과만 사귀면서 시간을 보냈다. 식사는 오후 5시에 한 번 먹었다. 저녁에는 새로 만난 기도의 짝인 토미 하월스 씨와 함께 기도를 계속했다. 완전히 승리할 때까지 10개월을 이와 같이 보냈다.

하나님께서 앞으로 대규모 재산을 구입하고 관리하는 모든 일을 지배할 재정상의 믿음의 대원리를 그에게 확립시켜 주신 것은 바로 이 때였다. 당시에 전에 똑같은 일을 한 것으로—회의나 교파에도 속하지 아니하고 자기의 필요를 누구에게 알리는 일도 없이 오직 하나님께만 달린 것으로 그가 알고 있는 사람은 조지 뮬러뿐이었다. 하나님의 약속들은 믿고 나아갈 수 있을 만큼 신실하다는 것을 확신하는 데에 그가 하월스 선생에게 큰 도움이 되었다. 과연 그는 이 위급한 기간을 통하여 자기에게 도움을 줄 수 있었던 책은 성경과 뮬러의 자서전뿐이었다고 말했다.

"뮬러가 그렇게 했기 때문에 이것은 틀림없이 옳을 거야"라고 용기를 얻곤 했다. 그는 뮬러가 한 것을 넘어서지 않기로 작정하였는데 그것은 돈의 4분의 3을 확보할 때까지 사거나 건축하거나 하지 않는 것이었다.

그러나 그가 매일 약속하신 달란트의 금에 대해 주님께 탄원할 때에 성령께서는 다른 어떤 것—학개서를 그에게 생각나게 하셨다. 유대인들이 제 2차 성전을 건축하기 시작했으나 방해자들의 참소로 작업이 중단되었을 때에 아주 궁핍한 중에라도 건축하는 일을 중단하지 말고 계속하라고 주님께서 학개를 통하여 그들에게 말씀하셨던 것이다. "은도 내 것이요, 금도 내 것이니라"(학 2:8)라고 하나님께서 말씀하신 것은 그때였다. 그들이 그 약속으로 힘을 얻어 다시 건축을 시작하였을 즈음에, 멀리 바벨론에서는 하나님께서 다리오 왕의 마음을 부추기셔서 그로 하여금 고레스 왕이 이스라엘 사람들에게 약속한 것을 일지에서 읽게 하시고 필요로 하는 모든 건축 자재들을 그들에게 보내게 하셨다(스 6장).

이 성경 구절을 하윌스 선생 앞에 보이신 후에 주님께서 "내가 은과 금의 소유주인 것을 네가 믿는다면 건축할 때에 모든 필요한 것을 너에게 대주리라"라고 말씀하셨다. 바꿔 말하면, 주님께서 그 종을 뮬러와는 다르게 인도하고 계셨던 것이다. 필요한 자금의 4분의 3이 마련될 때까지 기다릴 필요가 없었다. 앞으로 곧장 밀고 나가야 했다. 또 내일의 필요를 오늘 하나님으로부터 전달될 것을 기대해도 안되었다. 사소한 일들에 있어서 "하나님의 약속들은 통용화폐와 전혀 다를 바 없으며 그러므로 그가 실제로 현금을 갖고 있는 것처럼 약속에 따라 행동을 취할 것"을 수년 전에 주님께서 그에게 가르치셨다. 그러나 이렇게 큰 규모에 그것을 적용하도록 명을 받을 것이라고는 생각지도 못했다. 그것은 여러 혹독한 시련을 의미했다. 그는 주님의 인도하심이 있을 때에, 사업가들이 보통 쓰는 방법인 은행으로부터의 대출을 이용하는 것을 주저하지 않았다. 그러나 하나님께서 다른 방식으로 조지 뮬러와 함께 하신 것처럼 그분께서 그 종과 함께 이런 방식으로 동행하여 오신 증거는 시가로 10만 파운드에 달하는 부동산 위에 오늘날 빚이나 저당이 놓여 있지 않다는 점이다.

그러나 글린더웬을 구입하던 상황으로 돌아가 보자. 그 다음으로 요구된 액수는 2천 파운드였다. 계약 후의 3개월 동안에 주님께서 5실링으로부터 300파운드까지의 여러 선물들을 보내 주셨다. 그러나 아직 그가

1,700파운드밖에 가진 것이 없는데 그 변호사가 갑자기 다음날 오전 11시까지 2천 파운드를 지불하라는 통보를 해 왔다. 처음에는 주님께서 어쩌자고 이런 갑작스런 요구가 발하여지도록 내버려두셨는지 너무나 실망스러웠다. 그는 스완제의 윈드 거리를 걷고 있었다. 다리 밑에 이르렀을 때에 이런 말씀이 그에게 부딪쳐 왔다. "너희는 주를 영원히 신뢰하라. 주 여호와께는 무궁한 자원이 있음이라." 그것은 하늘로부터 들려 온 말씀이었다.

그는 다음날 오전 11시까지 자기가 그 돈을 지니고 다리 밑을 다시 통과하고 있을 것이라고 믿었다. 열차를 잡아타고 빈칸에 찾아가 무릎을 꿇고 주님을 찬양했다. 그는 기뻐서 춤을 추고 싶었다고 말했다. 다음날 오전에 그는 300파운드를 손에 넣었다. 돈을 보낸 부인은 그가 확신하게 된 반시간 동안 그녀가 그로 인해 짓눌러 오는 중압감이 너무 심해서 가게를 닫고 그 돈을 그에게 부치지 않을 수 없었다. 그날 그는 2천 파운드를 지불하여 18파운드의 대월 순이익을 낼 수 있었다!

글린더웬은 앤소니 에덴(Anthony Eden) 경의 삼촌인 찰스 에덴 경의 저택이었다. 그 부동산은 맨션과 8에이커의 땅 그리고 술집으로 구성되어 있었다. 잔디밭과 정원과 테니스 코트가 있고 스완제 만(灣)과 멈블러스의 아름다운 경관을 굽어보고 있었다. 시련기간 중에, 그러니까 2천 파운드를 지불하기 전에 술집과 그에 딸린 4에이커의 땅을 하윌스 선생으로부터 사겠다는 신청이 들어왔다. 스완제에서는 여러 해 동안 새로운 주류 판매가 허가되지 않았다. 그래서 주류 판매 면허만도 천 파운드를 넘는 가격이 있었으며 또 그 제의를 받아들이면 그 당시에 필요한 과외의 돈이 들어올 수 있었다.

그것은 대금을 손쉽게 마련토록 하는 것이어서 물리치기 어려운 재정상의 첫번째 시험이었다. 그러나 원칙의 타협이란 있을 수 없었다. 제의는 거절되었고 술집은 폐쇄되었으며 면허는 그대로 상실되었다. 면허증 소지자 또한 깨끗이 보상받았다. 좋은 것이 모두에게 좋았다. 성도들에게나 주류 업자들에게나! 그 후 그 술집은 여덟 개의 방으로 증축되어 남자들의 숙박소로 변경되었다.

　재산 전체는 3인의 수탁자들의 손에 운영되었다. 세 사람은 함께 이런 모험적인 믿음에 굳게 서 있었다. 한 사람은 스완제에서 널리 알려지고 존경을 받은 고 루이스 목사 또 한 사람은 그레이트 마운틴 석탄회사(Great Mountain colliery Company)의 기밀 사무담당자였으며, 지금은 국가석탄관리위원회의 합동회계관인 헨리 그리피스(Henry Griffiths) 씨, 나머지 한 사람은 하월스 선생이었다.

　전 소유주였던 에드워즈 씨는 하월스 선생과 아주 친한 사이가 되었으며 몇 년 뒤에는 그 사업을 위해 희사하기도 하였다. 그는 하월스 선생에게 "나는 딴 사람 그 누구에게도 그 재산을 팔 수 없었습니다"라고 말했다. 완전히 청산된 계산서를 받아 보니 변호사의 수수료와 술집 면허증 소지자에게 지불한 금액을 포함해서 약 20여 개의 항목에 걸친 총액은 6,150파운드 7실링 4펜스, 다시 말하면 한 달란트의 금에 7실링 4펜스가 얹혀진 금액이었다.

　대학의 개교는 1924년 휘트 먼데이(Whit-Monday : 성령 강림절 이후 첫번째 월요일)에 있었는데, 상업 활동이 마비되고 자금이 핍절한 세계적인 경제 공황이 휩쓸던 그 어려웠던 시기에 '하나님께서 하신 일'에 대한 이야기를 들으려고 사람들이 몰려 왔다.

　대략 천 명이 모였다. 이때를 하월스 선생은 이렇게 회고했다. "그땐 군중을 수용할 만한 텐트나 건물이 우리에게 없었습니다. 집회는 야외에서 가질 참이었어요. 그런데 거의 일주일 내내 비가 오고 있었습니다. 그리고 수백 개의 의자를 주문해 놓았던 것입니다. 주일에 나는 휘트 먼데이에는 쾌청하게 될 것이라는 승리의 확신을 얻었습니다. 그날은 완전한 날이었습니다. 나는 사람들에게 그들이 집에 도착할 때까지 빗방울 하나 맞지 않을 것이라고 말했습니다." 장래 그 대학의 한 교원이 된 헬라어와 히브리어 학자인 린피 데이비스(Llynfi Davies) 목사는 그가 현대주의자로서 그 집회에 참석했으나 돌아갈 때에는 신앙인으로 변해 있었던 사실을 후에 간증했다.

보도기관들은 대학의 배후에서 아무런 위원회나 종교적인 조직을 발견하지 못하고서는 그 대학을 "하나님의 대학"이라고 호칭했다. 이 얼마나 아름다운 이름인가!

웨일스 성서대학
26

대학이 개교된 이후 첫 12개월 동안 모든 것은 대성공이었다. 5명의 교수에 38명의 학생. 대학 소식은 남부 웨일스 지방의 모든 신문에 보도되었으며 첫 학기의 끝에는 집회가 열려 목사가 40명이나 참여하였다. 그러나 하나님의 사업은 불시험을 통과하지 않고서는 확고하게 될 수 없는 법이다. 다름이 아니라 그 기세 좋게 뻗어 오르는 명성 때문에 하나님께서는 그 대학을 그분 자신밖에는 아무 것도 신뢰할 수 없는 상태가 되도록 풍지박산이 되게 하셔야 했다. 수년 전에 주님께서 자기의 종을 인기와 세인의 이목으로부터 특별히 이끌어내시어 사람들에게 납득이 가지 않는 숨은 생활로 불러 세우셨던 바와 똑같이.

주님께서 그 대학에 대해 완전히 만족하신 것은 아니라고 하월스 선생에게 여름방학 동안 누누이 보여 주셨다. 학생들 사이에 세속이 깃들어 있었으며 그 대학에서 구현되고 항상 유지되어야 한다고 성령께서 말씀하신 표준적인 믿음과 순복에 대해 달가워하지 않음이 자라고 있었다. 주님께서 그에게 시련이 올 것과, 그러나 그것을 통하여 그 사업을 정화하시어 그분 자신의 영광을 취하실 것을 예고하셨다. 그랬어도 시험이 얼마나 혹독할 것인지는 전혀 알 수 없었다.

제 2학기가 개강된 직후에 날카로운 내부의 알력이 일어나고 그 결과로 인원이 2명의 교직원과 5명의 학생으로 줄어들었다. 세부적으로 낱낱이 밝히는 것은 30년이 지난 지금에 와서 아무런 소득도 없을 것이다. 그리스도의 몸에 상처를 내는 것은 언제나 비통스러운 일이며 우리로 하나가 되게 하시려고 죽으신 그분 앞에 엎드려 티끌을 날리며 가슴 칠 일이다. 그런데도 하나님께서는 악에서 선을 이끌어내시는 놀라운 방법을 갖고 계셨고 대학을 위하여도 그렇게 하셨던 것이다. 하나님께서 그에게 하나의 분명한 말씀을 내리셨다. "남의 험담을 옮기는 사람이 없는 곳에서 분쟁이 멎는다." 그래서 그는 떠나가 버린 사람들을 헐뜯는 이야기를 한마디도 소곤대지 못하도록 했다. 주님께서 마데이라의 선교사를 사랑할 수 있게끔 그를 이끌어 올리셨던 것을 그에게 상기시키셨다. 이번에는 그 위치로 복귀하는 데 몇 주씩이나 걸릴 필요 없이, 그는 남아 있는 사람들을 위한 것 처럼 떠나가 버린 사람들을 위하여 하나님의 축복을 빌 수 있었다. 열두 달 동안 그들은 한 강의도 갖지 못한다. 많은 사람들은 그 대학이 결코 다시 일어서지 못할 것이라고 생각했다. 그러나 그 시간은 외부 세계를 차단하고 하나님과만 이야기하는 기도에 투입되었으며 일의 성패는 인간적인 후원이나 인기에 있는 것이 아니라는 것을 통감할 수 있었다. "이 경험을 통하여"라고 하월스 선생이 말했다. "대학은 만세 반석 위에 놓여지게 되었습니다. 어떤 사람이나 사단도 흔들 수 없는 토대 위에 세워진 것입니다." 그때까지는 그들이 이렇다 할 만한 큰 희사품을 별로 받지 못했으나 그때부터 하나님께서 더 큰 금액을 보내 주시기 시작하셨다.

  5년 후 1929년 휘트 먼데이, 제5주년 개교기념일에 하월스 선생은 최초로 보고서를 발간한다. 보고서에서 그는 이렇게 말하였다.

  지난 5년 동안에 믿음과 의심치 않는 기도를 통하여 무슨 일들이 성취되었는지를 간략하게 설명하고자 합니다. 수많은 사람들이 이 모험적인 믿음의 결과가 어떻게 될 것인지 주시하고 있었습니다. 대학이지만 위원회나 이사회 같은 것도 없었으며 배후에 교단이나 재력 있는 사람도 없었습니다. 재정의 후원을 위해 호소하지도 않았습니다. 가장 큰 목표 중의 하나가 하나님은 살아 계시며 신실하신 분이시라는 눈에 보이는 증거를 제시하여 사람들의 믿음을 강화하는 것이었습니다. 오늘의 수준으로 대학의 경비는 하루에 거의 5파운드(일주일에 거의 35파운드)에 달합니다. 지난 3년 동안 한번에 연 3일 간의 경비를 손에 넣고 있는 경우는 정말 드문 일이었습니다. 매일 아침 그날의 필요를 위해 하나님 아버지를 신뢰하고 "오늘날 우리에게 일용한 양식을 주옵시고"라는 기도를 실제로 실천하여 보이도록 우리를 가르치시는 것이 그분의 뜻이었습니다. 근년은 세계적으로 경제적인 일대 곤혹을 당하는 시기입니다. 돈의 유통이 막히고 재정적인 압박이 과중하여 많은 사람들의 심장이 멎을 지경입니다. 이 긴장을 이겨낼 수 있는 사람은 많지 못했습니다. 그러나 주님께서 살아 있는 신앙은 환경을 뛰어넘는다는 것을, 지체(遲滯)가 그 신앙을 꺾지 못하며 친구들의 상실이나 경제 불황도 그것에 미치지 못한다는 것을 매일매일 우리들에게 입증하여 오셨습니다.

   이 기간 동안 주님께서 우리의 힘으로는 어쩔 수 없을 만큼 시련을 주셔서 때때로 힘에 부치는 중압감으로 짓눌렸는데, 그것은 우리가 자신 스스로를 신뢰하지 않도록 하시기 위함이었습니다. 우리의 믿음은 일에 부딪치면서 자라났으며 모든 시험은 믿음을 강화하기 위한 수단임을 우리는 거듭거듭 입증하였습니다. 우리가 수년 전에 겨우 2실링 갖고 있는 상태에서 대학을 건립하라는 모험적인 대명을 받들 수 있었고 지금까지 8천 파운드나 되는 거금을 한 마디의 호소도 없이 받았다면 이 자체가 더욱더 신뢰하라는 크나큰 격려가 됩니다.

   우리의 교직원으로는 6명의 교수가 있습니다. 그 중의 4명은 각기 다른 대학교에서 학위를 취득한 분들이며 2명은 우리 시의 훌륭한 목사님들입니다. 학생 수는 남녀 합쳐 35명, 그들은 성령의 부르심을 받아 기꺼이 믿음의 학교에 입학하였습니다. 수업료는 무료이고, 기숙비는 가능한 한 저렴하게 책정하였습니다. 믿음의 기도 응답으로 대학에 보내진 기부금을 통하여 실제 요금의 거의 반가격에 숙식을 제공할 수 있었습니다.

두 번째의 부동산 구입
27

2년 동안 주님께서 하윌스 선생으로 하여금 인원수가 두 배로 증가된 학생들을 수용할 만큼은 시설을 마련해야 한다는 책임감을 강하게 느끼게 하셨다. 그가 받은 말씀은 이것이었다. "네 장막 터를 넓히며 네 처소의 휘장을 아끼지 말고 널리 펴되 너의 줄을 길게 하라."

그 첫 보고서를 발행하기 한 달 전에 그는 글린더웬으로부터 길을 따라 바로 왼쪽에 있는 아름다운 부동산, 더윈 포의 소유주인 찰스 루덴(Charles Ruthen) 경의 사망에 대한 소식을 들었다(더윈 포는 거대한 참나무라는 뜻의 웨일스의 방언인데 지금도 고목이 그 곳에 서 있다). 찰스 경은 보건성 주택 국장으로 봉직했었다. 그는 수천 파운드를 그 부동산에 투입하고 스완제 만의 관망을 방해하는 모든 것을 제거하기 위해 거기에서부터 멈블러스로까지의 모든 땅을 사들였었다. 더윈 포는 큰 저택과 세 채의 별장과 17에이커의 토지로 구성되어 있었다. 찰스 경은 건축가로서의 재질을 충분히 발휘하여 수에이커의 땅을 잔디와 꽃밭으로 꾸미고 이탈리아식 정원들을 만들었다. 이를 위하여 그는 이탈리아로부터 비싼 돌 세공품을 사들였는데 총 경비가 2만 파운드를 넘었다. 그곳에 머물렀던 손님들 가운데에는 수상이었을 당시의 로이드 조지(Lloyd George) 씨와 그의 가족들, 멜쳇(Melchtt) 경, 다른 내각 각료들이 들어 있었다. 스완제 시가 멈블러스 쪽으로 계속 발전해 가고 있었으므로 그곳의 땅값은 아주 빠른 속도로 올라가고 있었고 더윈 포는 넓은 대지를 갖고 있는 것으로는 성경 대학에서 가장 가까운 곳이었다.

　그때에 주님께서 하월스 선생에게 더윈 포는 그가 구입해야 할 다음 목표인 것을 보여주셨다. 그래서 그는 여리고 성에 대해서처럼 그 둘레를 기도로 에워싸고 가끔 친구들과 함께 그 담장을 도는 일을 시작했다. 오래지 않아 그는 루덴 부인이 그 부동산을 팔려고 내 놓았다는 소식을 들었다. 또 들으니 로마교회가 그것을 사들이려고 준비하고 있다는 것이었다. 그런 어려움에 직면하여 그는 하나님으로부터의 어떤 신호의 필요성을 느꼈다. 상황이 심각했던 것이다. 그들이 만일 이 자산을 손에 넣는다면 대학 가까운 곳에 그들의 센터를 구축할 수 있었기 때문이었다. 그는 하나님께서 로마교회 안에 있는 그 적과 싸우도록 자기를 또 부르시고 계신 것을 확신하고 전에 한 번도 돈을 받아 보지 못한 출처로부터 바로 그 다음날 큰 수표를 보내 주심으로써 그 확신을 확인해 주시도록 하나님께 간구했다. 다음날 첫 우편이 도착하였는데 돈이 들어 있지 않았다. 둘째 우편도 그러했다. 세번째 우편에 가서야, 전에 한 번도 기부한 적이 없는 사람으로부터 온 편지와 함께 100파운드가 들어 있었다!

　그 시기는 경제적인 대불황이 극에 달해 있었고 영국은 금본위 제도를 철폐할 수밖에 없던 때였다. 그런 때에 또 다른 큰 책임을 떠맡는 것은 최악의 고역이었다. 그의 어깨 위의 짐은 무거웠다. "주님께서 우리를 통하여 어떤 일을 하시려 하실 때에는"라고 그가 말했다. "언제나 모든 어려움을 우리에게 보여주십니다." 그는 다른 하나의 신호를 구하는 것이 좋겠다고 느꼈다. 그의 50회 생일이 며칠 남지 않았던 터여서 1년에 1파운드로 50파운드의 수표를 보내 주실 것을 그것도 새로운 출처로부터 오게 해주실 것을 주님께 간구했다. "나는 지금도 그 전날 밤에 가졌던 집회를 기억할 수 있습니다"라고 그가 말했다. "승리 전의 찬양! 우리는 마냥 가슴 벅찬 일을 믿는 확신에 잠겨 있었습니다." 아침이 되어 모든 교직원과 학생들은 우편배달을 기다리고 있었다. 이상하게도 우편배달부는 스코틀랜드에서 보낸 편지 한 통만을 가지고 왔다. "우리들은 흥분을 감추지 못하며 편지를 뜯었습니다. 그 안에 전혀 새로운 기증자가 부친 50 파운드의 수표가 들어 있었습니다."

그는 그 선물을 스완제에서 개업하고 있는 그의 사촌, 존 하월스 의사에게 가지고 가서 자기가 더원 포의 소유자가 될 것이라는 표시로서 그에게 보였다. 그 의사는 루덴 부인과 잘 아는 사이였다. 그래서 그들 두 사람은 더원 포에 찾아갔는데 그녀는 하월스 선생에게 선매권을 약속해 주었다. 묘하게도 루덴 부인을 처음으로 방문한 바로 그 날, 그들은 로마 카톨릭의 알선인을 만났다! 그 알선인은 그 부동산을 관찰하기 위해 런던에서 파견되었던 것이다. "그러나 주님께서 날씨를 조정하셨습니다"라고 하월스 선생이 말했다. "안개 끼고 습기 찬 음울한 날씨였으므로 나는 그가 반쯤도 제대로 관찰하지 못했다고 확실합니다. 또 풀들도 너무 무성히 자라 있었으니까 그는 아주 나쁜 인상을 받고 돌아간 것이 틀림없습니다." 그러나 하월스 선생은 "그 적과 맞닥뜨려" 있었다. 시험은 이미 닥쳐와 있었다. 그는 첫번째의 신청을 제의해야 할 것인가? 그들은 글린더웬에 대해 그가 지불한 것보다 4천 파운드나 더 많은 값을 제의하지 않았던가. 그들이 더원 포에 대해서는 얼마를 내겠다고 제의할 것인가? 그는 알선인에게 가서 자기가 생각하고 있는 가격을 알렸다. 그 알선인은 좋게 받아들이고 주말이 지난 후에 다시 와 보라고 그에게 말했다.

"이전에 내가 치렀던 모진 시련이 머리 속에서 와락 되살아나던 일이 기억납니다"라고 하월스 선생이 말했다. "나는 아직도 글린더웬에 대한 책임을 지고 있었는데, 여기에 다시 약 1만 파운드의 대금을 책임지게 될 것이었습니다. 그 주일은 내가 다른 곳에서 설교를 하게 되어 있었습니다. 토요일 밤 잠자리에 들었으나 잠을 잘 수가 없어서 그 문제와 싸우려고 아래층으로 내려 갔습니다. 그것은 무일푼의 상태에서 갑자기 거액의 돈을 만드는 것을 뜻했습니다. 쟁기를 잡고 뒤를 돌아다 볼 수 없는 사람들만이 그 의미를 알 수 있습니다. 세상의 모든 금식도 책임을 짊어지는 것에 비하면 아무 것도 아닙니다. 오직 하나님의 나라를 위해서이지, 만일 내 자신의 가정을 위해서라면 결코 그런 책임을 지지 못할 것입니다.

마귀가 분명하게 말하기를 내가 만일 글린더웬을 산 데다가 또 더원 포를 산다면 파산선고를 당하고 말 것이라고 하였습니다. 나 자신이 법정에 서 있는 듯하였습니다. 그러나 마귀가 '파산자'라는 단어를 발설할 때에 나는 이렇게 대꾸했습니다. '내가 스코틀랜드에 있을 때에, 글린더웬의 대금으로 1만 파운드를 지불하고 다음날 카톨릭이 불을 놓아 그 재산을 잿더미로 만들어 버린다 할지라도 그것은 이제까지의 가장 훌륭한 투자가 될 것이라고 말했다. 그러므로 더원 포를 구입하기 위해 파산자가 되는 것을 불사할 뿐 아니라 그것을 로마교회로부터 지키기 위하여 내 피의 마지막 한 방울까지 기꺼이 바치겠다.' 내가 그렇게 말하고 난 순간 나는 모든 문제의 올무에서 벗어났습니다. 주일에 설교할 때에 한 마리의 새마냥 자유로웠습니다."

"월요일 아침에 스완제로 돌아와서 협상이 성공되었는지 알아보려고 알선인에게 찾아갔습니다. 그가 아직 사무실에 나타나지 않았으므로 그를 기다리며 시내를 거닐다가 한 친구를 만났습니다. 그는 나에게 주말에 어디에 가 있었느냐고 물었습니다. 그의 마음에 나에 대한 생각을 떨쳐 버릴 수 없었다는 것이었습니다. '당연하지요!'라고 내가 말했습니다. '난 파산선고의 재판을 받고 있었으니까요.' 그리고 토요일 밤의 승리를 그에게 설명했습니다. 그가 한동안 생각에 잠겨 있더니 '이 전투에 왜 당신만이 홀로 남아 악전고투하고 있어야 합니까? 세상에 개신교 신자는 당신뿐입니까?'라고 말했습니다. '그런 것 같군요'라고 내가 대답했습니다. "하지만 이 일에 당신만이 외롭게 뛰어서는 안돼요'라고 그가 말을 이었습니다. '개신교도들(Covenanters)이 이 자유를 획득하기 위하여 그들의 피를 바쳤으니, 나도 그것을 지키기 위하여 무엇인가를 하겠습니다. 알선인에게 가 보세요. 당신의 제의를 그 쪽에서 받아들이면 계약금을 위해 내게로 오세요.' 값으로 헤아릴 수 없는 승리! 우리 두 사람은 감격의 눈물을 흘리며 아무 말도 없이 서 있었습니다. 그 동안 험난한 등정이었지만 나는 아브라함과 함께 '여호와 이레—여호와의 산에서 준비되리라'라고 말할 수 있었습니다. 그리고 나도 하나님께서 그에게 하신 말씀을 듣는 것 같았습니다. '네가 이같이 행하였은즉…내가 네게 큰복을 주고…이는 네가 나의 말을 준행하였음이니라.' 구원은 언제나 산봉우리에서 발견됩니다. 살아 있는 믿음은 하나님의 말씀과 승리의 약속을 붙들고 있음을 제일 먼저 입증하여야 합니다."

알선인이 도착하여 협상에 약간의 지체가 있을 것이라고 전해 주었다. 그때 주님께서 그 도전을 널리 알리라고 하월스 선생에게 말씀하셨다. 그래서 그는 주님의 인도하여 주심에 대해 설명하는 소책자 4천부를 우송하며, 그 책자에서 이렇게 말했다. "협상은 진행되고 있습니다. 주님께서 믿음의 승리를 주셨으므로 곧 '여호와 이레'가 우리가 바라는 그 목표물에 각인 될 것으로 우리는 믿습니다."

몇 주 후에 카톨릭은 그 경주에서 떨어져 나갔다. 아마 그들의 알선인의 탐탁히 여기지 않는 보고 때문이었을 것이다. 그러나 그 부동산을 좇는 또 하나의 연합 세력이 있었다. 더원 포가 스완제에서 가장 구미가 당기는 부동산인 것을 그 지방의 청부업자들이 잘 알고 있었기 때문이었다. 긴장의 몇 주 동안 줄곧 그것은 그들과 대학 사이에서 어디로 귀착될지 아슬아슬하기만 하였다. 하월스 선생이 주장할 수 있는 유일한 것은 루덴 부인이 그에게 약속해 주었던 선매권이었다. 어느 토요일 그는 최종적인 결판을 내기 위하여 루덴 부인의 변호사의 사무실을 찾아갔다. 그러나 그는 바쁘다며 월요일에 오라고 말했다. 하월스 선생은 변호사가 자기를 따돌리고 있는 것을 알 수 있었다. 그래서 월요일에는 의사인 사촌에게 동행해 줄 것을 청했다. "그날은 우리가 오래 기억하게 될 결정을 이룬 날이었습니다"라고 하월스 선생이 말한다. "우리가 도착했을 때 사무실에는 여사무원만이 있었습니다. 변호사는 몸이 편찮아 집에 있다고 그녀가 말했습니다. 그러나 더원 포는 팔렸다고 나에게 말하라는 전갈이 그로부터 전해져 왔다는 것이었습니다. "이것은 너무한 일이어서 나의 사촌은 참지 못하고 욕설을 퍼부었습니다. 이제 정말 그 예언 자체가 의심을 받게 되었습니다. 그것이 진실로 하나님으로부터 온 것일까 아니면 인간으로부터 온 것일까? 만일 그것이 하나님으로 왔다면 더원 포는 다른 사람에게 팔릴 수 없었습니다. 우리가 사무실을 떠날 때에 '더원 포는 팔리지 않았네'라고 나의 사촌에게 말할 수 있는 힘을 주님께서 나에게 주셨습니다. 그의 대꾸는 강경하였습니다. '더원 포가 팔렸다고 그 아가씨가 말하는 것을 듣지 못하셨습니까? 그렇지 않다고 어떻게 말 할 수 있습니까?', '주님께서 나에게 그것을 사라고 말씀하셨기 때문이네'라고 내가 대답했습니다. '몇 달 전에는 그 사실을 인쇄까지 해서 배포했단 말일세.' 그리고 나서 나는 그에게 말했습니다. '변호사(나의 사촌은 그의 오랜 주치의였음)에게 가서 진찰해 보지 않겠는가?' 그는 그렇게 하기로 동의하여 곧바로 출발했습니다. 딸이 문으로 나왔습니다. 아무도 자기의 아버지를 만날 수 없다고 그녀가 말했습니다. 그가 매우 심하게 아파서 어떤 방문도 맞이할 수 없다는 것이었습니다. '환자가 너무 아파 의사를 볼 수 없다는 것은 난생 처음 듣는 이야기입니다'라고 나의 사촌이 대답하며 곧장 걸어 들어갔습니다. 거기에서 그는 실제로 청부업자 연합이 변호사의 사무실로 수표를 계약금으로 보내 왔었는데 만일 그가 몸이 성했더라면 그날 오전에 그들의 계약금을 접수하였을 것이라는 사실을 알게 되었습니다. 그러나 11시에 그는 그들의 제의를 거절하기로 동의하였습니다."

"그런 후 주님께서 '오늘밤에 더원 포를 사야 한다. 그렇지 않으면 기회를 아주 놓치고 말 것이다'라고 나에게 말씀하셨습니다. 그래서 아내와 나는 루덴 부인을 만나러 갔습니다. 드라이브 길을 따라 가까이 접근하여 걸어가고 있을 때에 모든 전깃불이 꺼지고 있었습니다. '보라, 그들이 너희가 오고 있는 것을 알고 너희들을 보고 싶지 않은 것이다!'라고 원수가 소곤대었습니다. 루덴 부인은 망설이고 있었습니다. 그녀 자신을 위하여 그 저택을 팔지 않고 그대로 보유하고 있을지를 신중히 생각하고 있다고 그녀가 말했습니다. 그러나 나는 그녀에게 약속을 상기시켰으며 그녀의 사위도 그 사실을 인정하였습니다. 그런 후 나는 그 청부업자 연합보다 5백 파운드 더 많은 가격을 제의하여 그 문제는 해결을 보았습니다. 그녀의 사위는 나에게 정식 계약이 체결될 때까지의 계약금으로 얼마를 변호사에게 지불하라고 말했습니다. 내가 가지고 있는 금액은 통틀어 그날 받은 두 차례의 기부금인 25파운드뿐이었는데 그것이 나의 첫 대금 지불이 되었습니다!"

8천 파운드에 매매하기로 결정된 것은 크리스마스 전날 밤이었다. 3일 내에 하월스 선생은 250파운드, 300파운드, 50파운드, 25파운드 그리고 50파운드의 희사금을 받았는데, 더 작은 금액들을 합쳐 그것으로 법적인 계약금을 지불하고 그 부동산을 확보할 수 있었다. 몇 달 전에 친구가 돕겠다고 한 친절한 제의를 받아들이도록 하월스 선생이 주님의 인도하심을 받지는 않았지만 그 친구는 후에 실질적인 도움을 주었다.

1930년 휘트 먼데이에 웨일스의 인근 각처로부터 약 천여 명의 사람들이 대학의 6주년 기념일과 더원 포의 봉헌식에 참여하기 위하여 모여들었다. 건물 앞에는 높이가 4피트쯤 되는 커다란 주춧돌이 있는데 애초에는 그 위에 한 조상이 세워져 있었다. 그러나 조상은 제거되고 주춧돌 양면에 하나님의 신실성에 대한 영원한 증거로서 두 개의 성구가 새겨져 있다. "여호와 이레"와 "믿음은 실상이다."

세 번째의 부동산과 어린이집
28

하월스 선생이 아직도 더원 포의 부동산을 위하여 기도하며 또 대학을 운영해 가는 데 있어서 매일매일 필요한 것들을 위하여 끊임없이 주님을 바라보며 나아갈 때에, 계속 전진하여 새로운 건물들을 건축하라는 하나님의 말씀이 지시되었다. 처음에 신축해야 할 두 건물은 2백 명을 앉힐 수 있는 대학 예배당과 4백 명을 수용할 수 있는 강당이었다. 다음으로는 백여 명의 학생들이 생활할 두 동의 남자 기숙사와 한 동의 여자 기숙사, 이렇게 해서 총경비는 6천 파운드쯤이 필요했다.

인부들을 부린 때에도 '그의' 손에는 돈 한푼 없었다. 그러나 인부들이 18개월 이상을 정규적으로 고용되어 매주 임금이 20파운드와 30파운드 사이의 액수였는데도 그들이 자기들의 임금을 다 받지 않고 돌아간 적은 한번도 없었다. 그렇지만 토요일에 나갈 임금이 금요일에 준비되는 일은 거의 없었다. 때때로 토요일 첫 우편이 배달될 때까지도 돈이 도착하지 않아 두번째의 배달 전에 전력을 쏟아 기도하곤 했다. "주님께서 나로 하여금, 나의 기도에 대한 응답을 주장할 수 있도록 매일, 시간마다 내재하는 생활을 지속하게 하셨습니다"라고 하월스 선생이 말했다.

그러한 몇 개월이 지나는 중에 그는 처음으로 천 파운드의 기부금을 위하여 기도하도록 인도 받았다. 어느 화요일 아침, 주님께서 그에게 인부들과 강의를 중지시키고 시간마다 하나님을 기다리는 일에 헌신하라고 말쓸하셨다. 천 파운드가 보내어질 때까지 일을 다시 시작할 수 없었으므로 그 즈음에는 "쇠망치 소리가 들리지 않았습니다." 매일매일 그들은 "기도하고 또 기도하여 하나 하나의 기도로써 하늘의 보좌를 움직였습니다." 드디어 금요일 아침에 천 파운드가 왔다. "승리의 함성이 진영 안에 얼마나 울렸던가!"

매일 아침 일찍 우유 장수가 대학에 와서 외치면 하월스 선생은 일어나 있다가 그에게 아침 인사를 건넸다. 그는 자기 자신처럼 하월스 선생이 "세상에서 성공하려면 일찍 일어나는 새가 되라!"라는 비결을 발견하였다고 말하곤 하였다. 그 큰 기부금이 전송된 다음날 아침에는 그가 도착하더니 우유 통들을 조심스럽게 내려놓고 손을 엉덩이 위에 놓으며 하월스 선생에게 물었다. "제가 들은 게 사실입니까?" "무슨 말을 들었나요?" "선생님께서 천 파운드를 받으셨다고 하던데요!" "예, 그것은 사실 그대로입니다." "참! 이런 세상에 돈을 얻을 수 있는 사람은 선생님과 아미 존스 (비행사) 뿐인 것 같습니다!"

건축하는 일이 끝나 갈 즈음에, 그러니까 1932년에 그 다음의 지시가 내려왔다. 하월스 선생은 중국 내륙 선교회의 윗필드 귄네스(Whitfield Guinness) 박사의 일대기와, 그의 양친은 그토록 많은 사람들에게 그들의 집을 개방하였는데도 본국에 남겨 둔 그의 자녀들에게는 방학 동안에 아무도 숙소를 제공하지 않았었던 기록을 읽고 있었다. 박사는 자기가 중국에서 견뎌 내는 어떤 핍박보다도 그 사실이 자기에게 더 큰 심적 고통을 안겨 주었다고 고백하고 있었다. 주님께서는 자녀들을 '본국에 메어 놓아야 하는 수많은 선교사들의 고통을 하월스 선생 앞에 제시하시기 위하여 이 일대기를 이용하셨다. 그 고통은 그가 직접 겪은 깊고 쓰라린 한 경험이기도 하였다. 자기들의 자녀들을 집도 없고 가까이에 부모도 없이 본국에 남겨 둔 어머니들의 가슴이 찢어지는 듯한 아픔이 실제적으로 그에게 밀려왔다. 성령께서 그에게 쏟으신 것이었다. 그는 음식이나 잠을 폐한 채 자기의 방안에 있었으며 그의 신음 소리는 밖에까지 들려 왔다. 급기야는 "주여! 제가 무엇을 하기를 원하십니까?"라고 주님께 부르짖었다(그는 하나의 법칙이-우리가 더 이상 감당할 수 없을 때에야 성령께서 그 짐을 떠맡으셔야 한다는 법칙이 있다고 늘 말하곤 하였다). 주님께서 "나는 네가 선교지로 자녀들을 데려갈 수 없는 선교사들의 모든 애들을 위해 길을 만들기를 원한다"라고 말씀하시자 비로소 그는 자유로움을 느끼며 그렇게 하겠다고 대답했다. 하나의 깊은 경험 그리고 커다란 성과 그 진통으로부터 선교사의 자녀들을 위한 집 겸 학교를 세울 비전이 생겼는데, 이것은 여러 해 전에 하나님께서 그를 "고아의 아버지"가 되게 하셨다고 그에게 말씀하실 때에 이룩된 중보의 열매였다. 그날 후부터 대학 내에서는 순종으로써 그들의 자녀들보다 주님을 더 사랑하는 것을 실증해 보인 어머니들과 아버지들의 애끓는 심정을 호소하는 기도가 끊이지 않았다.

  어린이집을 마련하기 위하여 서너 달 동안 하월스 선생은 빙 모리스(Byng Morris) 경의 저택인 스케티 파크(Sketty Park)의 매매 문제를 놓고 스완제 시의회와 협상을 벌였다. 그 저택은 17에이커의 땅을 갖고 있었고 대학에서 멀지 않았지만 결국 그 단체는 팔지 않기로 결정하였다. 그 다음날 스케티 이사프(Sketty Isaf)라는 건물이 부동산 시장에 나왔다. 이것도 역시 17에이커의 땅이 딸려 있었는데 도로에서 보아 더원 포의 바로 맞은 편에 위치해 있었다. 소유주들은 기꺼이 그 저택과 함께 5에이커만을 팔고 나머지 12에이커에 대해서 선택 매매권을 주겠다고 했다. 그 부동산의 임차인인 메이저 프래트(Pratt)는 하월스 선생이 그것을 구입하기 위해 기도하기 시작했다는 말을 듣고 그가 소속해 있는 어느 클럽에서 농담으로 이렇게 말했다. "하월스 선생이 내 담을 넘겨다보며 기도하기 시작했다면 내게 무슨 일이 일어나기 전에 물러가는 것이 좋겠습니다!"-그는 그렇게 했다!

  주님께서 하월스 선생에게 그것을 사라고 말씀하셨다. 계약서가 알선인에 의해 작성되어 날인하도록 그에게 넘어왔다. 그러나 그는 계약금이 없어서 3주 동안 호주머니에 그 문서를 넣고 다녔다. 알선인은 계약서를 돌려 받고자 했으나 하월스 선생은 그 곤경에서 빠져 나올 수가 없었다!

3주 후에야 주님께서 그를 구해 주셨다. 스케티 이사프는 3천 파운드에 구입되었다. 더윈 포가 평상시의 가격에서 훨씬 밑도는 값에 그의 손으로 들어온 것과 똑같이, 그러한 저택과 토지를 그렇게 저렴한 가격으로 살 수 있었던 것은 오로지 경기 침체가 극심한 때에나 가능한 일이었다. 나중에 그는 나머지 12에이커를 사들이고 또 인접한 7에이커의 땅도 추가시켰다.

스케티 파크를 사려다 실패하고 그 다음에 주님께서 스케티 이사프라는 훨씬 더 편리한 부동산으로 인도하신 것은 하나의 중요한 신앙적 교훈을 가르쳐 준다. 이에 대해 하월스 선생은 이렇게 말했다. "우리가 항상, 참으로 중요하지는 않는 것에 있어서 죽임을 당하는 듯하지만 그런 후에 더 좋은 것을 받습니다. 이래서 내가 더윈 포를 사기 전에 여러 달 동안 몇 마일 떨어져 있는 다른 큰 부동산을 사려고 애쓰고 있었습니다. 우리는 그것을 살 수 있다고 확신하는 믿음의 위치에까지 올라가 있었습니다. 그런데 나의 제의는 거절되었습니다. 그때에 나는 그 배후에 하나님께서 계신 것을 알았습니다. 바로 그 주에 더윈 포가 거래물이 되었던 것입니다. 나는 더윈 포를 앞서 사려했던 것과 같은 두 개의 부동산과도 바꾸지 않을 것입니다. 그 후 나는 스케티 파크를 구입할 수 있는 위치에 다다랐습니다. 코퍼레이션 법인이 나의 신청을 물리치는 순간 얼마나 기뻐했던가. 하나님께서 그 안에 계셨음을 알았기 때문이었습니다. 그 다음날 스케티 이사프가 시장에 등장했던 것입니다."

후에 설명할 것이지만, 그 후 그는 스완제 경의 저택인 스케티 홀을 사려고 아주 애를 쓰며 노력하였으나 믿음에 있어선 아무런 흠집이 없었는데도 헛수고가 되어 버린 사실을 그가 이어서 말하였다. 그 대신에 주님께서 펜러기어(Penllergaer)를 사라고 그에게 말씀하셨다. 아마 그 거대한 부동산은 스케티 홀보다 서너 배나 더 가치 있을 것이다.

이 동일한 신앙의 원리가 그의 생애의 다른 많은 경우에도 적용된 것을 발견할 수 있다. 주님께서 주신 어떤 큰 목적을 추구해 가면서 그는 그 과정에서 어떤 특정한 방법의 역사하심를 위하여 찾고 구하고 믿었지만 그가 기도하고 기대했던 것과 똑같은 방법으로는 받지 못하곤 하였다. 밖에서 지켜보는 사람들에겐 이것은 종종 실패나 실수로 보여 많은 비평이 일기도 하였다. 그러나 그에게 결과는—그리고 믿음의 싸움에서 그와 함께 내부에 있는 사람들의 결과는—정반대였다. 그것은 그가 믿음의 중요한 목적을 획득할 때까지 그것을 추구하는 과정에서 그를 견고하게 해 줄 뿐이었다. 그는 도중의 일시적인 낭패를 실패로 보지 않고 하나의 디딤돌로 간주했다. 어느 등산가가 한 봉우리를 보고 저게 최고봉이려니 하고 잘못 생각했다가 너머에 더 높은 봉우리들을 발견하고는 그 최고 봉우리에 오르려는 결심을 더욱 새롭게 하는 것과 같다고나 할까? 동일한 원리가 후에 세계대전 당시의 믿음의 싸움에서도 작용하고 있는 것을 볼 수 있을 것이다.

이 당시에 성경 대학에는 약 50명의 학생이 있었다. 졸업생들 중의 몇몇은 교직원으로 일하고 있었다. 브리나만 출신이며 하월스 선생의 친구인 토미 하월스, 마가렛 윌리엄(Margaret William) 양, 그 밖에 다양한 직책을 맡고 있는 다른 이들, 교수 중에는 『천 마일의 기적(A Thousand Miles of Miracle)』의 저자인 글로버(A. E. Glover) 목사가 들어 있었다. 학생들 중의 일부는 여러 다른 단체들에 속해 있는 선교 활동을 지망하고 있었다. 중국 내륙 선교회에서 일할 한 쌍의 학생 부부, 세계복음화십자군(Worldwide Evangelization Crusade, 약칭 ; WEC)에 소속하여 봉사할 수명, 남아프리카 연합 선교회의 산하에 있으며 하월스 선생이 전에 선교 활동했던 루시투 선교 지부에 복귀할 한 학생, 본국에서의 목회에 헌신할 상당수 등등이었다.

선교사 자녀들을 위한 학교는 1933년에 11명의 남자 어린이와 여자 어린이들로 시작되었는데 개중에는 인근 지역에서 통학하는 어린이들도 몇 명 끼어 있었다. 그 발전과 함께 그 어린이집을 학교 분위기가 서려 있지 않은 진정한 어린이들의 집으로 존속시키기 위하여 많은 신경이 쓰여졌다. 통학생들과 선교사 자녀들의 수효가 급격히 증가하자 하나님께서 교직원들을 보내 주기 시작하셨다. 교장으로서 케네스 맥도월(Kenneth

McDouall) 씨, 교감으로서 도리스 루스코(Doris Ruscoe) 양, 어린이들에 대한 보모 겸 어머니 역으론 로더릭(G. Roderick) 양, 예비 학교의 교장으로서 엘라인 보들리(Elaine Bodley) 양, 그리고 다른 교사들과 보조 교사들, 이들은 모두 무보수로 주님을 위해 봉사했다.

  1935년에 학교가 글린더웬으로 옮기게 되고 급속도의 발전으로 인해 교사의 확장이 필요하게 되었다. 한 동의 기숙사와 세 동의 교사와 체육관이 증설되었다. 다른 때와 마찬가지로 기술자들이 와서 일을 시작할 때에는 손에 한 푼의 돈도 없었으며 첫 주의 임금으로 지불할 돈을 토요일의 두번째 우편배달 시간이 될 때까지도 주님께서 보내 주시지 않더니 그 때에야 20파운드가 왔다. 다음 토요일에는 주님께서 저녁 식사를 준비하고 있는 한 부인을 움직이셔서 일손을 멈추고 25파운드를 갖고 성경 대학으로 달려오게 하셨다. 한 주간 한 주간 이런 식으로 약 3만 파운드의 가격에 이르는 학교 건물들이 세 개의 부동산 위에 신축되었다.

  이 새로운 건물들이 증설되고 있는 도중에 하웰스 선생은 천 파운드의 희사금을 아홉번이나 받았다. 언젠가 주님께서 그에게 백 파운드 이상의 모든 기부금 중에서 25%를 다시 헌금하라고 말씀하셨다. 어느 해에는, 사실은 그 자신도 이 확장 사업을 위해 그 돈이 필요했는데도, 다른 곳에서의 하나님 사업을 위해 천 파운드를 헌금하였다. 그는 항상 백 배의 법칙을 믿고 그대로 행동하였다. 그는 2실링을 갖고 성경 대학을 시작하였는데 14년 동안에 주님께서 그에게 12만 5천 파운드를 보내 주셨다.

  지금까지 주님을 이미 알고 있는 수많은 방문자들에게 끼친 축복 외에도 대학 내의 집회를 통해서나 그곳의 분위기를 통하여 성령의 감동을 받음으로써 구주께 인도되는 사람들이 끊임없이 이어져 왔다. 과연 "이런 사람 저런 사람이 거기에서 중생한" 이야기를 말하자면 한 권의 책이 필요할 것이다.

기도서와 에드워드 8세
29

성경 대학의 초창기 동안에 국가적 차원의 기도를 하여 응답을 받은 특기할 만한 사례가 여러 번 있었다. 그것은 나중에 그 대학이 사명을 맡게 되는 전세계를 위한 전략적인 기도의 전주곡인 셈이었다. 그 중에서 두 가지의 사례를 말하겠다. 1928년 영국 교회에 새 기도서(the New Prayer Book)를 공적으로 채용하자는 운동으로 격렬하게 논쟁이 불붙었던 것은 잊혀지지 않을 것이다. 그것의 로마적인 성향에도 불구하고 사실상 모든 주교들은 그 기도서를 좋게 여겼다. 신문에 의하면, 의회가 그것을 승인할 것은 기정사실이었다. 하원이 그것을 부결할 것이라고 믿는 사람은 전국적으로 정말 찾아보기 힘들었다. 의회에서 토의가 시작되기 이틀 전, 갑자기 주님께서 그 의안의 통과를 막을 수 있다고 믿느냐고 성령께서 하월스 선생에게 물으셨다. 그가 믿는다면 "새 기도서를 저지하는"이라는 분명한 목표를 위해 그날 오후에 모임을 가져야 했다. 오전 10시부터 오후 1시까지 그는 홀로 하나님께 나아가 그 문제와 홀로 씨름하다 모임을 알렸다. 오후의 강의들은 취소되었다. 성령께서 큰 능력으로 임하셨으며 모임은 주님께서 완전한 승리의 확신을 주실 때까지 계속되었다.

다음날 아침 신문들은 상원이 표결하여 그 의안을 통과시켰다고 보도하였다. 그러나 하원에 거부권이 있었으며, 그날 표결에 부쳐질 것이었다. 성령께서 하월스 선생에게 "조금도 의심하지 말고 나아가라"고 말씀하셨다. 하원에서의 극적인 상황은 오래오래 기억될 것이다. 운집한 청중들 앞에서 전에는 한번도 발언해 본 적이 없는 한두 명의 의원이 조금이라도 더 이상 로마교회의 요소가 영국의 국교에 스며드는 것을 허용하는 위험에 대해 경고했던 것이다.

하원의 분위기가 마치 종교회의와도 같았다고 보도되었으며 너나할 것 없이 모두 놀랄 수밖에 없었던 것은 하원이 새 기도서를 부결한 것이었다. 그러나 "주님께서 전날 오후에 우리에게 승리를 주셨습니다"라고 하월스 선생이 말한 그대로였다.

몇 년 후, 그러니까 1936년에 국왕 에드워드 8세의 결혼 문제로 국가에 심각한 위기가 닥쳐 왔다. 이때에도 다시 주님께서 기도의 임무를 맡도록 성경 대학을 이끄셨다. 그때의 집회일지는 다음과 같이 설명한다.

12월 4일 : "국왕 폐하에 대한 뉴스가 아침 신문에 실리고, 학장님은 사태의 심각성을 우리에게 알리셨다. 우리는 오후에 돌아와서, 국왕 폐하를 인도하여 주시고 이 위기에 관련된 모든 사람들에게 지혜와 분별력을 주시기를 주님께 간구하였다."

12월 5일 : "대학의 기도 날. 영국의 사태는 심각하다. 이것이 우리의 강토에만 국한된 것이 아니라 전 대영 제국에 관계되기 때문이다."

12월 6일 : "대학의 기도와 금식의 날. 위기에 처한 대영 제국을 위해 기도하다. 에드워드 국왕 폐하가 양위하시는 것이 주님의 뜻이라고 그분께서 계시하여 주시다. 하월스 학장님은 싸움에서는 사자와 같이 강인하신데, 그가 '에드워드 폐하께서는 통치하실 수 없을 것입니다. 그렇지 않다면 주님께서 나를 통하여 말씀하셨다는 것이 거짓이 될 것입니다'라고 선언하셨다. 저녁 집회에 믿음이 충만한 놀라운 승리가 있었다."

12월 7일 : "어제의 승리에 대하여 감사를 드리다. 국왕 폐하가 지난 주말에 입장을 숙고하시더니 이제 오직 제국을 위하여 제일 좋은 것을 택하고 싶은 심정이시라고 신문들이 보도하다."

12월 9일 : "주님께서 폐하가 하나님의 뜻을 따라 결정을 내리시도록 폐하를 도와주실 것과 폐하의 영혼이 복을 받게 될 것을 믿다."

12월 10일 : "오후 2시 30분에 돌아와 에드워드 8세 폐하의 양위가 공포된 지금 국가를 통제하여 주시기를 주님께 간구 하였다."

12월 11일 : "성령으로 말미암은 이 믿음에 대하여 감사를 드린다. 주님께서 줄곧 제국을 구원하여 주셨으며 사랑하는 우리 나라의 생활 수준을 높여 주셨다."

성경 대학은 남부 웨일스에서 친밀한 관계를 맺고 있는 사람들의 수효로 자꾸 늘어가고 있었다. 그들 중의 많은 사람들이 자주 찾아와 집회와 친교로부터 영적인 큰 힘을 얻고 있었으며, 또 사업의 신실한 후원자들이 기도하였다. 또한 하월스 선생도 영적인 일뿐만 아니라 현실적인 문제에 있어서 그들을 보살펴 주는 일이 종종 있었다.

창립 시부터 대학과 친밀한 관계를 맺어 온 한 사람이 사업에 심한 시련을 겪고 있었다. 채권자들의 성화에 시달리다가 하루는 그가 견딜 수 없어 그들의 병거 바퀴를 엇갈리게 하여 주시도록 주님께 기도 드려 달라고 하월스 선생에게 부탁했다!(출 14:25) 하월스 선생은 그 친구가 문을 잠그고 만사를 포기하려 하는 것을 발견했다. "그런 짓을 해서는 안됩니다. 아들들은 어떻게 하고요?"라고 그가 말했다. 그는 친구를 은행으로 데리고 가서 어떻게든 융통하여 그의 모든 부채를 청산해 주었다. 그날로부터 그는 번창하기 시작하여 여러 해 동안 대학의 복된 사업을 지원해 왔다.

교회에서 집사로서 봉사하는 또 한 사람의 친구가 있었는데 그는 대학의 집회에 늘 참석하다시피 했다. 그런데 사업이 망하게 되어 그가 침통한 심정으로 상의하기 위해 하월스 선생에게 찾아와 기도를 부탁했다. 하루는 하월스 선생이 그의 집에 가보니 모든 것을 팔려고 내놓은 채 모녀가 울고 있었다. 그러나 주님께서 하월스에게, 그들의 모든 부채를 그가 갚겠다고 말하라고 말씀하셨다. 그래서 눈물은 기쁨의 눈물이 되었다!

또 한때는 하월스 선생이 세금으로 납부할 돈이 필요한 터에 자기와 똑

29. 기도서와 에드워드 8세

같은 처지에 놓인 한 사람을 알고 있었는데 두 사람 모두에게 마감일이 왔다. 하월스 선생은 자기에게 필요한 40파운드에는 훨씬 못미쳐 있었으나 그의 친구에게 필요한 8파운드는 갖고 있었다. 그래서 그것을 친구에게 주려고 갔다. 그가 도착하였을 때에 그 친구와 아내는 돈을 위해 무릎을 꿇고 기도하고 있었다.

"이제 당신들은 일어나도 됩니다. 당신들에게 전하라고 주님께서 내게 말씀하셨으니까요"라고 그가 말했다. 자기 자신의 필요에 대해서는 아무 말도 하지 않았으나 그가 대학에 돌아왔을 때 한 선물─40파운드가 그를 기다리고 있었다.

또 한번은 하월스 선생이 어떤 액수의 돈을 위해 기도하고 있었다. 그 돈은 바로 그날로 필요했다. 해마다 이때쯤이면 그 액수의 돈을 헌금하곤 하던 한 여자가 있었다. 그때는 학기의 한중간쯤 될 때였다. 과연 그 여자는 헌금봉투를 가지고 학교에 왔다. 그러나 뭔가 낙심돼 있는 것이 역력히 보였다. 부인은 자기의 사위가 심한 곤경에 빠져 있으며, 그 문제로 기소되어 재판을 받게 되었다고 말했다. 그의 범죄가 유죄로 판명된다면 투옥될 것이었다. 일주일 후면 재판이 열릴 것인지라 그녀는 잠을 잘 수 없었다. 그녀는 하월스 선생이 그 사건에 관해 주님께 나아간 뒤에 그녀의 사위가 징역을 살게 될 것인지 아닌지를 말해 주기를 원했다. "제가 그 돈을 위해 기도했었는데 그 부인이 가져왔습니다"라고 그가 말했다. "그런 관계에 의해 나의 판단이 좌우될 염려가 있었습니다. 그의 죄가 있는지 없는지가 주님께서 내게 말씀하실 수 있는 문제일까? 나는 생각해 보았습니다. 그에게 죄가 있다면 주님께서는 그를 무죄로 방면하실 수 없기 때문이었습니다. 반면에 그의 죄가 없는데도 유죄판결을 받을 위험에 처해 있다면 주님께서 그를 구조하실 것인가? 나는 위층으로 올라가 거기에 오래 있었습니다. 많은 기도 후에 주님께서 나에게 '그에게는 죄가 없으니 무사히 풀려날 것이다'라고 말씀하셨습니다. 그래서 나는 부인에게 '주님께서 오늘 부인을 보내셨습니까? 제가 그 결과를 알려줄 거라고 주님께서 당신에게 말씀해 주시던가요?'라고 물었습니다. '예'하고 그녀가 말했습니다. 그래서 나는 그녀에게 이렇게 말했습니다. '울고 싶으시면 제가 말씀드리기 전에 지금 몽땅 다 울어 버리세요. 그러나 후에는 한 방울이라도 눈물을 흘려서는 안됩니다! 그는 죄가 없습니다. 풀려날 것입니다." 놀랍게도 배심원들이 의견을 일치할 수 없어서 재판을 이틀 동안 지연시켜야 했다. 재판이 다시 열렸을 때에 증인들 중의 한 사람이 전과 약간 다른 이야기를 진술하는 것을 재판관이 발견했다. 소추도 기각되고 재판관은 즉시로 재판을 중단했다. 그 사람은 방면되었고 그 소문은 온 시내에 쫙 퍼졌다.

모든 사람을 위한 임무
30

    1934년의 가을은 성경 대학에 있어서 놀라운 시기였다. 어느 날 새벽, 하윌스 선생은 4복음서들을 읽으면서 주님의 생활과 인격에 대하여 성령으로부터의 넘치는 조명을 받으며 여러 시간 동안 하나님과 은밀히 교제를 나누고 있었다. 그가 하나님의 존전으로부터 곧장 아침 예배에 나온 것 같았으므로 그를 쓰시는 성령의 방식을 알고 있는 하윌스 여사는 지금 주님께서 무언가를 위해 준비시키고 계신 것을 감지했다.

    복싱 데이(크리스마스 다음날)에는 성령께서 여느 때보다 훨씬 더 일찍이 하윌스 선생이 잠자리에서 일어나기도 전에 그에게 말씀하시기 시작하셨다. 깨어 있던 하윌스 여사도 그가 '모든 사람' '모든 사람' 하고 되풀이하는 소리를 들었다. 새벽 3시, 하나님께서 분명한 어떤 것을 그에게 말씀하시고자 하시는 것을 잘 알 수 있었기 때문에 그는 옷을 입고 아래층에 있는 방으로 갔다. 거기에서 주님께서 꼭 그대로 순종하라는 뜻에서 그분의 마지막 명령을 발하신 것을 믿느냐고 그에게 물으셨다. "믿습니다"라고 그가 대답했다. "그러면 내가 복음을 모든 사람에게 전할 수 있다고 네가 믿느냐?" 조금도 과장 없이 "주님께서는 하실 수 있다고 저는 믿습니다. 주님은 하나님이시니까요"라고 그가 대답했다. 그러자 주님께서 이렇게 말씀하셨다. "나는 네 안에 내주하고 있다. 내가 너를 통하여 이 일을 책임질 수 있겠느냐?"

오랫동안 하윌스 선생은 복음이 온 세계에 전파되기를 기도하여 왔었다. 그가 아프리카에 가기 전에 시편 2편 8절에 예언되어 있는 예수님에 대한 하나님의 약속을 성령께서 그의 앞에 들추어 보이셨으며, 그는 구주께서 "유업으로 열방을 그리고 소유로 땅 끝까지" 차지하시게 되기를 기도하지 않고는 하루도 보내지 않았다. 그가 아프리카 지역으로 소명을 받았을 때에는 자기 자신의 기도에 대한 응답이 된다는 점에서 어느 정도 기쁘기까지 하였다. 그 후 아프리카에서 "그러므로 추수하는 주인에게 청하여 추수할 일꾼들을 보내어 주소서"라는 마태복음 9장 38절에 있는 주님의 말씀에 대한 앤드류 머레이의 설교를 듣고 그는 크게 충격을 받았다. 앤드류 머레이는 이 말씀의 강조에 따라 선교사들의 수효는 어떤 사람이 어느 정도 그 명령에 순종하여 일꾼들을 위해 기도하느냐에 전적으로 달려 있음을 지적하였다. 이 일을 수행하도록 주님께서 하윌스 선생을 부르셨다. 돌이켜 보면 그것은 성경 대학을 설립하는 더 큰 임무를 위해 그를 준비시키시는 하나님의 여러 방법들 중의 하나였다. 이렇게 그는 오랫동안 세계적인 비전을 가져왔었다. 그러나 하나님께서 주신 이 새로운 말씀은 그에게 직접적인 책임을 지우는 것이었다. 그것은 모든 사람에게 복음을 전파하라는 일반적인 명령에 대한 단순한 동의가 아니었다. 그 말씀을 받아들인다는 것은 그와 또 그와 함께 그것을 받아들인 모든 사람들은 남아 있는 전생애 동안 이 한 가지 과업-중보하고, 직접 나아가고, 직접 나아가는 다른 사람들을 시중드는 과업 즉 모든 사람이 복음을 듣도록 하는 일을 책임지는 과업에 묶인 종들이 되는 것을 의미했다.

 이 임무는 하윌스 선생에게 구체적으로 이렇게 지시되었다. 앞으로 30년 동안 세계의 곳곳에 이르실 수 있도록 성령께서 통로로서 만 명의 남녀를 찾으실 것이었다. 그들은 오래 전에 성령께서 하윌스 선생을 소유하심과 똑같이, 그분께서 그들의 안으로 들어가셔서 이 과업을 위하여 그들을 완전히 소유하시도록 허용하는 사람들이어야 했다. 재물이 많이 필요하겠지만 성전 건축을 위하여 다윗에게 엄청난 부를 주신 분께서 훨씬 더 귀중한 성전, 손으로 짓지 아니하고 하늘에 있는 영원한 성전을 건축하고 있는 자들에게 그러한 재물을 공급해 주실 수 있었다. 그분은 "여호와께서 너를 위하여 하늘의 아름다운 보고를 열으사 네가 많은 민족에게 꾸어 줄지라도 너는 꾸지 아니할 것이요"라는 신명기 28장 12절에서 그 말씀을 그분의 종에게 하여 주셨다. 그 말씀과 함께 그 "보고"로부터 일만 파운드라는 첫 선물을 약속하여 주셨는데 그것은 하나의 확증이 될 것이었다.

하월스 선생은 그의 방으로부터 결코 그에게서 떠나지 않는 비전과 짐 - "모든 사람을 위하는 비전"을 지닌 사람이 되어 나왔다. 그는 그 사실을 교직원들과 학생들 앞에 공표하여 1935년 신년 초하루를 기도와 금식에 바쳤다. 하나님의 임재가 매우 현실적으로 느껴졌고 그들이 그 직업의 막중함을 조금도 경시하지 않았는데도 하나님께서 새로운 일을 하실 것이라는 깊고 더욱 커지는 확신이 많은 사람들을 사로잡았다. 주님께서 모든 사람들을 위한 속죄양이 되시려고 세상에 오신 것과 똑같이 실제로 성령께서 그 속죄 사실을 모든 사람에게 알리시려고 내려 오셨으며, 또 그분께서 그들의 세대에 그 직무를 완수하실 것이라는 확신이었다. 새로운 의미에서 세계는 그들의 교구가 되기 시작하였다. 복음이 모든 사람에게 미칠 수 있도록 촉진하는 어떤 기도의 책무라도 하나님께서 그들에게 부과하실 수 있게끔 그들은 헌신하기 시작하였다. 그들은 선교사 개인들과 단체들 뿐 아니라 국가들과 민족들을 위하여 중보하는 책임을 떠맡기 시작하였다. 스완제 성경 대학은 이제 "모든 민족들을 위한 기도의 집"이 된 것이었다.

이 기도 싸움의 한 형태는 세계복음화에 영향을 끼칠 수 있는 어떤 것에 관하여서도 국가적이고 국제적인 차원에서 중보하는 것이었다. 모든 사람은 들어야 했다. 그러므로 문이 항상 열려져 있어야 했다. 그들의 기도는 전략성을 띠게 되었다. 원수가 복음 전파와 자유를 말살하려고 획책하고 있는 어떤 곳에서도 그 원수와 맞붙어 싸워야 했다. 하나님께서는 하나의 도구를 - 무릎으로 세계적인 전투를 수행해 가는 한 무리를 준비하시고 계셨다.

이 국제적인 규모의 첫 기도 전투는 독일이 군대를 라인 랜드에 투입하여 로카르노 협정(Locarno Treaty)을 깨뜨린 1936년에 있었다. "하루만 지나면 프랑스가 전화에 휩싸이게 될 것을 우리는 알았습니다"라고 하월스 선생이 말했다. "그리고 그것은 곧 유럽 전쟁과 그에 따르는 복음 전파의 장애를 의미했습니다. 대학에 있었던 사람들만이 성령께서 우리들 위에 부과하신 짐을 실감할 수 있습니다. '히틀러를 압도하라'고 그분께서 나에게 말씀하셨는데 그것은 3주간의 기도와 금식을 뜻하였습니다."

그때의 대학 집회의 일지는 이렇게 기록하고 있다

3월 21일 "대륙의 사태가 어둡기만 하다. 우리는 오전 11시까지 기도하고, 오후 2시 30분과 6시와 9시에 모였다. 주님께서 독일을 조처하여 주시기를 간구하다."

3월 23일 : "대륙과 런던의 상황이 매우 심각하다. 오전 9시와 11시에 집회. 오후 6시와 9시에도 집회를 가졌다. 히틀러와 게르만족에게 손을 쓰시고 그들을 꾸짖으시기를 우리는 하나님께 탄원하다."

3월 24일 : "모든 나라들이 의견을 제각기 달리하여 유럽 위기의 전망은 갑갑하고 우리의 짐은 날로 무거워져 오나 주님께서는 우리로 하여금 그분의 존전에서 '모든 사람을 위한 비전'을 호소하도록 허용하시고 계신다. 주님께서 우리의 눈을 국가들에서 떼어 그분 자신에게로 돌려놓으시다. 오전 9시, 오후 6시와 9시에 집회."

이후 5일 동안 사정은 변함이 없었다. 그러다가 3월 29일에 하월스 선생이 집회에 들어와서 이렇게 말했다. "기도는 실패했습니다. 우리는 지금 미끄럽고 질퍽거리는 땅에 처해 있습니다. 오직 중보만이 소용 있을 것입니다. 하나님께서는 중보자들을 부르시고 계십니다. 서부 전선에서 저 원수와 싸워야만 하듯이 그렇게 실제적으로 그 원수와 싸우기 위하여 제단 위에 생명을 바치는 남녀들을 부르십니다." 전선에서의 병사는 그가 어디로 파견되든 무슨 임무를 지시 받든 아무런 이의가 없는 점이 천명되었다. 병사는 다른 사람들처럼 휴일을 갖거나 가정과 사랑하는 사람들의 요구에 귀를 기울일 수 없다. 그것과 똑같이 실제로 어떤 사람들이 모든 사람들을 위하여 성령의 완전한 종이 되며 구덩이에 자기들의 목숨을 던질 수 있다면(겔 22:30), 주님께서 승리를 주시고 전쟁을 피하게 하실 것이라고 그들에게 말씀하시고 계셨다. 많은 수의 교직원들과 학생들이 부르심에 응했다. "그 즉시로 과제는 정복되었습니다"라고 하월스 선생이 말했다. "그 때로부터 히틀러는 성령의 손안에 쥐어진 하나의 막대기에 불과하다는 것을 나는 알고 있었습니다." 일지를 보자.

3월 29일 : "지금까지의 대학에서 가장 놀라운 날, 헌신자들의 위대한 날, 그리고 많은 사람들이 순교의 도전을 받다."

3월 30일 : "희생 제물에 불이 떨어졌다. 성령께서 저녁 집회에 임하셨다. 무릎 꿇는 기도는 계속되었고 누군가가 '환영, 환영, 환영합니다! 성령이시여, 우리는 주님을 찬양합니다'라는 노래를 시작하였다. 자유와 능력이 매우 강력하여 우리는 이 한 노래를 꼬박 한 시간 동안 계속하였다."

4월 1일 : "주님을 경배하고 찬양한 하루였다. 주님께서 대학에 강림하셨으니 이곳은 새로운 곳이다. 더원포에서 글린더웬까지 찬양의 일색이었다."

그 주일로부터 유럽의 전쟁 위기는 평화의 모색으로 전환되었다. 25년의 유효 기간을 갖는 평화 협약이 제안되었다. 성경 대학도 역시 하나님께서 그분의 손을 히틀러와 나치의 위협 위에 계속하여 머물게 하시도록 그들이 강력한 호소력이 될 수 있다는 확신을 갖고 있었다. 히틀러가 오스트리아처럼 새로운 급습을 자행할 때마다 기도의 날들이 정하여졌다.

최대의 시험은 체코슬로바키아를 놓고 히틀러와의 논쟁이 일어나 소위 뮌헨 위기를 초래한 1938년 여름에 있었다. 우리가 지금에야 알고 있는 일이지만 히틀러가 따른 '목소리' 그러니까 그의 충복들 중에서 몇 사람의 충고가 있었다. 영국이 아직 전혀 준비되지 않은 상태에 있을 때에 공격하여 버리라고 그를 부추기고 있던 때였다. 전쟁은 불가피하게 보였으며 국가의 지도자들은 기도의 하루를 청했다. 하나님께서 그 도전을 대학에 현실화 하셨으며 며칠 동안 충돌이 심했다. 그것은 본질적으로 영적인 세력들의 충돌로 히틀러 속에 있는 마귀와 중보자들의 군대 안에 계신 성령 사이의 힘의 시합이었다.

싸움이 고조되었을 때에 성령께서 그분의 종을 통하여 대학에 내리신 한 기도의 내용은 "주여, 히틀러를 굽히소서"였다. 드디어 진통의 부르짖음이 승리의 외침으로 변하는 때가 왔다. 마귀는 물러서야만 했다. 때가 마침 대학의 새 학기가 시작되기 직전이었는데, 승리가 매우 확실하였으므로 하윌스 선생은 개학일을 찬양의 날로 변경하였다. 9월 17일자의 사우스 웨일스 이브닝 포스트(South Wales Evening Post) 지에 "다음 목요일의 집회는 하나님께서 또다시 유럽의 전쟁을 피하게 하셨기 때문에 찬양과 감사의 예배로 진행될 것입니다"라고 알리는 광고가 실렸다. 하나님을 찬양하는 예배에 참여하기 위하여 수백 명의 사람들이 그 어두운 시각에 강당에 모여들었다. 그 이후에 시험은 그 파고가 더욱 더 높아 갔으나 믿음은 요지부동이었으며, 9월 29일 목요일에 성경 대학과 어린이 학교에서는 올 승리를 축하하는 의미에서 특별 휴일을 가졌다. 그 다음날 9월 30일에 뮌헨 협정이 체결되어 전쟁을 피하게 되었다.

그러면 히틀러에게 어떤 일이 일어났을까? 그 사정을 알 수 있는 입장에 있었던 꼭 한 사람은 그 운명적인 시기에 독일 주재 영국 대사였던 네빌 헨더슨(Neville Henderson)이었다. 그는 자기의 저서 『사명의 실패』(Failure of a Mission)에서 뮌헨 협정 체결 후의 히틀러의 중대한 반응을 묘사하면서 다음과 같은 의미 깊은 진술을 하였다. "히틀러는 자기 자신을 짜증스러워 했다. 그의 추종자들의 일부는 영국이 아직 군사적으로 준비되지 않은 때에 영국과 싸우라고 계속하여 그를 선동하고 있었다. 그들은 그가 뮌헨 협정을 받아들여 절호의 기회를 놓치고 말았다고 그를 원망했다. 그들이 옳았다는 불쾌한 생각이 그의 기분을 더욱 착잡하게 했다. 그의 '목소리'는 10월보다 전쟁하기에 더 유리한 순간은 없을 것이라고 그에게 충고했었다. 그런데 그때, 꼭 한번만은 그가 그 '목소리'를 무시하고 신중론에 귀를 기울일 수밖에 없었다. 처음으로 그의 '목소리'에 따르지 못했다. 그는 여러 번 그의 강경론자들과 군대의 도전적인 충고대로 행동했는데, 결과는 항상 그가 옳았다는 것을 입증하였다. 뮌헨에 도착할 때까지는 그러했다. 그러나 그곳에서, 처음으로, 그가 반대의 의견을 청종할 수밖에 없었으며, 그의 '목소리'에 대한 자신의 신뢰와 그의 판단에 대한 민중들의 신뢰가 처음으로 흔들렸다. '귀하는 내가 양보해 본 유일한 사람입니다"라고 그가 약간 씁쓸한 표정으로 챔벌린(Chemberlain) 수상에게 말했다. 주님께서 히틀러를 굽히셨던" 것이다. 일년 후 전쟁이 발발하였을 때에 그것은 사단의 승리가 아니고 "짐승에 대한 하나님의 전쟁"이라고 성경 대학이 확신할 수 있게 된 것은 이 승리의 확실성과 성령께서는 히틀러 속에 있는 마귀보다 더 강하시다는 지식 때문이었다. 그때의 믿음의 도전에 있어서 하월스 선생과 그의 동료들을 강하게 만든 또 한 가지는 위기 직전인 1938년 7월에 하나님께서 약속대로 '모든 사람을 위한 비전'에 대한 확증의 의미를 지닌 선물 곧 만 파운드를 주신 사실이었다.

에디오피아
31

　1936년 3월의 위기가 지난 후 이윽고 에티오피아를 위한 투쟁이 시작되었다. 그것은 어렵고 길고 우울한 실패로 끝날 것만 같았다. 뭇솔리니가 에티오피아를 침략하려고 하는 것이 분명해진 순간 하월스 선생과 성경 대학은 그 침공이 가져 올 결과를 중시하였다.

　에티오피아는 황제의 영향을 통하여 새로운 방식으로 복음 전도를 받아들이고 있었으며 여러 지역에서 확산되는 복음화의 계획이 진행되고 있었다. 하월스 선생은 다시 한번 이번 싸움이 로마교회 안에 있는 원수와의 전투인 것을 절감했다. 만약 이태리가 에티오피아를 점령한다면 개신교회의 전도 활동은 그 곳에서 종식되고 말 것이기 때문이었다. 중보의 투쟁은 3주 동안 계속되었다. "그것은 마치 우리가 실제로 그 나라에서 싸우고 있는 것 같았습니다"라고 하월스 선생이 말했다. "우리는 하나님께서 에티오피아를 파시스트 독재자에게 넘겨주시지 않으실 것을 믿었습니다." 이태리 군대가 수도인 아디스 아바바에 가까이 접근하기 시작하자 그 중보의 싸움은 가장 치열해졌다. 성경 대학일지는 1936년 그 당시를 이렇게 기록했다.

　4월 24일 : "기도와 금식(아침 식사를 제외한)의 날. 우리가 에티오피아를 위하여 기도하면서 무거운 책임감을 느끼다. 저녁이 가까워지자 정말 힘들게 되다. 신문의 뉴스는 매우 심각하다. 우리는 이태리의 군대가 아디스 아바바에 들어가지 못할 것을 믿고 있다."

4월 25일 : "4회의 기도회. 지기에 벅찬 큰 짐이 있다. 주님께서 개입하셔서 이태리인들에게 좌절을 안겨 주실 것을 우리는 믿고 있다."

4월 28일 : "짐이 무겁다. 이태리인들이 아디스 아바바에 들어가지 못할 것을 많은 사람들이 확신하고, 성경 대학의 식구 전체가 이 큰 일을 일심으로 믿고 있다."

4월 29일 : "우리는 이태리인들의 침략을 중지시키기 위해 확고한 신앙으로 힘써 주님을 붙들고 있다."

5월 1일 : "아직도 싸움은 매우 격렬하다. 우리는 수도 아디스 아바바에 있는 백 명의 선교사들을 위해 주님께 탄원하는 놀라운 3시간을 가졌다. 주님께서 학장님에게 앞으로 10년 동안 공적인 생활에서 물러나 국가들을 위하여 중보해야 한다고 말씀하시다. 오, 이런 생활의 기쁨 중보의 전투에 참여하는 기쁨!"

5월 4일 : "기도와 금식의 날. 황제가 궁전을 떠날 때에 돌발한 폭동에 관한 기사를 우리가 읽으면서 큰 책임감을 느끼다. 힘든 날이다. 그러나 주님께서 시험의 물결을 매우 높게 넘놀게 허용하시고 계시더라도 곧 개입하실 것을 우리는 믿고 있다."

5월 5일 : "여전히 아디스 아바바를 위한 무거운 짐. 이태리인들이 오늘 오후 4시에 행군에 들어가다."

이번 사건의 교훈은 우리가 하월스 선생의 생애에서는 여러 번 보아 온 바이지만 대학의 많은 사람들에게 있어서는 처음 경험하는 것이었다. 즉, 부활에 선행해야 하는 중보에서의 죽음과 부동의 믿음을 갖고 수모와 표면적인 실패의 골짜기를 뚫고 나아갈 수 있는지에 대한 중보자들의 시험을 경험하게 되었다. 그들이 믿는 바가 그대로 일어나지 않았다. 이탈리아인들이 수도를 점령하지 못할 것으로 믿었으나 그들은 점령하고 말았으며 황제는 망명객이 되었다. 로마는 개가를 올렸다. 그 나라에서의 복음 사업이 끝장난 것 같았다. 그러나 하월스 선생은 이미 언급된 바 있는 원리―겉보기의 실패는 더 큰 승리에의 디딤돌에 불과할 수 있다는 원리를 학생들 앞에 설명했다. 성경 대학의 기록은 이렇게 계속된다.

 5월 6일 : "학장님은 중보에 대한 더 깊은 이해를 우리에게 피력하시다. '우리가 만일 에티오피아에 있는 그 사람들을 위하여 중보하지 않았다면 그들과 함께 고통을 나누지 못했을 것입니다. 또 우리의 기도가 믿음의 기도였다면 우리가 단지 후퇴만 했을 뿐이지 불신앙으로 말미암는 실패는 아닙니다'라고. 오후 7시 30분에 공적인 대집회가 있었다. 그때에 성령께서 우리에게 '꿈꾸는 자' 요셉을 보이셨다. 그는 하나님께서 그에게 꿈으로 보이신 것을 붙들고 무서운 시험들을 겪어야 했으나 결국 믿은 바가 실현되는 것을 목격하게 되었던 것이다."

 하나님께서 하나의 전제로서 에티오피아와 관련하여 성경 대학을 다루신 이야기를 계속하기 위해 지금 우리가 살고 있는 시간으로부터 상당히 거슬러 올라가야 하겠지만, 그 후의 몇 년에 걸쳐 일어난 일들을 대충 살펴보겠다. 뭇솔리니가 에티오피아를 점령한 날이 오고야 말았지만 대학은 결코 믿음을 잃지 않았다. 황제가 영국에 와서 천만 뜻밖에도 대학에 들렀다. 하나님 외에 누가 그의 발걸음을 그와 그의 국민들을 위하여 다른 어떤 사람들보다 아마 더 집중적으로 기도하였을 일단의 사람들에게로 인도할 수 있었겠는가? 스터드(C. T. Studd)의 사위이며 에티오피아에 있는 성경 신자 선교협회(Bible Churchmen's Missionary Society)의 회장인 알프레드 벅스튼(Alfred Buxton) 선교사가 성경 대학이 선교사들의 자녀들을 위하여 가정과 학교의 기능을 겸하고 있는 시설을 갖고 있음을 알고 라스 카사(Ras Kassa)의 아들이며 황제의 친척이 되는 라지 아스라테 카사(Lidj Asrate Kassa)를 그 학교에 받아 줄 수 있느냐고 하월스 선생에게 편지로써 문의하여 왔다(지금은 데자즈마크 아스라테 카사라고 불리며 에티오피아의 한 큰 주〈province〉의 총독이다).

일년 후에 황제는 친히 대학을 방문하여 아스라테를 볼 수 있느냐고 문의하여 왔다. 그는 스완제에서 시장 부부와 데이비드 리차드(David Richards) 의원과 그의 딸에 의해 대대적인 시민의 환영을 받았으며 길드 홀로 영접되어 그곳에서 방명록에 서명하였다. 시장은 인사를 나누면서 황제가 아직도 그에게 있어 "폐하"라고 말했다. 황제는 스완제의 시민들을 치하하였고 시민들은 언젠가 황제가 그의 나라에서 복권하기를 희망하였다. 오직 하나님만이 그 일을 이루실 수 있다고 그가 덧붙였다. 그런 후 황제는 성경 대학과 어린이 학교를 방문하여 다과를 나누었다. 하윌스 선생이 페늘러게어의 저택을 얼마 전에 구매하였으므로 그는 그것을 그들의 기도가 응답되어 황제가 복위할 때까지 영국에서의 거처로서 사용하도록 그에게 제공했다. 만병초와 진달래로 불타고 있는 듯한 가로수 길을 1마일 이상 차를 몰고 갈 때에 황제의 눈에는 눈물이 고여 있었다. 그는 하윌스 여사에게 이렇게 말했다. "천국이 이보다 더 아름다운 곳이라면 아주 놀라운 곳임에 틀림없습니다. 여사의 부군이 하신 일이 '오직 하나님만을 바라보는 사람은 모든 일을 할 수 있고 결코 실패하지 않는다' 는 에티오피아의 격언을 생각나게 합니다." 황제는 또한 하윌스 선생이 망명 유대인들을 도우라는 소명을 받은 이야기를 듣고 큰 감명을 받았다. "나 자신도 망명객입니다"라고 그가 말한 바와 같이 사정이 그러하였기 때문이었다. 며칠 후에 그는 이렇게 편지했다.

하일레 셀라시에 1세
하나님이 택하신 에디오피아 황제
리스 하윌스 목사님 부부께

본인이 지난주에 귀하의 성경 대학을 방문하는 동안 귀하가 본인에게 보여주신 모든 친절에 대하여 충심으로 사의를 표하고자 오늘 펜을 들었습니다. 주님께서 귀하를 인도하셔서 귀하의 국민들과 귀하의 나라에서 피난처를 발견한 사람들 가운데 모든 놀라운 일들을 이루고 계심을 보게 된 것은 본인에게 있어서 하나의 영감과도 같습니다. 본인은 하나님께서 은혜로 그분의 이 위대한 사업을 풍성히 계속하여 축복하시기를 비는 바입니다.

충정 어린 우의로부터
(황제의 친필로 서명됨)

황제의 개인적인 목사와 지금은 육군 준장으로서 전쟁 상직(戰爭相職)을 맡고 있는 황제의 사위인 아비에 아베베(Abye Abebe)가 한동안 학생으로서 성경 대학에 들어왔다. 1939년 여름에는 황제 자신이 페늘러게어 야영지의 천막에서 2주 동안을 지내며 매일 밤 대학의 집회에 참석하였다. 그의 야영 생활이 끝나 갈 즈음에 전쟁의 발발이 임박하여 곧장 야영지에서 런던으로 돌아가서는 나중에 런던에서 그의 나라로 귀국하였다. 1941년 6월, 황제가 자기의 수도에 다시 들어갔을 때 하월스 선생에게 이런 전보를 쳐 왔다.

본인의 수도 귀환에 있어 귀하가 본인의 기쁨을 함께 나누어주실 줄 믿습니다. 본인은 지난날의 동정과 도움을 기억하며 이 전보를 보냅니다.

황제 하일레 셀라시에

전보에 대해 감사합니다. 에티오피아의 국권과 폐하의 제위를 회복하여 주셔서 매일 하나님을 찬양합니다. 주님께서 폐하를 지켜 주시고 평안을 주실 것입니다.

리스 하월스, 성경 대학, 스완제

하나님의 응답은 완전하였다. 이태리인들의 추방 이후에 에티오피아에서의 선교 사업은 그 역사상 단연 절정을 이루었다. 후일의 세계대전 때처럼 침략자가 다시 일어나 위협할 수 없도록 조처될 때까지는 중보에의 응답이 완전할 수 없었을 것이다. 그리고 선교사들이 귀국하여 왈라모(Walamo) 지방에서 이태리의 점령기간 동안 실로 신자 수가 약 5백 명에서 2만 명으로 증가하며 계속적으로 진행된 부흥을 어떻게 설명할 수가 없다고 보고했다.

성령님의 방문 32

성경 대학의 매우 많은 교직원들과 학생들이 중보자로서 그들의 생애를 제단에 바친 1936년 3월 29일의 특별한 헌신이 있은 때부터 성령께서 대학에 특별하게 역사 하셨다. 그 절정과 완성은 1937년의 정월 초하루에 있었다. 그것은 대학의 "오순절"이었다. 그로부터 그들은 헌신한 개인들로 느슨하게 묶여진 단체가 아니라 글자 그대로 하나의 몸, 하나의 생명과 목적을 가진 하나의 살아 있는 완전한 유기체가 되었다. 교직원의 한 사람이었으며 지금은 어린이 학교의 교장인 킹슬리 프리디 박사는 그 당시를 다음과 같이 설명한다.

"1936년 크리스마스 휴가 때에 많은 시간을 기도에 바쳤습니다. 1937년의 신년이 가까워지면서 우리는 하나님의 임재를 점점 더 뚜렷하게 느끼고 있었습니다. 그분께서 새로운 방식으로 역사하시고 계신다는 객관적인 첫 표징은 한 교직원이 기도 중에 통회하며 그녀의 비참함을 고백하면서 성령께 자기의 결핍을 채워 주시기를 부르짖는 때에 있었습니다. 그런 후 성령께서 삼위 하나님의 영광으로 몇몇의 여학생들에게 그분 자신을 나타내시자 그분의 거룩한 빛에 드러난 자신들의 심령적 부패에 충격을 받아 그들은 몇 시간이나 그분 앞에 엎드려 통곡하는 것을 우리가 볼 수 있었습니다. '하나님의 임재 하심에 대한 경외감이 온 대학 내를 사로잡기 시작하였습니다.' 우리는 엄숙하게 기대하고 있었습니다. 오순절 전에 다락방에 모인 120명의 성도들이 상기되었습니다. 그들과 같이 우리들도 하나님의 손이 우리 위에 놓인 것을 의식하고—그분께서 무언가를 하시리라고 느끼며 우리의 시간을 오직 '기도와 간구'로 보내기를 열망했습니다. 하나님께서 그곳에 계셨습니다. 그런데도 우리는 더욱 더 그분을 기다리며 원했습니다. 그런 며칠이 지나서 그분께서 오셨습니다."

"그분은 돌진하는 강풍처럼 오시지 않았습니다. 인격자이신 성령께서 우리의 모든 생각에 충만하셨으며 그분의 임재가 온 장소에 넘쳤고 그분의 빛이 우리의 심령의 모든 숨겨진 깊숙한 곳을 꿰뚫고 있는 것 같았습니다. 집회 때마다 그분께서 학장을 통하여 말씀하시고 계셨습니다만 그분께서 자신을 우리의 많은 사람들에게 나타내신 것은 우리들의 조용한 방에서였습니다. 전에도 성령께서는 우리에게 있어서 실제적인 인격자이심을 느꼈습니다. 우리가 그분을 받았다고 까지 생각하였습니다. 우리 중의 어떤 사람들은 우리의 생활을 통한 그분의 많은 역사를 체험하고 있었습니다. 그러나 지금 그들 자신에 대한 계시가 엄청났으므로 이전의 모든 경험은 아무것도 아닌 것 같았습니다. 보이는 환상 같은 것은 없었지만 성령께서 우리의 영적인 눈에 자신을 현실적으로 나타내 보이신 만큼 그것은 '얼굴과 얼굴을 마주한' 경험이었습니다. 우리가 그분을 보았을 때 전에는 한 번도 그분을 참으로 만나 뵙지 못했음을 알았습니다. 우리는 욥처럼 '내가 주께 대하여 귀로 듣기만 하였삽더니 이제는 눈으로 주를 뵈옵나이다' 라고 말했습니다. 또 욥처럼 '그러므로 내가 스스로 한하고 티끌과 재 가운데서 회개하나이다' 라고 부르짖었습니다."

"그 불의 순전한 빛 앞에서 우리가 보게 된 것은 죄라기보다는 오히려 자아(self)였습니다. 지금껏 우리가 한 모든 것의 밑바닥에 자존과 자아 동기가 자리잡고 있는 것을 보았습니다. 정욕과 자기 연민이 생각지도 않은 곳에서 발견되었습니다. 그리고 우리는 내주 하시는 인격자로서의 성령께 대하여 아무 것도 모르고 있다고 고백할 수밖에 없었습니다. 우리의 몸은 성령의 전으로서 의미를 갖고 있음을 알고 있었습니다만 '너의 몸 안에 누가 살고 있느냐?' 고 그분께서 캐어물으실 땐 그분께서 살고 계신다고 우리가 대답할 수 없었습니다. 지난날 같으면 그렇게 대답할 수 있었을 것이지만 이제 우리가 그분을 가까이 뵌 것이었습니다. 본성에 있어서 그분은 예수님과 똑같으십니다. 그러므로 그분께서는 결코 자아를 위하여 사시지 않고 항상 남을 위하여 사십니다. 우리는 구주를 따르기 위하여 모든 것을 버린 사람들이었습니다. 이 세상의 모든 재화를 내팽개치고 믿음의 생활로 들어갔습니다. 우리가 아는 한 우리의 생애를 전적으로 우리를 위하여 죽으신 분께 양도했습니다. 그러나 성령께서 새로운 사실을 보이셨습니다. '내 손에 양도한 너의 생애와 너의 몸 안에서 내가 나의 삶을 살고 있는 것 사이에는 하늘과 땅의 차이가 있다.' 우리는 사도행전을 새로이 읽으면서 우리가 읽고 있는 것은 사도들의 행적이 아니라 성령의 행적인 것을 발견하였습니다. 베드로와 다른 사도들의 몸은 그분의 성전이 되어 있었습니다. 구주께서 베들레헴에서 태어나신 몸 안에 그분의 지상의 생애를 사신 것처럼 인격적인 하나님으로서의 성령께서 사도들의 몸 안에 살고 계셨습니다. 그리고 성령께서 우리에게 요구하시는 모든 것은 우리의 의지와 몸이었습니다. '그러므로 형제들아 내가 하나님의 모든 자비하심으로 너희를 권하노니 너희 몸을 하나님이 기뻐하시는 거룩한 산 제사로 드리라'(롬 12:1). 전에는 그 말씀을 전혀 읽어보지 못한 것처럼 느껴졌습니다. 그분께서 요구하시는 것은 봉사가 아니고 희생 제사인 것을 그분은 분명히 하셨습니다. '우리 하나님은 소멸하는 불이시니' 하나님이신 성령께서 우리의 이 몸들을 취하시면 그땐 그분의 생명이 우리의 모든 못된 것을 소멸할 것입니다. 우리는 자주 '예수 같이 되렵니다'라고 노래하였으나 꼭 예수 같으신 분으로부터 우리 안에 오셔서 매일 매시 그 삶을 사시겠다는 제의를 받고서 우리가 얼마나 거짓되었는지를 발견하게 되었습니다. 이 '죽음의 선고'로부터 움츠리는—아직도 우리 자신들의 삶을 살고자 하는 욕망이 우리 속에 얼마나 강하게 버티고 있었던가! 우리는 지금에야 누가복음 9장 24절에 있는 '누구든지 제 목숨을 구원코자 하면 잃을 것이요 누구든지 나를 위하여 제 목숨을 잃으면 구원하리라'는 구주의 말씀의 의미를 깨닫기 시작하였습니다."

"그분께서 왜 이렇게 자신을 우리들에게 나타내 보이셨겠습니까? 그분은 그 이유를 명백히 하셨습니다. 오늘날 세상에서 하여야 할, 그러나 그분만이 하실 수 있는 일이 있었기 때문이었습니다(요 16:18). '아버지의 약속'을 받을 때까지 예루살렘을 떠나지 말라고 주님께서 제자들에게 말씀하신 것은 이상할 것이 없습니다. 그러나 그분께서 오실 때에는 그들이 예루살렘과 온 유대와 사마리아와 땅 끝까지 이르러 그분의 증인이 될 것이었습니다."

"우리들 중의 많은 사람들이 지난 3월 29일에 모든 사람에게 복음을 전하기 위하여 모든 것을 제단에 내 놓았습니다. 우리는 우리의 세대에 그 과업을 완수하는 데에 하나님께서 필요로 하는 기계의 어떤 톱니바퀴라도 기꺼이 되고자 하였습니다. 그러나 지금 성령께서 '여호와가 모세에게 말씀하셨던 것처럼 내가 그 일을 하려고 내려왔다'고 말씀하셨습니다. 그분은 거룩하신 만큼 전능하시다는 것을 우리는 알고 있었습니다."

"하나님께서 찾아오신 날들이 계속되는 동안 우리는 그저 그분의 발 앞에 엎드려 있었습니다. 이전에는 우리의 헌신에 상당한 가치가 있고, 다른 수많은 사람들과 함께 우리가 이 세대에 세상을 복음화 할 역군이라고 생각했었습니다. 그러나 지금 그분께서 와 계셨으며 우리의 몸이 그분께서 거주하시는 성전과 그분께서 일하시는 방편이 되는 것을 제외하고는 우리가 무슨 일을 하는 것이 아니었습니다. 그분께서 이렇게 말씀하셨습니다. '내가 너희에게 기쁨이나 평안이나 승리를 주려고 온 것이 아니다. 무슨 축복을 주려고 온 것도 아니다. 너희들이 필요한 것은 모두 예수 안에서 너희가 발견할 것이라. 그러나 잃어버린 세상을 위하여 너희의 몸 안에 살도록 너희를 십자가에 못박으러 왔다'(골 3:3; 고후 4:10; 갈 2:20)."

"이 과업이 이루어지기 전에 시련이 매우 크고 사단의 공격이 맹렬하여서 '혈과 육'으로써는 감당하지 못할 것이라고 주님께서 우리에게 경고해 주셨습니다. 십자가에 못박히시기 전날 밤 어둠의 세력들과의 대충돌이 있었을 때에 넘어지지 않은 자는 구주뿐이었음을 그분께서 보여주셨습니다. 제자들은 하나같이 모두 그들의 헌신과 맹세와 주님께 대한 정성에도 불구하고 넘어지는 것을 우리는 보았습니다. 그리고 이 세대의 마지막 때의 어둠과 이 세상의 나라들을 위한 천국과 지옥 간의 최후의 싸움으로 점철될 미래를 내다보면서 '이런 일들에 충분하신' 오직 한 분에 대해 우리가 깨달을 수 있었습니다. 그분은 내재하실 수 있는 사람들 안에 거하시는 영화로우신 제3위의 하나님이셨습니다."

"한 사람 한 사람 그분께서 우리를 만나 주셨습니다. 우리는 울음을 터뜨리며 그분 앞에서 통회하였습니다. 이사야가 하나님을 뵈웠을 때 그랬던 것처럼 '화로다 나여 망하게 되었도다. 나는 입술이 부정한 사람이요'라는 부르짖음이 저마다의 입술에서 터져 나왔습니다. 하나하나 우리의 의지는 부서졌습니다. 무조건적으로 그분께 굴복하였습니다. 각 사람에게 영광스러운 현실이 찾아왔습니다. 그분께서 들어오셨던 것입니다. 우리의 특권에 대한 놀라움이 마냥 넘쳐 왔습니다."

"개별적인 체험이 놀라웠습니다. 우리는 새로운 사람들이 되었습니다. 그분의 말씀이 새로웠습니다. 늘 우리는 말씀을 우리의 경험적인 수준으로 끌어내리곤 하였습니다만 이제 우리 안에 계신 분께서 우리의 경험을 그분 말씀의 수준으로 끌어올리시기를 고집하셨습니다. 십자가에 못 박히는 것은 서서히 이루어지는 죽음이며, 그분께서 우리를 통하여 참으로 자유롭게 일하실 수 있기 전에 우리 안에서 조치하셔야 할 것이 많을 것임을 깨닫게 되었습니다. 그러나 한 가지를 분명히 우리는 알고 있었습니다. 그분께서 오셨으며 그분은 결코 실패하실 수 없었습니다."

"그러나 하나님의 방문이 개인적으로 우리에게 의미하는 어떤 것보다 훨씬 더 위대한 것은 세상에 대하여 갖는 그 의미였습니다. 우리는 그분에게는 '열방이 통의 한 방울 물 같고 저울의 적은 티끌 같은' 그러한 분으로 그분을 보았습니다. 그분 앞에서 황공하여 얼굴을 들지 못하고 우리는 '성령이시여, 주의 오심으로 세계가 진동하였나이다'라고 말할 수 있을 뿐이었습니다. 그 즈음에는 육체의 흥분이나 열정 같은 것은 전혀 없었습니다. 3월 29일 이후에 그분의 능력이 우리들 위에 나타났을 때에 우리는 도취되어 늘 노래하며 소리 높여 찬양하였습니다. 그러나 이번에는 그분의 거룩한 위엄으로 두려워서 집회 때에 감히 목소리를 높이지 못했습니다. 바깥마저 그분의 임재로 가득 차 있는 듯했습니다. 함께 어울려 걸어다니다가도 문득 우리가 속삭이는 목소리로 이야기하고 있는 것을 깨닫곤 하였습니다.

시간이 깊어 갔으나 아무도 잠자리에 들려고 하지 않았습니다. 하나님께서 거기에 계셨기 때문이었습니다. '그것은 거기에는 밤이 없으리라' 는 거룩한 성을 미리 맛보는 것 같았습니다. 우리가 함께 영적인 교제를 나누거나 경험하고 있는 사람들과 기도하거나 혹은 고요한 마음으로 하나님 앞에서 기다리고 있거나 했던 새벽 2시와 3시는 종종 꼭 대낮과도 같았습니다. 하나님을 찬양할때도 그분께서 오셔서 그 이후로 내내 거하시고 우리와 함께 하여 오셨습니다. 그렇지만 그분의 방문은 특별한 의미로 약 3주 동안 계속되었습니다. 그러나 아무도 성령을 독점할 수 없습니다. 그분은 하나님이십니다. 그분에 대한 우리의 경험이 어떠하든 그분에 관하여 우리가 알 수 있는 모든 것보다 그분은 훨씬 더 위대하십니다. 그분의 은사에 대하여 그분의 현현이나 기름 부으심에 대한 우리의 앎이 어떠하든 그분은 그 모든 것보다 더 크십니다. 어떤 방식으로 그분께서 자신을 우리에게 나타내셨건 우리는 또한 다른 사람들을 통한 그들 안에서의 그분의 능력적인 역사를 인정합니다. 요엘이 예언 한대로 모든 육체에 부어 주실 성령 자신을, 세계의 각처에 준비된 그분의 통로를 통하여 우리에게 보여주신 비전을 완성하실 수 있는 유일하신 분으로서 우리는 점점 더욱 바라봅니다."

희생 제물 위에 떨어진 이 불을 통하여 성령께서는 모든 사람들을 위한 중보자의 한 무리를 스스로에 대해 검인하셨습니다. 교수와 교사, 의사와 간호원, 가정주부와 사무원, 정원사와 기계공, 그들의 직업은 다양하였으나 사명은 하나였다. 학생들 중에서도 많은 수효가 이 기도하고 일하는 무리의 한 부분으로서 계속하여 남았다. 하나님께서 종들을 다루시는 데에 있어서 그분 자신을 위하여 개인들이 아니라 단체들을, 말하자면 하나님의 정하신 한 목적을 위하여 한 성령으로 세례 받아 한 몸을 이룬 단체들을 구별하여 세우실 때가 있다. 이 경우가 그 한 사례였다.

네 번째의 부동산과 유대인들
33

하월스 선생에게 지워진 다음의 짐은 유대인들을 위한 것이었다. 우리가 그와 성경 대학을 따라 오랜 세월에 걸친 이스라엘을 위한 그들의 중보 행적을 더듬어 가노라면 유대인들의 실제적인 귀환과 이스라엘의 건국에서 그들의 기도의 첫 단계가 실천되는 것을 보게 됨은 주목할 만하다. 처음 그 책임이 하나님의 종에게 부과되었을 때에 외부의 조짐으로 이런 일이 일어나리라고 상상인들 했겠는가. 역사상의 위대한 사건이 미리 성경에 예언되었다 할지라도 하나님께서 믿음과 순종, 인간 통로를 발견하시지 않는다면 일어나지 않는다는 교훈을 배우게 된다. 예언은 예고되는 이외에 믿어야만 실현되는 법이다.

그 책임은 1938년 9월 3일, 하월스 선생이 모든 유대인은 6개월만에 이탈리아에서 떠나가야 한다는 이탈리아 정부 당국의 선언을 읽고 있을 때에 처음 내려졌다. 이것은 당시 독일에서 거세게 일고 있던 반셈족주의와 더불어 그의 생각을 하나님 백성의 본토에로의 귀환 쪽으로 돌리게 했다. 그는 집회에서 이렇게 말했다.

9월 3일 : "나는 이 사람들을 위한 큰 의무감을 안고 있습니다. 하나님께서 그들의 짐을 나에게 짊어지우시기를 바랍니다. 히틀러와 뭇솔리니를 통하여 마귀가 유대인들을 그들의 땅으로 보내는 데에 이용되고 있습니다. 예언의 성취이지요. 또한 이것은 지금이 세계의 종말이라는 증거이기도 합니다. 나는 하나님의 백성이 그들의 땅으로 돌아가도록 돕기를 갈망하고 있습니다."

9월 5일 : "하나님의 백성의 두번째 귀환에 대한 이사야의 예언을 보면 그는 11장과 12장에서 하나님께서 그들을 세계 사방으로부터 이끌어들이실 것이라고 말하고 있습니다. 그것이 바로 오늘날 일어나고 있어요. 성령께서 누군가를 통하여 그들을 도우시기를 갈망하시고 계십니다. 하나님께서 이 사람들이 당하고 있는 고통에 대한 동정으로 나를 더욱 더 깊이 감동시켜 주시기를 원합니다."

9월 7일 : "다니엘은 포로 기간의 70년이 끝난 것을 안 후에 하나님의 백성의 귀환을 위하여 놀랍도록 하나님의 마음을 움직일 수 있었습니다. 그들이 그 땅에서 살 것이라는 아브라함에게 주신 하나님의 약속을 우리는 확고한 신앙을 갖고 믿어야 합니다. 유대인들을 단순히 동정만 해서는 안 됩니다. 하나님께서는 그들을 포로로 잡아간 고레스 왕을 움직이셔서 그들을 환송하는 데에 필요한 돈을 공급하도록 하셨습니다! 누군가가 그분을 믿으면 그분께서 다시 그런 일을 하실 것입니다. 이방인들의 때가 종국에 가까워지고 있으며 주님께서 재림하시기 전에 유대인들이 본토로 돌아가야 함을 나는 확신합니다."

9월 11일 : "부랑자들을 위하여, 마을에서 나실인으로서 인도의 과부들을 위하여, 폐결핵 환자를 위하여, 선교사 자녀들을 위하여 가졌던 중보의 상황들이 생각납니다. 이제 주님께서 유대인들을 위하여 책임을 떠맡도록 우리를 부르시고 계십니다."

그런 후 그는 유대인을 위한 20만 파운드의 기부금에 대해 책임을 지며 그것에 대해 믿으라고 하나님께서 명백히 말씀하셨음을 설명하기 시작했다. 이 금액을 위하여 확신을 갖고 기도하는 데에 여러 날이 걸렸다.

그러나 몇 주 후에 히틀러가 수천의 유대인 어린이들을 폴란드 국경으로 "추방하였다"는 소식이 왔다. 하웰스 선생의 짐이 점점 더 조여 왔다. "내가 이 소식을 신문에서 읽는 순간"하고 그가 대학에서 말했다. "큰 괴로움이 내 위에 덮쳐 왔습니다. 이 비극이 그 애들의 부모들에게 어떤 의미로 와 닿는지 아무도 이해할 수 없습니다. 성령께서는 아버지와 똑같으신 분이십니다. 그리고 내가 만일 집이 파괴되어버린 애들의 아버지라면 그 길로 곧장 피난처를 찾으러 나서지 않겠습니까? 성령께서는 그와 같이 대륙에 있는 그 부모들을 위하여 아픔을 겪고 계십니다. 우리 안에 계신 그분께서 그 괴로움을 우리들 자신의 것이 되게 하여 주시지 않는다면 우리가 그들을 위하여 중보할 수 없습니다. 우리가 그러한 실제의 부르짖음을 갖지 않는다면 결코 보좌를 움직일 수 없을 것입니다. 말만으로는 아무런 힘이 없어요."

그가 그러한 책임감을 받게 되는 여느 때와 같이 하나님께서 그에게 무언가를 시키고자 하신다는 것을 강하게 느끼고 그가 무엇을 할 수 있는지를 물었다. "그들을 위해 집을 마련하라"는 대답이 왔다. 하월스 선생이 그 동안 3개의 부동산을 믿음으로 구입하였으나 이번에는 주님께서 새롭고 더 큰 재정적인 모험에로 그를 인도하시려 하셨다. 그는 최근에 작고한 그의 친구 퍼시 몰리뉴(Percy Molyneux) 경의 집을 세로 빌리려고 힘썼다. 그 집이면 50명의 어린이들을 받아들일 수 있을 것으로 계산하였으나 소유주들이 그에게 빌려주기를 꺼려했다. 그래서 250명쯤 수용할 수 있는 다른 더 큰 집을 놓고 시도해 보았다. 또 거절당했다. 그러던 어느 날 밤 하나님께서 "페늘러게어"라고 그에게 속삭이셨다. 그것은 그가 들어는 보았으나 보지는 못한 부동산의 이름이었다. 스완제 지역에서 가장 큰 부동산의 하나로 소유주가 찰스 레웰린(Charles Llewelyn) 경인 것을 그가 알고 있었다. 알아보니 그 부동산은 270에이커의 땅으로 되어 있었다. 로마 카톨릭이 건물과 두 구역만을 위해 1만 4천 파운드의 구매 신청을 이미 해 놓고 있었다. 그래서 그는 적어도 2만 파운드가 소요될 것을 알게 되었다.

그 다음의 한두 주간의 집회 기록은 그 일에 대하여 말하고 있는데, 11월 26일에 이르러는 하월스 선생이 갑작스런 발언을 꺼내었다. "그 새 부동산을 사겠습니다. 아마 다음 주가 될 것입니다. 유대인들을 돕기 위해서는 나의 모든 것을 기꺼이 걸까 합니다."

그가 알선인에게 찾아가서, 어떤 다른 사람들이 그것을 사려고 서두르고 있었기 때문에 미룰 시간이 없다는 것을 알았다. 24시간 내에 결정을 내려야 했다. 그날 집회에서 그는 이렇게 말했다. "다른 사람들이 페늘러게어를 구입하려고 회사를 결성하고 있습니다. 나는 삼위일체 하나님께 나의 회사가 되어 주시도록 앙망해야 합니다." 또 그 다음날에는, "오늘이 페늘러게어를 살 수 있는 마지막 기회라고 하시므로 그들보다 더 큰 제의를 했습니다. 알선인도 그것은 우리 것이 될 것이라고 말하더군요. 오늘 오후에 그가 소유주에게 편지를 띄울 것입니다."

그 문제는 낙착되었다. 약간의 필요한 흥정과 함께 그것은 2만 파운드를 물릴 것인데, 손에 쥔 것이 아무 것도 없었다. 이런 형편은 믿음으로 사들인 지난 경험을 무색하게 만들었으나 하나님께서 그를 몇 년이 경과하기까지 잘 인도하여 주셨으므로, 우리의 생각에 시험이라 느껴지고 또 실제로도 그러한 때에, 한 학생이 말한 바와 같이 그는 사람들이 옷 한 벌을 사면서 피우는 만큼의 야단스러움도 없이 페늘러게어를 샀던 것이다. 그는 몇 날 뒤에 대학과 아주 친밀한 어떤 사람으로부터 전화를 받고 크게 격려를 얻었다. 그 친구는 하월스 선생이 페늘러게어에 그의 모든 것을 걸고 있는 마당에 자기도 그와 같이 하겠다며 자기의 아버지에게서 받은 건물을 그 목적을 위해 팔겠다고 말했다.

페늘러게어는 다른 3개의 어떤 것보다도 훨씬 더 나은 굉장한 부동산이었다. 큰 저택에 많은 별채와 7개의 다른 주거 가옥과 농장과 상품을 위한 식물 재배원이 연해 있었다. 고(故) 존 레웰린 경은 그 식물 재배원을 위해 15명의 원예가를 고용했었다. 그 부동산은 수목과 숲의 종류가 많기로 유명하여 스완제 대학교가 식물학 전공 학생들을 위하여 이용했었다. 18에이커의 강과 호수는 송어잡이로 낚시꾼들 사이에 인기가 높았다. 저택까지의 길이 1.4마일의 가도는 만병초와 진달래 무더기 속을 달리는 아름다운 길이었다.

여기에서 하월스 선생은 "핍박받는 어린이들"이 만병초가 만발하여 불타고 있는 이 드라이브 길을 달리고 있는 환상을 그려보았으며, 그들이 자신들의 운명의 고향이며 아직도 젖과 꿀이 흐르고 있을 팔레스타인 땅에 벌써 반쯤은 와 있다고 느끼며 감격해 하는 비전을 보았다.

신문은 이것을 "유대 피난민 어린이들을 위한 웨일스의 도피성"이라고 표현했으며 런던 신문들도 머리 기사로 실었다. 수백 명의 유대 어린이들을 인도하는 문제로 내무상과의 상담이 열렸다. 이 모든 것은 훨씬 더 무거운 재정적인 책임을 의미하는 것이었으며 한 어린이마다 50파운드의 보증금을 지불해야 했다.

그때 하나님께서 그들을 또 하나의 더 많은 비용이 드는, 아니 가장 많이 드는 조치를 취하도록 이끄셨다. 그것은 대학을 위하여 기도하고 있는 10만 파운드의 기부금에 관련된 것이었다. 하월스 선생의 말은 이러했다. "신앙 생활에는 하나의 황금률이 있습니다. 그리스도인 자신이 하나님의 사업에 바치거나 그러할 경제적인 힘이 있다면 기꺼이 바칠 것을 입증할 수 있는 금액보다 더 큰돈을 다른 사람들로 하여금 바치게 하시도록 하나님을 움직일 수는 없는 법이지요." 이 기본적 사항에 관하여 하나님께서 며칠 동안을 그에게 말씀하시고 계셨다. 어느 주일 아침 집회에서 하나님께서 요구하시고 계시는 것이 무엇인가와, 그에 따른 자기의 결정을 그가 대학 앞에 알렸을 때 온 대학은 놀라움으로 들끓었다. 대략 10만 파운드를 호가하는 현재의 세 부동산, 글린더웬과 더원 포와 스케티 이사프를 모두 팔아 유대인들을 위한 첫 기금 10만 파운드로서 바쳐야 한다는 것이었다. 대학과 어린이 학교는 페늘러게어로 옮겨 유대인 어린이들과 함께 건물을 사용할 것이었다. 하월스 여사도 이 모든 부동산과 거룩한 목적에 사용된 부속 시설들을 버리고 페늘러게어에서 사업을 새로이 시작해야 하는 희생을 내다보며 고심하고 있었다. 차마 하나님께서 정말로 이렇게 하라고 하실까 믿기지 않았다. 그러나 하월스 선생이 공표하는 것을 듣고는 그녀는 이제 결말이 이미 난 것을 잘 알았다. 흥건히 고인 눈물로 그녀가 그 집회를 떠날 때의 그 심정을 우리가 상상할 수 있을까? 홀로 하나님과 그녀는 자기의 싸움을 싸웠다. 그녀가 다음 집회에는 참석하지 못하고 점심도 들지 않았으나 3시까지에는 하나님께 번제물로 바치기 위하여 자기의 아들 이삭을 데리고 산을 향하여 걸어가는 아브라함을 상기시켜 하나님께서 그녀로 하여금 그 싸움을 완전히 이겨내게 하셨다. 하윌스 선생은 자기의 아내가 어떻게 이겨내게 되었는지를 전혀 모르고 있었으나 오후 집회에 바로 그 성경 구절을 가지고 설교하였다. 그는 그녀에게 집회의 마침 기도를 부탁하였는데 모인 사람들 중에 눈물을 흘리지 않은 사람이 없었다.

그런 후 그 부동산들을 매매하는 협상이 시작되었다. 육군은 이미 더원포 근처의 땅을 훈련장으로 쓸 목적으로 징수하고서는 대학 땅에 대하여 조사를 하고 있었다. 그래서 하윌스 선생은 이 매매에 관하여 육군성과 협상을 벌이기 시작했다. 서부 사령부가 결국 이 지역에서 더 이상 부지를 확장하지 않기로 결정한 것은 불과 몇 달 후의 일이거니와, 주님께서는 그 문제로 그분의 종을 더 시험하시지 않으셨다.

이때에 대학에 연속 집회가 있었는데 주님께서 많은 사람들에게 그들의 선교사 소명을 제단에 바쳐 그들을 통하여 성령께서 유대 난민 어린이들을 그 애들의 부모들을 대신하여 돌보라고 말씀하셨다. 그것은 많은 사람들의 편에서 볼 때 진정한 굴복이었다. 아직 그 직책이 구체적으로 실현되지 않았다 할지라도 그것은 이해하기 어려운 하나님의 지혜의 방식이었다. 약 120명 가량의 단체가 예기치 않은 전쟁 기간동안에 중보의 생활을 위하여 성령에 의해 구별되었음을 의미했기 때문이었다. 하나님께서 또 하나의 더 높은 사역을 종들에게 준비시키시기 위하여 다시 명백한 부르심을 이용하시고 계셨던 것이다. 이 수단을 통하여 무릎으로 전쟁을 수행하여 모든 사람들이 복음에 접할 수 있도록 다시 세계를 자유롭게 할 성령의 군대를 결성하셨다.

그들이 어린이들을 받아들이려고 준비하고 있는 동안에 독일에 대한 선전포고가 있었으므로 그들의 계획은 12명의 유대인 어린이들이 도착하여 대학 가족의 일원들이 되었지만 변경되어야 했다. 그것은 하윌스 선생에게 있어서 또 한 번의 시험이었다. "우리가 하나님을 위하여 무엇을 하려고 할 때엔 모든 것이 우리를 방해합니다"라고 그가 말했다. "어린이들을 받아들이려고 페늘러게어를 사들였는데 전쟁이 터지고 그 애들을 받아들일 수 없게 되었다는 것, 이것보다 더 나를 곤란하게 하는 것이 있겠습니까? 그러나 하나님께서 우리에게 말씀하실 때에는 우리가 그것을 결코 의심할 수 없습니다. 하나님께서 우리에게 말씀하신 바가 우리를 큰 시험에 들게 한다면 그땐 하나님께로 돌아가서 그 짐을 그분께 내려 놓아야 합니다. 그때 나는 큰 채무를 지게 되었기 때문에 이것만큼 실수로 보이는 것은 없었습니다. 그러나 나는 한번도 그것을 의심하지 않았습니다. 마귀는 나에게 그렇게 말할지라도 그것이 실수가 아니라는 것을 알고 있었습니다. 우리가 어린이들을 돌볼 수 없었다 하더라도 그 부동산을 삼으로써 하나님께 순종했습니다. 그분께서 그 부동산으로부터 우리가 하나님의 나라를 위한 거액을 만들어 낼 수 있을 것이라고 말씀하셨습니다."

하나님은 얼마나 놀라우신 분이신가! 첫째로 그 대부동산은 중보를 위해 대학에 남아 있으라고 하나님으로부터 부르심을 받은 젊은이들에게 일자리를 제공해 주었다. 그들은 그 기간 내내 부동산 안에 있는 거목들을 베어 내는 일을 하였으며, 그 결과로 다른 의무로부터 면제받았다. 다음으로, 전쟁이 한창일 때에 하윌스 선생이 경내(境內)에 건물들을 건축할 설계도들을 작성하도록 인도하심을 받았다. 그것은 섭리적인 인도였으니, 조금 후에 개발하는 모든 토지에 대해 세금을 부과한다는 법규를 정부가 실시하게 되었기 때문이다. 그러나 어떤 날짜 이전에 설계도가 허가된 땅은 면제된다는 조항이 그 법규에 삽입되어 있었다. 이 혜택을 받은 예가 극히 드물었으나 페늘러게어 부동산은 그중의 하나였으며 건물들이 건축될 때에는 거금이 하나님의 기금을 위하여 저축될 것이다. 페늘러게어 저택은 그때에 전쟁 고아들을 수용할 수 있도록 바나도(Barnardo) 박사 법인에 기증되었다. 그러나 이사회는 심사숙고 끝에 그 저택을 개조, 수선 유지하자면 너무 많은 비용이 들것이라고 결론을 내렸다. 지금은 글래모건(Glamorgan) 주의회가 인계 받아 지진아를 위한 학교로 사용하고 있다. 그러나 주위의 부동산은 성경 대학의 손에 남아 있어, 하나님의 나라를 위하여 그것이 만들어 낼 것이라고 하나님께서 종에게 약속하신 금액을 때가 되면 가져올 것이다.

   전쟁 기간 동안, 기도가 주로 국가들을 위한 것이었다 할지라도 유대인들이 결코 잊혀지지는 않았다. "전쟁이 일어나자 그분께서 우리를 유대인들로부터 그 짐승(그는 나치 체제 속에 있는 마귀를 보통 그렇게 불렀다)에게로 돌리시고 '그를 대항하여 승리하라'고 말씀하셨습니다"라고 하월스 선생이 말했다. 그러나 전쟁이 끝난 후 1947년 10월과 11월에는 온 날들을 유대인들의 팔레스타인 귀환을 위한 기도로 보냈다. 하월스 선생이 이렇게 말했다. "4천년 전 아브라함과의 언약 때문에 하나님께서 그분이 백성을 그들의 본토로 되돌려 보내실 것과 팔레스타인은 다시 유대인의 국가가 되어야 함을 우리는 탄원했습니다."

   대학 앞에 나타난 도전은 이것이었다. 유대인들이 1914-18년의 전쟁 후에도 귀환하지 못했는데 이번 전쟁 후에는 귀환할 수 있을 것인가? 팔레스타인 문제를 다루기 위한 유엔 위원회가 조직되는 데서 그들은 하나님의 손길을 발견했다. 영국이 자국 내의 유대인들을 본토로 후송할 것이라는 뉴스가 보도되자 감사를 드렸다. 그 두 달 중의 11일 간은 오는 유엔 투표를 위해서 기도했다. 결과를 예측할 수 없는 아슬아슬한 상황이었다. 1947년 11월 27일 투표일에 많은 기도가 있었으나 팔레스타인의 분할은 통과되지 않았다. 대학은 더 집중적인 기도에 들어갔다. 기도 중에 그들은 "하나님의 천사들이 뉴욕에서 열리고 있는 유엔 회의에 참석한 사람들 가운데서 하나님의 백성들에게 유리하도록 역사하고 있음"을 믿음의 눈으로 보고, 완전히 승리를 확신했다. 다음날 유엔이 팔레스타인 분할을 33대 13으로 통과시켰으며, 이제 이스라엘의 국가는 하나의 사실이 되었다는 보도에 접하고 대학은 그것을 "2천 년의 역사에서 성령의 가장 위대한 날들 중의 하나로서" 기뻐 환호하며 맞이하였다. "그 모든 세기 동안 그 땅이 유대인들에게로 다시 돌아갈 것이라는 표시 하나 없이 그들은 지구의 곳곳으로 흩어져 있었으나, 지금 아브라함과 언약하신 4천 년 후에 하나님께서 모든 나라들을 함께 모아 놓으시고 그들로 하여금 팔레스타인

땅의 많은 부분을 유대인들에게 돌려주도록 하셨습니다."

그때에 한 빛이 아랍에 관해서도 하윌스 선생에게 유별나게 비쳐 왔다. 그는 이렇게 말했다. "하나님께서 아랍의 사정을 보여주시려고 며칠 동안 나를 따로 놓으셨습니다. 창세기 16:12에서, 하나님께서 이스마엘에 관하여 '그가 모든 형제의 목전에서 살리라'고 말씀하시고 계십니다. 이것이 문제입니다. 아랍인들이 유대인들과 함께 살 것이라는 뜻입니까? 아브라함은 이스마엘을 사랑하여 그에게 유산을 물려주기를 바랐습니다. 그리고 신실하게 말씀하시는 하나님께서 '내가 그에게 복을 주었다'고 선언하셨습니다. 아랍인들은 유일하신 하나님만을 섬깁니다. 하나님의 뜻하신 바는 유대인들은 물론 그들도 복을 받을 것이라는 의미였습니까? 그들은 유대인들에게 피난처를 줄 것이며(사 21:13~15), 예루살렘의 왕에게 신복의 예를 드리려 제일 먼저 올 것입니다(사 60:7). 우리가 유대인들을 위해 중보해야 할 때에 그들에 대한 책임을 짊어졌던 것처럼 우리가 아랍인들에 대해서도 관심을 갖기를 주님께서 원하셨습니다. 그들도 아브라함의 자손들입니다. 양쪽 모두에게 안식처와 복이 주어질 수 있도록 유대인들과 아랍인들 사이의 장벽을 헐어 버릴 무엇인가를 성령께서 가져오실 것인가? 아랍인들이 그 짐승의 손에서 빠져 나와 그 땅에서 유대인들을 보호해 주며 함께 살 수 있다면 그들은 확실히 하나님의 백성입니다."

던커크의 철수를 위한 중보
34

우리가 이미 보아 온 바와 같이 제2차 대전이 일어났다. 전쟁 4년 동안에 주님께서 하월스 선생의 짐을 성경 대학의 발전을 중심으로 하는 지역적인 관심으로부터 국가 및 국제적인 문제로 바꾸고 계셨다. 그는 "세계는 우리의 교구가 되고 우리들은 각 나라와 민족들을 위해 중보하는 짐을 지도록 인도되었습니다"라고 하였다. 우리는 또한 주님께서 오는 세계적인 위기를 위한 중보의 특별한 도구로서 성경 대학에서 일단의 사람들을 예비하고 계신 것을 보았다.

히틀러가 모든 사람에게 복음이 전파되는 것을 방해하는 사단의 대행자인 점을 하월스 선생이 명백히 보기 시작한 것은 1936년 3월이었다. 후에 그는 이렇게 말했다. "히틀러와 싸우면서 우리는 늘 우리가 대항해서 싸우는 것은 사람이 아니라 마귀라고 말했습니다. 뭇솔리니는 사람입니다만 히틀러는 다릅니다. 그는 이 '악령'이 자기 속으로 들어간 날짜를 알고 있습니다." 모든 사람에게 복음을 전하려는 비전이 성취되려면 하나님께서 그를 부숴 버리셔야 한다는 사실을 몇 년을 두고 하월스 선생은 강조했다.

처음에는 하나님께서 아예 전쟁을 막아 주실 것이라고 그는 믿었다. 우리는 대학이 뮌헨 위기 때에 무릎으로 끝까지 싸운 것과 그들이 평화를 믿은 사실을 상기했다.

유럽에 전운이 점점 더 짙어 갈 때에도 그는 하나님께서 개입하셔서 전쟁을 막아 주시리라고 믿었다. 그는 이 예언을 영국과 독일 사이에 선전포고가 있은 날, 1939년 9월 3일까지 견지하였다. 그때에도 그는 움직이지 않았다. 예언이 틀렸다고 사람들이 말하는데도 그는 그 예언을 한 것을 하나님께 감사했다. "이 예언을 할 수 있는 기회가 다시 나에게 주어진다면"라고 그가 말했다. "우리가 생각한 것과는 아주 다르게 일이 벌어졌지만 오늘밤에 그 예언을 하겠습니다. 히틀러는 완전히 꺾어져야 합니다. 그렇지 않으면 그가 2년 후면 다시 일어날 것입니다. 나는 성령께서 나치 체제 속의 마귀보다 더 강하시다는 사실을 보고 싶은 것입니다. 이것은 만대(萬代)의 전투이며 여기에서의 승리는 천만인을 위한 승리를 뜻합니다."

전쟁이 선포된 날 그는 다음과 같은 성명서를 발표했다. "독재자들을 흩으신 분은 하나님이시며 하나님 홀로 그러하신 것을 세상이 알도록 히틀러와 나치 정권을 쳐부수시겠다고 주님께서 우리에게 알리셨습니다. 3년 6개월 전에 우리 대학은 이것을 위해 몇 주, 몇 개월을 기도하였는데 이제 그분께서 응답해 주실 것을 우리가 믿습니다. 적그리스도인의 악한 체제를 공격하시어 종교개혁의 나라 독일을 그 속박에서 풀어놓으시려고 주님께서 독일을 고립시켜 놓으셨습니다. 그분께서 모세 때에 애굽 군대를 다루심 같이 나치를 다루실 것입니다. 하나님께서 히틀러를 전장에서나 나치에 대한 독일 내에서의 반란이나 봉기에 의해서 거꾸러뜨리실 것입니다."

전쟁의 선포로 그와 또 그와 함께 하는 사람들이 흔들리기는커녕 더욱 결연한 태도로 무릎꿇는 세계로 들어갔다. 이제 그들이 새로운 방법으로 3년 전에 한 서약을 실천하도록—"서부전선에서 싸우기 위해 징집된 것과 똑같은 태도로 하나님 나라를 위하여 투쟁하기 위해" 생명을 바치도록 부르심을 받은 것이었다. 복음이 방해받지 않도록 하고자 하는 전쟁에 대한 이러한 믿음의 태도는 하나님께서 조치하시려는 원수가 파멸 당할 때까지 결코 홀가분하게 면제될 수 없는 책임을 그 사람들에게 짊어지우신 하나님의 방법임이 입증되었다.

교전이 시작된 지 한 달만에 히틀러가 평화의 제의를 하였을 때, 전쟁의 지속으로 온 국민과 함께 스완제 성경 대학도 큰 희생을 치러야 할 것이지만 그래도 "히틀러 주의가 파괴 될 때까지" 전쟁을 계속해야 한다는 의사를 발표하여 대학은 영국 수상의 태도를 촉구하였다. 대학의 확신은 개전(開戰)의 몇 주가 지나 하월스 선생이 쓰고 1931년 12월에 발간된 책의 『하나님께서 저 독재자들에게 도전하시다-예언된 나치의 운명(*God Challenges the Dictators-Doom of Nazis Predicted*)』이라는 책명에 여실히 드러나 있었다. 그 책에서 그는 이렇게 말했다. "다니엘의 하나님께서 니묄러 목사와 그를 따라 한 진영을 이룬 수백 명의 다른 독일 복음 전도자들을 구원하실 것이다.…그들 중의 누가 조속한 죽음을 피한다 하더라도 그들의 본거지는 언젠가 미쳐 날뛰는 나치 지도자들에 의해 점령당할 것이다."

뭇솔리니를 질책한 후에 그는 이렇게 기술하였다. "독일에 대한 승리가 올 땐…에티오피아도 에티오피아 사람들에게 넘겨져야 한다. 이것 또한 에티오피아를 복음화 하시려는 하나님의 거룩한 계획 속에 들어 있다." 그는 또 "악한 나치 정권을 부수기 위해 볼세비즘과 소비에트 러시아가 하나님의 계획 속에서 이용되고 있다"고 천명했다. 그러나 스탈린에 관하여 그는 이렇게 말했다. "마귀는 이 사람을 세계가 알고 있는 교회의 가장 큰 적으로 사용하여 왔으며 앞으로 사용할지 모른다."

하나님께서 개입하셔서 원수를 조치해 주실 것을 확신하고 자신만만해 하였지만 그는 이렇게 썼다. "하나님께서 그렇게 하시기까지 우리는 수많은 좌절을 맛보아야 할지 모른다. 이스라엘 사람들과 같이 (사사기 20장을 가리킴) 우리가 극한상황에서 하나님께(틀림없이 올) 도움을 울부짖어야만 할지도 모른다."

회고해 보건데 이런 내용이 1939년이 끝나기도 전에 발간된 것은 참으로 주목할 일이다.

조금 후에 하월스 선생이 더 예언을 하였는데, 더 웨스턴 매일지에 의해 "웨일스의 성경 대학 교장이 전쟁을 종식시킬 기도를 촉구하다"라는 표제하에 1940년 1월 8일에 보도되었다. 그 신문은 그가 이렇게 말한 것으로 인용하였다. "이 나라에 있는 모든 의인들이 능력 있는 기도를 띄워 올린다면 우리가 압도적으로 우세하게 되어 휘트 먼데이(성령 강림 축일 이후 첫째 월요일)에는 교전이나 등화관제가 없이 페늘러게어를 열 수 있을 것으로 우리는 확신합니다. 하나님께서 개입하셔서 휘트 선타이드(성령 강림 축일로부터 1주간 혹은 그 1주간의 처음 3일간)까지는 전쟁을 종식시키신다면 수많은 사람들에게 얼마나 큰 위안이 되겠습니까." 그 예언을 할 때에 그는 휘트 선데이, 그러니까 5월 12일을 끼고 있는 그 시기가 영국의 역사상 가장 어두웠던 때며 근 400년의 기간에 있어서 영국의 해안이 침공 당할 가장 위험한 때가 될 것이라고는 거의 상상도 못하였다. 5월 10일에 히틀러의 장갑부대가 폴란드와 벨기에를 부수고 들어갔으며 5월 29일은 영국의 역사에서 잊을 수 없는 날, 던커크를 소개시킨 날이 되었던 것이다. 조금 후에는 "피와 땀과 노력과 눈물"을 요구하는 처칠 수상의 기념할 만한 연설이 있었다.

  이 분명한 패배에도 불구하고 우리가 보통 1일 3회 열리는 성경 대학 집회의 일지를 읽어 가면 두려워하거나 심지어 간구 하는 사람들을 만난다기보다 오히려 이미 승리의 고지에 서 있는 사람들을 보게 된다. 주위의 모든 상황이 겁에 질린 낙담을 자아낼 때에 승리는 그들의 것이라고 그들에게 그토록 뚜렷한 자신을 주었던 것은 겉보기의 예언의 '죽음'이었다! 하나님께서 그들과 함께 하시지 않았다고 말한다면 스스로 이런 질문을 해 보는 것이 좋을 것이다. "바다 건너에서는 우리의 군대가 한 마일 한 마일 후퇴를 거듭하고 모든 나라들이 하나 둘 굴복하여 가는 반면 적은 최후 목표를 목전에 두고 있는 상황에, 매일매일 무릎을 꿇고 믿음으로 승리를 굳게 붙들고 있는 약 100명의 강한 또 다른 단체를 영국의 전역에서건, 미국에서건 그 밖에 하나님의 백성들 가운데서 발견할 수 있었던가?" 이때로부터 전쟁의 전기간 동안 내내 온 대학은 매일 저녁 도중의 짧은 저녁 식사시간을 제하고는 7시부터 한밤중까지 기도하였다. 그들은 하루도 빠뜨리지 않았다. 저녁 기도회 말고도 매일 아침과 정오에 1시간의 기도회를 가졌다. 매일을 전적으로 기도와 금식에 바치는 특별한 기간도 많이 있었다.

휘트 선데이 직전의 집회에서 하월스 선생은 이렇게 말했다. "우리는 하나님을 통하여 예언하였으며, 하나님을 통하여 우리가 그 원수에게 대항할 것입니다. 그분께서 오늘밤 나에게 '네가 발설한 그 예언 때문에 두려워하지 말라. 나치를 두려워하지 말라'고 말씀하십니다. 현재 발전하고 있는 사태에도 불구하고 우리의 기도를 조금도 변경하지 않는 것이 얼마나 영광스러운 일인가 하고 생각해 봅니다. 지난 9개월 동안 끊임없이 우리 앞에 있었던 것이 하나님의 나라였음을 매우 기쁘게 생각하며 일말의 후회도 없습니다. 주님께서 '나치들을 처치하겠다'고 말씀하셨습니다. 우리가 4년 동안 싸워 온 것은 성령과 마귀 사이의 전투였습니다."

평화가 선언되기는커녕, 바로 이틀 전에 히틀러가 폴란드와 벨기에를 침공한 상황인 휘트 선데이에 하월스 선생은 대학 집회에서 이렇게 말했다. "우리는 결코 예언을 변호하지 않겠습니다. 요점은 하나님께서 참으로 믿음을 지켜 온 우리에게 의심스러운 점을 주시겠느냐 입니다. 주님께서 이 지체가 그분의 영광을 위한 것이라고 우리에게 말씀하신다면 그땐 이 지체 속에서 우리가 승리를 취하여야 합니다. 끝까지 밀고 나가는 믿음이 없다면 지체 속에 영광이 없습니다. 실패로 끝난다면 나는 오늘로 다른 사람이 되고 말 것입니다마는 성령께서는 실패자이실 수 없습니다. 나는 참으로 이 지체에 대해 하나님께 감사할 수 있습니다. 세계를 위해서는 이 경험을 내가 피할 수 없을 것입니다. 아주 이상하게도 세상의 눈에는 죽음으로 보이는 것이 성령께 있어서는 승리입니다."

다음날 그는 이렇게 말했다. "이 예언이 지체되는 것보다 더 큰 죽음을 우리가 결코 당할 수 없을 것입니다. 그러나 우리가 십자가 외에서 부활을 얻게 되는 것은 아닙니다. 어제는 승리라고는 하나도 보이지 않는 깜깜한 어둠 속에서 승리를 전파했습니다. 모든 국면에서의 죽음이 있습니다만 우리가 진실로 죽은 그대로 백배의 결실이 있을 것입니다."

"우리는 전장으로 나아가고 있습니다. 나는 새벽을 확신하듯 승리를 확신하고 있습니다. 여러분이 어떤 것을 위해 믿음을 갖고 있다면 그것을 손에 넣을 때까지 나아가지 않겠습니까? 그와 같이 나도 세상에 이렇게 외치고 싶습니다. "주는 하나님이십니다!"

나치들이 유럽에 온통 쏟아져 나올 때에 대학은 매일 하나님 앞에 섰다. 하웰스 선생의 집회 메시지들을 발췌한 것을 여기에 인용하겠다.

5월 16일 : 오전 9시 30분－폴란드가 항복한 이튿날 "지금이 아마 역사상 가장 무섭게 전투하는 때일 것입니다. 이런 때에 하나님께서 무언가를 하실 수 있을 것입니까? 지금 독일인들이 '우리가 연합군을 도주케 했다' 고 말하는데 하나님께서 그렇게 하실 수 있으실까요? 오늘 우리의 눈을 하나님에게서 떼지 말고 이 승리를 고수합시다. 오후 2시－승리는 주님께로부터 나오되 다른 아무에게서도 나오지 않으며 그분께서 모든 영광을 취하셔야 함을 주님께서 명백히 하여 주셨습니다. 하나님께서 원수를 보이게, 또 보이지 않게, 군대를 통해서 그리고 우리를 통해서 공격하십니다. 오후 5시 30분－프랑스의 사정이 매우 심각합니다. 그러나 프랑스 사람들과 영국 사람들이 그렇게 큰 열세 속에서 싸운다 할지라도 주님께서 능히 그들을 도우실 수 있으십니다."

5월 17일 : 오전 9시 30분－"하나님께서는 우리를 통하여 일하실 때 우리의 믿음보다 조금도 더 많이 일하시지 않으십니다. 지난밤의 승리는 적이 아무리 가까이 접근한다고 할지라도 성령께서 그보다 더 강하시다는 사실을 보는 데에 있었습니다. 우리는 전장에 있는 병사들보다 오늘의 승리에 대해 더 책임이 있습니다. 우리는 이 싸움 외의 모든 것에 대해서 죽어야 합니다. 오후 1시－우리는 자신들을 헌신했으므로 우리에겐 책임이 지워져 있습니다. 세계가 평화를 얻을 때까지는 우리가 평안을 누릴 수 없으나 만세 반석이 열린 곳에 우리의 은신처가 있습니다. 오후 3시 30분－우리가 이 죽는 생활을 기쁘게 받아들이며 시험 중에도 계속하여 승리를 지키고 있는 것을 주님께서 보신다면 그분께서 감동하시고 전쟁을 종식시켜 주시지 않을까요? 지난 토요일에 우리가 믿었다면 오늘 저녁에도 믿을 것입니다. '나치들의 최후의 날'이 와야만 합니다. 그러나 우리의 수많은 젊은이들이 희생당하는 것을 바라지 않습니다. 우리의 기도가 보좌를 움직일 수 있다면 이제 그날이 올 것입니다. 이 일에 우리가 실패자였다면 하나님께서 우리를 치셨을 것이나 그분께서 우리를 기뻐하신다는 것을 보여주십니다."

5월 18일 : 오전 9시 30분-"오늘 하나님께서 기적적인 방법으로 개입해 주시지 않는다면 우리가 이미 져 버린 것으로 나는 믿습니다. 나는 기꺼이 죽겠으나 죽을 수 없으며 우리가 히틀러를 살게 해줄 수 없습니다. 오후 2시 30분-이제 문명의 종말이라 생각하고 나는 이번 주말을 다시 이 원수와 싸우기 원합니다. 여러분은 이에 만전을 기해 주시기 바랍니다. 전선에 있는 저 젊은이들이 여기의 우리들보다 더 많은 일을 하도록 해서는 안됩니다. 나는 금주 말에 나치들에게 혹독한 재난을 일으켜 주시기를 주님께 간구합니다. 오후 6시 30분-주님께서 예언을 우리에게 주셨듯이 우리는 승리를 붙들고 왔고, 일의 지체에도 믿음이 조금도 변경되지 않았으니 이제 우리가 돌아가서 언제 그 일을 이루실지는 그분께 물어봐야 하겠습니다. 오늘밤 내가 느낀 것은 이 나치들이 무슨 일을 하든 그들이 성령을 피할 수 없다는 것입니다. 기독교는 참으로 안전합니다. 우리가 믿음을 가졌다면 문제를 그분의 손에 맡길 수 있습니다. 그러면 그분께서 적당한 때에 손을 쓰실 것입니다. 그분께서 행하시리라는 믿음을 우리가 지켜 오지 않았다면 언제 일을 이루실런지를 그분께 문의할 수 없습니다. 오후 9시 30분-중요한 것은 우리의 투쟁이 아니라 하나님의 일 하심이며 하나님께서 무엇을 하시고 계신지를 우리가 알게 되는 것입니다. 2,500대의 장갑차와 함께 선을 넘어 히틀러를 끌어들이신 분이 하나님이 아닐까요? 주님께서 그 사람과 장갑차들을 쳐부수어 주시기를 바랍니다."

5월 19일 : 오전 9시 30분-"이 나치들이 문명을 파멸시키지는 못할 것입니다. 그들이 가까워질 대로 가까워지면 하나님께서 그들을 처치하실 것입니다. 성령께서 승리에 가까이 이르셨을 때에 그분과 함께 나아간 사람에게는 아무도 그분께서 실패자이시라고 설득시킬 수 없습니다. 오후 9

시 15분—지금이 전쟁에 있어서 성경을 시험할 수 있는 최적의 기회입니다. 우리들 자신이 전쟁을 치르고 있기 때문입니다."

5월 21일 : 오전 9시—"앞으로 24시간이 이 중대한 전투에서 갈림길이 될 것입니다. 그들은 어느 순간에라도 우리 나라를 손에 넣을 준비가 되어 있습니다. 점심시간 전에라도 세계의 역사가 바뀌어질지 모릅니다. 이와 같은 일이 전에는 일어난 적이 없습니다. 믿음이 얼마나 필요한지 형언할 수 없습니다. 오늘 아침 우리는 주님께로 가서 우리의 눈길이 그분을 앙망한다고 그분께 아뢰고 있습니다. 그분께서 개입하시지 않는다면 우리는 패배합니다. 나는 한 순간도 주님을 의심하지 않습니다만 매우 주의해야 합니다. 오후 2시 30분—나는 오늘 밤 이 순간에 처칠 수상을 격려하기 위해 그에게 '하나님께서 독재자들에게 도전하시다' 라는 책을 보낼까 생각합니다. 우리의 군대가 날마다 패배하고 있으나 그 책에서 사람으로서는 아무도 그것을 직시 할 수 없을 것이라고 예고하고, '너희가 어찌할 수 없는 한계 상황에 이를 때까지는 내가 행동할 것을 기대하지 말라' 고 하나님께서 말씀하셨음을 밝히고 있습니다. 주님께서 우리에게 분명히 보여주시기를 우리가 바라는 유일한 것은 우리가 이 순간에 그분께서 바라시는 위치에 있는가 입니다. 위기의 순간에 내가 원하는 유일한 것은 의심하지 않는 것입니다. 의심이야말로 진짜 위기입니다. 오후 7시—오늘 나는 챔벌린 전 수상과 해릴팩스(Halifax) 경과 처칠 수상에게 그 책을 발송했습니다. 가장 어두운 때에."

5월 22일 : 오전 9시—침입의 두려움. "어제가 이 나라의 역사에서 특히 수상의 연설 이후로 가장 어두운 날이었습니다. 모든 국민들은 적이 곧 이 나라에 침입해 들어올 것이라고 전전긍긍해 하고 있습니다. 우리는 '승리를 위해 우리의 목숨을' 이라고 주님께 아뢰었습니다. 그들이 이 나라에 쳐들어오는 것을 막아 주시도록 주님께 지금 기도해야 합니다. 적을 제지해 주시기를 기도해야 합니다. 적은 포효하는 사자와도 같습니다. 오후 7시—'우리를 구할 것은 기적뿐이다' 라고 오늘밤 프랑스 수상이 말합니다. 시험은 성경이 참되냐 참되지 않느냐 입니다. 나는 그 진실성을 입증하기 위해 기꺼이 목숨을 걸겠습니다. 내가 오늘밤 여러분에게 말하고 싶은 것은 성경이 정말로 참되다는 것입니다. 여러분의 믿음이 올바르도록 하십시오. 그렇다면 조금도 두려워할 필요가 없습니다."

5월 22일 : 오전 9시 - "세계는 오늘 공포에 휩싸여 있습니다. 주님께서 우리에게 말씀하심을 확신하지 않는다면 틀림없이 우리도 그러할 것입니다. 영국의 운명은 오늘과 내일 위태로운 고비를 맞을 것입니다. 오후 2시 30분 - 오늘 우리가 싸우고 있는 것과 같은 전투에서는 집회나 감정을 신뢰할 수 없습니다. 하나님께서 우리에게 말씀하신 바로 돌아가야만 합니다. 하나님께서 큰일을 행하실 때까지 우리가 저지시켜 둬야 할 원수가 있습니다."

5월 22일 밤부터 25일까지 : 하월스 선생이 더 이상 집회에 나오지 않았다. 다른 사람들이 맡아 집회를 인도했다. 그는 싸움을 밀고 나가기 위하여 홀로 하나님께 나아갔다. 다른 사람들이 증언하는 바와 같이 그 때의 내리누르는 짐이 그의 몸을 으꼈다. 글자 그대로 그는 자기의 목숨을 내놓았다.

5월 26일 : 영국의 공적인 기도의 날이었다. 웨스트민스터 사원에서 거행된 5월 26일 중보 예배에 관해 처칠 수상은 이렇게 말했다. "영국인들은 감정을 나타내기를 싫어합니다. 그러나 나는 성가대 석에 앉아서 회중의 억제된 강렬한 감정과 공포를 느낄 수 있었습니다. 그것은 죽음이나 부상이나 국가적인 손실에 대한 것이 아니라 영국의 패배와 종국적인 파멸에 대한 것이었습니다." 하월스 선생이 대학 집회에 돌아와 말씀을 전했다. 오전 9시 30분 - "온 국민의 부르짖음이 올라갈 오늘, 우리가 할 수 있는 모든 것은 하나님으로부터의 응답을 받을 위치에 서 있는 것입니다. 오늘 아침의 문제는 우리가 응답을 받아들일 수 있느냐 입니다. 우리가 늘 부르짖어 왔지만 오늘도 더욱 부르짖어야 합니다." 오전 11시 15분 - "나치들이 우리 나라를 탈취하지 못할 것이라고 어떻게 우리가 확신할 수 있습니까? 모든 지도자들이 지금 하나님께서 개입하여 주시지 않는다면 우리는 노예가 될 수밖에 없음을 알고 있습니다. 우리가 에티오피아와 다른 나라들을 위하여 기도하였으니 우리의 기도가 이기적인 것이 아닙니다." 오후 2시 30분-"다윗이 골리앗을 향하여 나아갔듯이 우리가 이 짐승을 향하여 나아가고 있습니다."

5월 27일 : 오전 9시-"중보와 믿음이 있으므로 주님께서 능하신 일을 행하실 수 있습니다. 우리 국민들은 하나님께서 그들의 기도를 들어주시는 것을 보고 더 없는 기쁨을 안게 될 것입니다." 오후 2시 45분-"오늘 내가 할 수 있는 것은 믿는 것뿐입니다. 두 집회 사이의 뉴스는 무서운 생지옥 같은 것입니다."

5월 28일 : 하월스 선생은 다시 하나님과 은밀한 시간을 가졌다. 집회 시간에는 하나님께서 던커크에 개입하셔서 우리 국민들을 구원해 주시라는 기도가 있었다. 기도와 간구 중에 성령께서 그들 위에 임하셨으므로 마지막 어떤 한 사람의 기도는 그들 모두가 얻은 확신을 이렇게 표현했다. "무엇인가가 일어난 것을 확신합니다."

5월 29일 : 던커크의 철수 날이었다. 하월스 선생이 이렇게 말했다. "우리의 기도에서 중보가 응답될 것을 확신합시다. 전투는 성령의 전투입니다. 오늘밤 여러분의 밖에서 그분을 보십시오. 칼을 빼어 드시고 전장에서 계십니다."

5월 30일 : 오후 7시 30분-"세상적인 관점에서 볼 때 승리의 희망이란 없습니다. 그러나 하나님께서 승리를 말씀하셨습니다. 오늘밤 나는 가서 그분께 개입하여 주시기를 간구할 수 없었습니다. 그분께서 개입하시려고 하심을 우리가 이미 말하였기 때문입니다. 우리의 군대에 대한 나쁜 소식에도 불구하고 그분께서 전장에 계신다면 상황을 바꾸셔서 그 나쁜 소식을 아주 좋은 소식으로 만드실 수 있습니다. 오, 오늘밤 하나님께서 우리를 높이 들어주시기를! 나치들이 이길 것이라는 두려운 생각에 빠져서는 안됩니다. 영국과 프랑스는 물론 독일도 구조되어야 합니다. 우리가 아직도 더 큰 고통을 겪어야만 할지도 모르겠습니다만 나는 최종적인 결과를 의심하지 않으렵니다. 우리는 명확한 어조로 말합니다. 원수가 그리스도를 믿는 영국을 침탈하지 못할 것입니다."

세월이 지난 지금 우리가 회고해 보면 우리 많은 영국인들은 그때의 공포가 되살아난다. 가장 작은 보트들이 횡단할 수 있을 만큼 바다가 잠잠하고 우리 군대가 거의 완벽하게 철수할 수 있었던, 우리의 지도자들이 하나님의 특별하신 개입을 시인했던 던커크의 기적과 처칠 수상이 국가에 베푼 영도력을 기억하면서 영국의 구국을 위해 날마다 목숨을 제단에 바쳐 위기를 몸으로 막던 이 숨은 중보자들의 일단을 확보하여 두신 하나님께 우리가 말 할 수 없는 감사를 드린다.

영국 전투
35

그 다음의 중보 투쟁은 고어링(Goering)이 영국을 침공하려는 준비로서 제공권을 장악하려고 꾀했을 때의 공습과 '영국 전투'에 대한 것이었다. 이런 중대한 사건 때마다 운에 맡기거나 무턱대고 기도하는 일이란 있을 수 없었다. 기도가 응답될 만한 거절할 수 없는 주장이 있음을 성령께서 그분의 종에게 확연하게 보여주실 때까지 모든 것을 하나님 앞에서 조사하고 동기들을 걸러 내야 한다. 그런 후에야 믿음이 그 주장을 고수하며 승리를 붙잡을 수 있었다. 믿음이 압도적이어서 승리가 확실하다는 하나님 자신의 보증이 있기까지는 쉼이 없었다. 그것은 단순히 기도하고 응답을 기대해 보는 그런 것이 아니었다. 당시의 집회에서 발췌한 내용에서 인용하겠다.

1940년 9월 2일에 하월스 선생이 이렇게 말했다. "이렇게 비행사들이 출현하는데 우리가 약속에 의지하여 염려로부터 자유로울 수 있는지를 알고 싶습니다. 히틀러가 유대인 어린이들을 추방할 때에 우리는 그들을 구하려고 달려나가 고난에 맞섰습니다. 이제 선교사 자녀들의 보호를 우리가 주장할 수 없을까요? 만일 존재케 하신 하나님이 마땅히 보호도 하실 것이라는 것을 믿지 못한다면 나는 오늘밤 모든 어린이들을 피신처로 데리고 가야 할 것이며 거기에 그들과 함께 있어야 할 것입니다. 다른 사람들이 두려워하니 우리도 두려워해야 합니까? 이 건물들이 있게 되기까지 하나님을 신뢰했다면 그 애들을 보호해 주실 것을 신뢰하겠습니다. 나는 여러분들이 이 신뢰를 위한 근거를 갖게 되기를 원합니다. 공습이 몇 달 동안 계속될 경우 우리의 믿음에는 진정한 근거가 필요합니다. 재정에 있어서처럼 이번에도 불가능한 중에 우리가 그분을 신뢰할 수 있지 않겠습니까?"

"내가 두려워하는 꼭 한가지는 하나님의 뜻에 맞추지 못하는 것입니다. 많은 사람들은 결과를 두려워합니다. 이 점을 분명히 해야 하겠습니다. 왜냐하면 '너희가 두려워하는 것이 결과들이라면 보호를 바라고 내게 오지 말라'고 하나님께서 말씀하시기 때문입니다. 결과들에 대한 이기적인 두려움과 하나님을 위하여 수행해야 할 일이 있기 때문에 그분의 보호를 바라는 것 사이에는 현격한 차이가 있습니다. 우리는 진정으로 승리를 얻었습니까?"

하윌스 선생이 어린이들을 피신처로 데리고 가야 한다고 말한 것은, 그 때 약 300명에 이른 통학 학생들에게 피신처를 마련해 주어야 할 책임을 가리킨 것이었다. 그러나 통학 학생들과 대학 식구의 일부인 60명 가량의 선교사 자녀들을 위해 피신처나 가스 가리개를 준비하지 말라고 주님께서 그에게 말씀하셨다(개인이 갖고 싶으면 완전히 자유로 가질 수 있었지만). 스완제는 전략적인 조선소가 있어서 몇 번의 대대적인 공습을 받았지만 대학의 구역 내에는 한번도 폭탄이 떨어지지 않게 해주심으로써 하나님께서는 그의 태도가 정당했음을 전쟁의 전기간을 통하여 입증하여 주셨다. 그러나 일지로부터 계속 이야기를 들어보자.

9월 3일 : (밤에 대규모의 공습이 있은 후에) "지상에 세워질 약 2천만 파운드 어치의 건물들을 보이시려고 주님께서 나를 시내로 이끄셨다고 확신합니다. '폭탄이 쏟아진다면 페늘러게어를 애써 사들인 것이 무슨 가치가 있었을까? 그것이 하나님의 나라를 위하여 의무를 지고 신음할 만한 가치 있는 것이었을까?' 라는 생각이 내게 일었습니다. 하나님께서 그 건물들을 보호해 주시지 않는다면 그것들이 어떻게 될지 뻔히 내다보였습니다. 지난밤에 대학을 위하여 기도한 만큼 전시를 위하여 기도하고 있는 나 자신을 발견하였습니다."

9월 4일 : "공습 때문에 국내의 사정이 아주 심각해질지 모르겠습니다. 전에는 우리 국민이 이런 일을 경험해 보지 않았습니다. 중요한 것은 이런 상황에서 하나님께서 어디에 계시는가를 발견하는 것입니다. 매일 밤 우리가 위험을 당할 때에 우리가 하나님의 보호 아래 있다는 확신을 갖기까지는 꽤 시간이 걸립니다. 공습 중에 여러분이 안전하다고 말할 수 있습니까? 하나님께서 여러분에게 말씀하셨습니까? 말씀의 배후에 있는 하나님의 능력을 확신하지 못하면서 그분의 말씀을 사용하려고 애쓸지도 모릅니다. 하나님께서 이 생지옥으로부터 건져내시려면 어떤 능력이 장애 없이 나와야 할 것입니다. 우리가 우리 자신의 승리를 확신하지 못한다면 국가의 구제를 위하여 결코 기도할 수 없을 것입니다. 우리는 마귀를 거듭하여 묶어 왔습니다. 이 전쟁에 있어서도 하나님의 때가 오면 우리가 또다시 그렇게 할 것입니다."

9월 7일 : "얼마나 많은 사람들이 이 공습의 재난으로 동요되고 있습니까? 여러분이 지옥으로부터 구제되었음을 믿을 수 있다면 공습으로부터도 구제되었음을 믿으세요. 저는 종일 저에게 기쁨을 주는 어떤 것을 늘 발견하곤 하는데, 오늘의 내 기쁨은 우리가 하나님의 보호를 받고 있다는 사실입니다. 그러나 참으로 그분을 신뢰하지 않고 있다면 찬양이 어디에서 생기겠습니까? 구주께서 주시는 평안은 인위적인 것이 아닙니다. 그것은 너무 깊어 마귀도 그것을 어지럽힐 수 없습니다. 불안이나 공포를 갖고 있으면 성령의 음성을 들을 수 없습니다. 공포로 그늘진 얼굴을 하고 하나님 앞으로 나아갈 수 없습니다."

9월 8일 : 국가적인 기도의 날. 오전 9시 - "우리 나라는 외형만의 신앙을 갖고, 라오디게아 교회처럼 차지도 덥지도 않습니다. 하나님께서 우리 나라를 돌이켜 주시기를 기원합니다. 찬양을 드려야 할 한 가지는 적이 우리 나라를 그 동안 침입할 수 없었다는 점입니다."

정오 예배 시간에 하윌스 선생이 막 설교를 시작하는데 나치 비행기들이 머리 위의 상공을 가로지르고 땅에서는 총포 소리가 요란하며 사이렌이 울렸다. 그러나 그는 메시지를 계속하여 전하였으며, "청중들은 홀린 듯 경청하고 있었다." 이 순간에 보호를 구하는 기도의 짐과 지난 며칠 동안의 미심쩍음이 찬양과 확신으로 변했다. 승리의 확신이 충일 했으며, 하윌스 선생의 말속에서 이렇게 울린다. "가슴 벅찬 승리! 성령 안에 있는 사람들은 그분께서 우리에게서 믿음을 내내 보아 오셨기 때문에 우리의 싸움이 승리인 것을 압니다. 넘치는 기쁨! 감격스런 찬양! 먼저 개인적인 승리를 얻지 못했다면 그럴 때까지 하나님께서 아마 전쟁의 승리에 대한 믿음을 주시지 않으셨을 것입니다." 예배를 끝마칠 무렵 경보 해제가 울렸다. 그들은 이렇게 노래하며 폐회했다. "너희 신실한 자들아, 기쁘게 외쳐 말하라. 사망을 정복하였도다."

그날 오후 집회에서 그는 이렇게 말했다. "나는 지금 마귀가 여기의 어느 누구도 손댈 수 없음을 만인에게 선언할 수 있습니다. 더 이상 기도할 필요가 없습니다. 믿으신다면 이제 기도를 끝내십시오. 전쟁이 아예 없는 것처럼 평온한 이러한 승리를 전에는 우리가 가져 보지 못했습니다. 먼저 우리 자신들을 위해 승리를 믿지 못했다면 어떻게 세계를 위한 승리를 얻을 수 있었겠습니까? 믿음의 기도 외에는 아무 것도 신뢰할 수 없습니다. 오늘 아침 성령께서 성찬 예배에 놀랍게 임하셔서 그분의 승리를 우리에게 말씀하셨습니다!"

9월 9일 : "성령께서 원하시는 만큼의 믿음을 그분께서 발견하셨습니다. 근신하여 믿음을 지키십시오. 믿는 것은 우리가 생각할 수 있는 가장 미묘한 일입니다. 마치 증기와도 같습니다. 쉽게 놓쳐 버릴 수 있습니다. 어제 아침에 승리를 확신했다 하더라도 그것을 계속하여 보지 아니하면 영영 보지 못하게 될 수도 있습니다. 지금부터 그분께서 이 전투를 이끄실 것입니다만 우리의 믿음이 없이는 그분께서 그렇게 하실 수 없습니다."

9월 10일 : "기도의 날에 수많은 기도를 올린들 아무도 믿지 않으면 무슨 소용이 있겠습니까? 주일의 승리 이후로, 나치 속에 있는 마귀를 처치해 주시고 그 악한 체제를 소멸시켜 주십사고 기도들을 많이 하고 있습니다. 런던을 위해 우리의 기도하는 바는 하나님께서 지금의 기세를 돌리시어 인명을 구해 주시라는 것입니다. 지금 원수가 지난 주일의 국정 기도일을 비웃고 있을 것은 의심할 것이 없습니다."

9월 11일 : 런던과 남부 잉글랜드의 상공에서 전투가 가장 치열했다. "런던의 곳곳에 폭탄이 투하되어 버킹검 궁전도 손상을 입었습니다. 왕과 왕비를 위해 기도해야 할 책임을 느꼈습니다. 우리의 기도가 응답될 것을 믿습니다. 나는 하나님께서 원수를 어떻게 붙잡으시나 하고 지켜보고 있습니다."

9월 12일 : "우리는 지난밤, 런던이 방어되고 원수가 침략하지 못하도록 기도하였더니 하나님께서 기도를 응답해 주셨습니다. 하나님께서 이 마귀를 붙잡으시지 못한다면 어떤 사람도 안전하지 못합니다. 우리의 재산을 위해 보호를 보장받았다면 어찌하여 우리나라에 대해서 보호하심을 얻지 못하겠습니까? 요즘 감격적인 날들이 계속되고 있습니다."

9월 14일 : "우리가 믿음을 견지하여 왔기 때문에 앞으로 일어날 일들을 하나님께서 우리에게 보이셨습니다. 모든 사람이 복음을 듣게 될 것이며 팔레스타인은 유대인들이 다시 차지할 것입니다. 그리고 구주께서 재림하실 것입니다."

처칠 경은 그의 『전쟁 회고록』에서 9월 15일을 공군 전투에서 "절정을 이룬 날"이라 부르고 있다. 그날 그가 공군 작전실에 들러 적의 비행 편대들이 퍼지며 쏟아지고 이에 맞서 영국 공군기들이 출격하는 전투 상황을 지켜보다가 급기야 공군 중장에게 "이제 무슨 비행기들이 우리에게 남아 있소?"라고 묻게 되는 국면에 이르게 된 이야기를 그가 회고하고 있다. "아무 것도 없습니다"라고 중장이 대답했다. 그는 후일에 처칠 수상이 침통한 표정으로 "그럼 내가"라는 무거운 한 마디를 흘리더라고 전했다. 그런 후 5분이 경과했다. "돌연 적들이 본국으로 돌아가고 있는 것 같았습니다. 탁상 위의 원판들의 변화는 독일 폭격기들과 전투기들이 동쪽으로 계속 비행하여 가고 있는 것을 보여주고 있었습니다. 아무런 새로운 공격이 없었습니다. 10분 후에 전투는 막을 내렸습니다." 나치 공군들이 왜 승리를 손에 쥔 바로 그 순간에 본국으로 갑자기 방향을 바꾸었는지 납득이 안가는 일이었다. 그러나 우리는 그 이유를 안다.

전쟁 후에, 영국 전투에서 전투기 부대의 총사령관이었던 로드 도우딩(Dowding) 공군 대장은 이런 의미심장한 진술을 했다. "전투 중에도 외부의 어떤 힘이 우리를 돕고 있는 것을 매일매일 의식했습니다. 전투가 끝났을 때에 우리는 그렇지 않다면 틀림없이 발생할 수밖에 없었던 사태의 결과를 변경하는 하나님의 특별한 어떤 개입이 있었다는 일종의 느낌을 갖게 되었습니다."

러시아, 북부아프리카, 이태리, 공격 개시일 36

 그 영국 전투에서의 승리는 영국을 침략으로부터 구하였으나 적은 야음을 틈타 무차별하게 폭탄을 투하하는 대대적인 공습으로 앙갚음하려고 하였다. 그 야습은 1941년까지 계속되어 그 해 1월에는 그 계속적인 폭탄 투하를 우리 성경 대학의 기도 책임에 지우고 위기에까지 치달았다.

1월 20일 집회에서 하월스 선생은 이렇게 말했다. "내가 전국을 위해서보다 이 도시를 위해 더 많이 기도하는 것을 하나님께서 막으시는 것을 오늘은 더욱더 강하게 느낍니다. 그분께서 저에게 이렇게 말씀하십니다. '이 공습이 계속될 것이며 너희들이 안전하리라고 내가 보장해 줄 수 없다. 그러니 어서 공습을 너희 나라에서 기도로써 쫓아내라.' 그래서 내가 이렇게 그분께 말씀드렸습니다. '저희들이 올라가 주를 믿는 믿음을 갖게 되기까지 저희들을 보호하여 주십시오.'"

기도로 열흘을 보낸 후, 1월 28일의 일지는 "영국의 보호를 확신했다"라고 밝혔다. 이어서 주목할 만한 탄원이 나온다. "주여, 적을 지중해 쪽으로 돌려주십시오. 히틀러의 주의를 다른 방향으로 돌리셔서 영국에의 압력을 풀어 주십시오." 그때로부터 2개월이 조금 더 지난 4월 6일에 히틀러는 유고슬라비아와 그리스에 대한 전쟁을 선포하고 이어서 크레타와 북부아프리카를 점령했다. 이런 새로운 자행으로 적은 영국의 파괴로부터 손을 뗄 수밖에 없었으므로 영국의 직접적인 위기는 지나갔다.

그 다음의 기도는 더욱 중대했다. 전쟁이 진행되면서, 일언반구의 예고도 없이 히틀러가 방향을 급회전하여 러시아를 침입한 것보다 더 세계에 충격을 준 것은 없었으리라 생각한다. 연합군을 도운 하나님의 개입이었다고 말할 것이 있었다고 한다면 그것은 바로 러시아 침입이었다. 세속적인 신문들은 "신들이 멸망시키고 싶은 사람들이 있으면 그들을 먼저 미치게 만든다"는 이교의 격언을 인용하면서 그 사건을 보도했다. 히틀러의 결정은 "나치의 최후 운명"을 빚은 하나님의 중대한 개입의 하나로 여겨졌다. 러시아의 침입은 1941년 6월 22일 새벽 4시에 시작되었다. 그러나 7주 전, 5월 2일에 하나님께서 하월스 선생에게 러시아에 대하여 말씀하시기 시작하셨다. 그날 그는 이런 말씀을 하셨다. "전쟁이 끝나기를 우리가 학수고대하고 있습니다만 '내가 심판하고 싶은 나라가 하나 더 있다. 공산국가 러시아이다'라고 하나님께서 말씀하시고 계신 것 같습니다." 다음날 다시 이렇게 말했다. "러시아가 앞에 있습니다. 스탈린과 그의 추종자들이 피하여 빠지는 것이 합당하겠습니까? 하나님께서 우리에게 선택을 주신다면 우리가 갖가지로 손실을 입는다 할지라도 전쟁을 지연시켜 주시도록 그분께 말씀드리지 않겠습니까?" 또 다시 "설사 그것이 5년 동안 전쟁을 지연시킴을 뜻한다 할지라도 러시아와 일본을 약화시켜 주실 것을 우리는 주님께 간구합니다. 주님께서 적을 러시아로 몰 수 없으시겠습니까? 지금 하나님께서 러시아를 손대시지 않으신다면 그렇게 하시기 위해서 앞으로 다른 전쟁을 일으키셔야 하실 것입니다. 이 공산주의자들을 응징할 다른 방도가 없는 바엔 아무리 오랜 시간이 걸리더라도 그분께서 러시아를 전쟁으로 끌어들이셔야 한다고 저는 생각합니다." 그때부터 이것이 성경 대학의 주요한 기도가 되었다. "주여, 러시아를 전쟁에 붙이셔서 공산주의를 다루어 주십시오." 6주 후에 러시아가 전쟁에 참가했다!

그러나 금방 또 다른 종류의 위험이 닥쳐왔다. 러시아가 들어왔으나 몇 주도 못 가서 절박한 붕괴에 직면하고 있었다. 독일군이 그 나라로 물밀듯이 쇄도해 들어갈 때에 러시아는 점차로 무너지고 나치들은 계속하여 모스크바로 육박해 가는 상황을 지켜본 자유세계의 염려를 우리는 얼마나

36. 러시아, 북부아프리카, 이태리, 공격 개시일

잘 기억하고 있는가. 그것은 겨울철과의 경주였다. 저 유명한 나폴레옹 원정의 반복이었다. 히틀러는 나폴레옹이 실패한 곳에서 자기는 성공하며 처녀 수도 모스크바에서 겨울을 날 것이라고 공언했다. 그렇게 될 것인가? 그 긴장의 시기에 그가 그러하지 못할 것이라고 믿은 사람이 있었을까? 그의 군대는 거의 수도의 문 밖에까지 이르렀다. 1941년 10월 19일 주일, 아침 일찍이 하월스 선생이 자기가 가서 모스크바가 함락되었는지 7시 뉴스를 듣고 오겠다고 그녀가 전해 준다. 그가 돌아와서 모스크바가 아직 함락은 안되었으나 금방이라도 그 소식이 전해질 수 있는 급박한 처지라고 말했다. 그 수분 후에 주님께서 그에게 이렇게 말씀하시기 시작하셨다. "모스크바가 함락되어야 할 어떤 필요가 있느냐? 내가 모스크바를 구하고 나치들에게 큰 타격을 줄 것을 위하여 기도하고 믿으라."

12년 동안 대학교 직원으로 일해 온, 왕립 지리학회의 회원인 케네스 시몬스(Kenneth Symonds) 박사는 그 주일 아침의 예배에 관하여 우리에게 이렇게 전해 준다. "학장님은 그날 아침 주님께서 그에게 말씀하신 첫 마디가 '모스크바가 함락되지 않도록 기도하라!'였다고 말씀하시면서 설교를 시작했습니다. 그것은 우스울 만큼 불가능해 보였습니다. 그 함락은 피할 수 없는 것으로 우리가 듣고 있었기 때문이었어요. 그러나 그 기도가 우리에게 엉뚱하게 보였다 할지라도 성령께서 그 명령을 내리셨습니다. 성령께서 우리를 대신하여 기도하시는 것 같아서 온 종일 진땀을 빼며 기도하다가 그날 밤늦은 집회에 그분께서 그분의 종을 통하여 우리에게 강한 영감을 주셨으므로 하나님께서 응답하시고 계신 것을 확신하게 되었습니다. 주님께서 러시아의 혹독한 겨울 앞에 나치들이 완전히 괴멸당하기를 위해 기도하도록 해주셨습니다. 그 당시 믿음이 견고한 위치에 올라섰을 때에 그분께서 우리에게 주신 승리의 기쁨을 결코 잊지 못할 것입니다." 이튿날 러시아인들이 새로운 용기를 얻었고 몇 곳에서 큰눈이 내리고 있다는 뉴스가 있었다. 나흘 후에 하월스 선생이 집회에서 "내가 전합니다. '주의 말씀이니라. 그(히틀러)가 러시아의 눈 속에서 겨울을 보내고 있느니라'"라고 말했다. 우리는 모두 이야기의 결말을 알고 있다.

모스크바는 함락되지 않았다. 고어링은 후일에 그 겨울의 불운을 상세히 설명하면서 나치 군의 정예들인 3백만 명이 눈 속에서 쓰러져 죽었다고 밝혔다. 빅토 크라프첸코(Victor Kravchenko)는 그의 저서 『나는 자유를 택했다(I Choose Freedom)』에서 이렇게 기술했다. "독일인들은 그때에 사실상 싸울 것도 없이 모스크바를 점령할 수 있었다.…그들이 왜 돌아섰는지는 독일인 자신들만이 풀 수 있는 역사의 비밀이다."

이제 하나님께서 대학의 기도를 또 다른 방향으로 돌리시기 시작하셨다. 나치들이 유고슬라비아와 그리스를 통하여 행군하여 크레타를 점령하고, 롬멜과 이태리인들의 위협이 북부아프리카에서 날로 증대하고 있는 판국에 기도는 성지(the Bible Lands)에 집중하기 시작하였다. 이것은 원래 대학에 부과된 주요한 기도 제목 중의 하나였다. 오래 전에 이 전쟁은 단순히 유럽 전쟁이 아니고, 이것을 통하여 "하나님의 확고한 경륜과 예지 속에서" 유대인들이 팔레스타인으로 돌아오며 복음이 모든 사람들에게 전파되어, 구주께서 재림하실 수 있을 것을 하나님께서 그들에게 계시하여 주셨기 때문이었다. 그래서 성지가 침략의 위험에 놓인 듯한 순간에 하나님께서 그들의 기도를 그 방향으로 돌리셨다. "나는 확신합니다"라고 하월스 선생이 말했다. "적이 팔레스타인과 시리아와 이라크를 결코 손대지 않을 것입니다."

직접적으로 가장 큰 위험을 맞고 있는 지역은 북부아프리카였다. 롬멜과 독일 기갑부대가 그곳에 나타나자 이집트에 대한 위협은 심각해졌다. 이집트가 무너진다면 팔레스타인은 문이 활짝 열린 셈이 되었다. 우리는 다시 롬멜이 우리의 군대를 격퇴시켜 버리고 알렉산드리아의 관문을 두드리려고 하던 그 어두웠던 날들이 기억난다.

"하나님께서 팔레스타인을 위해 개입하시지 않으신다면"라고 하월스 선생이 1942년 7월 4일에 말했다. "유대인들의 안전이 도모될 수 없을 것입니다. 구주께서 재림하실 때에는 그곳에 올 것이므로 성지들은 보호되어야 합니다. 오늘 나에게 선택하라고 하신다면 '제가 가진 모든 것을 취하십시오. 그러나 팔레스타인을 지켜 주십시오'라고 하나님께 말씀드리겠습니다. 우리는 오늘 '이집트를 무너뜨릴 특별한 이유가 없으시다면 알렉산드리아를 적의 손에 떨어지지 않게 하여주시고 롬멜에게 패배를 안겨주옵소서'라고 하나님께 아뢰려고 합니다. 마치 스완제가 공격을 받고 있는 것처럼 알렉산드리아를 위하여 오늘 기도의 책임을 짊어질 수 없을까요?" 그날은 토요일이었다. 보통 토요일 오후에는 기도 집회가 없었으나 그날은 대학이 오후에도, 하나님께서 알렉산드리아를 구해 주시고 북부아프리카에서의 기세를 돌려주시도록 간구하는 기도로 보내야 했다. 책임이 무거웠으나 굉장히 많은 기도가 있었다. 그날 저녁의 집회에서 하윌스 선생이 이렇게 말했다. "오늘 오후 우리가 성령으로 말미암아 간구한 기도는 적이 알렉산드리아를 탈취하지 못하게 하기 위한 것이 아니었습니까? 그 원수에 대항하는 기도에 진심으로 참여하여 그를 기도로써 지중해로 끌어내리고, 러시아로 몰고, 그의 모스크바 진입을 막은 여러분 모두에게 말씀드립니다. 이 기도는 성령으로부터 나온 것이 아닙니까? 성령으로 말미암은 것이라면 사람들이 그 소식을 들을 때에 믿을 수 있는 만큼 우리는 원수가 알렉산드리아를 탈취하지 못할 것을 확신할 수 있습니다. 그런 다음 7월 5일에 내가 알고 싶은 모든 것은 성지를 위한 중보가 이루어졌느냐 입니다. 이루어졌다면, 원수가 알렉산드리아를 점령할 수 없도록 하나님을 설복 할 만한 권리가 우리에게 있게 됩니다. 모스크바 이래로 첫 시험은 알렉산드리아입니다."

그날 저녁 하윌스 선생과 대학은 승리를 확신할 수 있게 되었다. "나는 원수가 이집트를 차지하는 것이 허용될지도 모른다고 생각했었습니다"라고 그가 말했다. "그러나 지금은 그가 이집트를 빼앗지 못할 것을 알고 있습니다―알렉산드리아도 카이로도 함락되지 않을 것입니다." 그리고 집회의 끝에 가서는 그가 이렇게 언명했다. "오늘 나는 매우 착잡한 느낌을 갖고 있었습니다. 모래밭을 일구고 있는 것과 같았습니다. 그러나 지금은 그 꼭대기에 다다랐습니다. 그 문제를 손에 쥐고 마음대로 하고 있습니다. 그것을 뜻대로 흔들 수 있습니다."

그 다음 주에 그들은 신문에서 특별히 기도 집회를 가졌던 바로 그 토요일에 아주 중대한 일들이 북부아프리카에서 발생했다는 뉴스를 읽었으며, 엘 알라메인(El Alamein)에서 전세가 역전되어 알리산드리아가 구조된 것은 그 주말 경이었다. 제8군의 급수를 책임 맡았던 레이너(P.W. Rainer)소령은 그가 저술한 『전장에까지 이어진 수도관』(*Pipe Line to Battle*)이라는 책에서 알렉산드리아 전투에서 결정적이었다고 할 수 있는 괄목할 만한 사건에 대하여 이런 이야기를 한다. 그 책은 그리스도인 협회 상업봉사자회(Merchant Service officers' Christian Association)라는 단체의 매거진(Magazine)지, 1944년 4월 호에 인용되었다.

롬멜의 군대와 알렉산드리아 사이에는 50대의 전차와 수십 개의 야포를 갖고 있는 약 5천 명의 영국군이 남아 있었다. 양쪽이 팽팽히 맞서 있었으나 성능이 더 우수한 88미리 포 때문에 독일군이 유리했다. 양군은 고열과 먼지와 물 부족으로 거의 탈진 상태에 있었다. 전투는 참혹했다. 레이니 소령의 증언에 의하면, "태양은 바로 머리 위에 있는 것 같았다. 우리 군대가 인내의 한계로 막 떨어지고 있었는데 그때 나치들이 거꾸러졌다. 십분만 더 지냈더라면 우리가 그 꼴이 되었을 것이다. 천천히, 무겁게 마크 포(Mark Ⅳ) 전차들이 전장의 포연에서 물러났다. 그런 후 믿을 수 없는 일이 일어났다. 아프리카 군단의 정예인 제90경 기갑사단의 독일군 1,100명이 손을 들고 모래뿐인 벌판을 넘어지며 걸어왔다. 그들의 부르튼 혀는 갈라지고 굳어진 피로 검게 되어 입 밖으로 내밀어져 있었다. 미친 듯이 그들은 우리 군인들의 목에서 수통을 잡아떼어 그들의 탄 입술 사이로 생명을 공급하는 물을 쏟아 부었다." 레이너 소령은 계속하여 독일군이 항복하게 된 이유를 이렇게 설명한다. 그들은 24시간 동안 물 없이 보냈다. 그래서 영국군의 방어선을 돌파하여 6인치의 수도관을 발견했다. 그들은 사격하여 구멍을 내고 물을 들이켰다. 한껏 마신 후에야 알고 보니 그것은 바닷물이었다. 그 도관은 갓 가설되어 레이너 소령이 그것을 시험했었다. 신선한 물은 시험용으로 사용할 수 없었다. 너무 귀중했기 때문이었다. "전날만 해도 그것은 비어 있었다"라고 기록하고 있다. "이틀 후에는 신선한 물로 가득 채워져 있을 것이었다. 그 동안 익숙해진 소금기 있는 물과 갈증으로 그들의 미각이 이미 마비되어 있었기 때문에 나치들은 얼른 바닷물을 알아내지 못했던 것이다." 그 정예병 1,100명의 투항은 알렉산드리아 전투에서 결정적인 사건이 되었던 것이다. 매거진지 편집장의 논급은 이렇다. "이와 같은 믿을 수 없는 사건은 단순한 우연의 일치로 볼 수 없다. 확실히 전능하신 하나님의 손이 한번 더 나타나 성패를 가름하는 중대한 문제로 위기에 처해 있는 우리를 도운 것이다."

성지가 안전하게 되려면 대학의 주의가 다시 러시아 전투에 돌려져야 했다. 남쪽에서의 위험은 이제 끝났으나 모스크바를 장악하려는 시도에서 실패한 독일군이 러시아의 남부를 지나 동쪽으로 밀어 스탈린그라드에 접근하면서 코카서스 산맥에 가까워지고 있었다. 일단 그 산맥만 넘으면 성지는 북쪽으로부터 문이 활짝 열려 있는 꼴이 될 판이었다. 시몬즈 박사는 이런 이야기를 우리에게 들려준다. "나치들은 이미 스탈린그라드의 방어선을 뚫고, 그 시의 교외에서 전투를 벌이고 있었습니다. 그때 전혀 뜻밖에 스탈린그라드가 함락되지 않도록 기도하라고 성령께서 자기에게 촉구하시고 계신다고 학장 선생이 알렸습니다. 그 이유는 스탈린그라드는 코카서스 산맥의 관문이고 코카서스는 성지의 관문인 점이었습니다. 적은 이미 성지를 점령하려고 두번이나 시도했습니다. 첫 시도는 크레타를 경유하는 것이었는데, 이에 맞서 나치의 군대가 러시아로 방향을 바꾸도록 하는 기도가 성령의 지시에 따라 있었습니다. 두번째 시도는 북아프리카를 경유하는 것이었습니다. 그 결과로 믿음의 기도에 대한 응답으로 엘 알라메인에서 하나님의 개입이 있었습니다. 그러나 스탈린그라드를 위한 이번 기도는 붙잡기가 가장 어려워 보였습니다. 꼬박 2주 동안 우리는 씨름하였으며, 성령께서는 기도가 그분에게서 나온 것이니 모스크바 방어 때처럼 성공적인 결과가 나올 때까지 지켜봐야 할 책임이 우리에게 있다고 그분의 종을 통하여 강조하셨습니다."

"우리의 부르짖음에도 불구하고 적은 진격을 계속하여 시의 절반을 장악하기에 이르렀습니다. 건물마다 불꽃이 튀기는 그곳의 전투는 2차 대전 중 가장 필사적인 전투의 하나였습니다. 그러나 성령 안에서의 투쟁도 그렇게 필사적이었습니다. 인간적인 생각으로는 납득할 수 없는 일이지만 뉴스가 어둡게 보도될수록 우리의 믿음은 더욱 높이 올라가 결국 적이 우리 앞에서 굴복하는 것을 믿음의 눈으로 보게 되었습니다. 동시에 보이는 전장에서 전세가 역전되어 나치 군이 완전히 격파되고 사기를 잃어 다시 퇴각한 것을 보고 세계는 깜짝 놀랐습니다. 그것은 성령의 또 하나의 놀라운 승리였습니다."

몇 개월 후에 이러한 네 개의-영국 침입, 알렉산드리아, 모스크바 그리고 스탈린그라드-중대한 기도 싸움을 치러 온 대학은 군사 해설자인 풀러 장군이 신문에 발표한 기사를 매우 관심 있게 접했다. 그는 그 기사에서 임박한 나치 운명의 네 가지 이유를 들었는데 히틀러의 네 개의 실수라고 불렀다. 첫째 실수는 영국을 침입하는 기회를 놓친 것이었다. 둘째 실수는 이집트 공격과 알렉산드리아 점령의 실패, 셋째 실수는 "러시아 작전에 있어서 모든 것이 모스크바의 함락에 달려 있었는데도 히틀러는 다른 목표들에 주의를 돌렸다." 넷째 실수는 "히틀러의 마지막 실수-스탈린그라드에의 대대적인 공격."

특별하게 집중적으로 기도한 때가 두 번 더 있었다. 한번은 이태리의 점령 시에 있었으며, 또 한번은 "D데이"(예정 공격 개시일)를 위한 것이었다. 이태리 전투에서 가장 위험했던 곳은 전략적 고지를 확보하여 연합군이 남쪽으로부터 로마로 진격해 가는 길을 열기 위하여 1943년 9월에 우리 군대가 상륙한 살러노(Salerno)였다. "살러노에 상륙한 날과 그 결과는 내 기억에 항상 뚜렷이 박혀 있을 것입니다"라고 시몬즈 박사는 말한다. "우리는 여느 때처럼 강당에서 첫 저녁 기도 집회를 가졌으며, 더 원 포에서 마지막 집회를 갖기 위해 밤 9시 45분에 다시 모였습니다. 그 집회는 처음부터 엄숙한 분위기였습니다. 학장님의 목소리는 자기의 중대한 메시지로 인해 떨려 잘 알아들을 수 없을 정도였습니다. 그가 이렇게 말했습니다. '주님께서 두 집회 사이에 살러노의 점령을 위해 저에게 짐을 지우셨습니다. 우리의 군대가 지금 크나큰 곤경에 빠져 있다고 믿습니다. 우리가 기도로 일을 해낼 수 없다면 그들이 확보지를 잃게 될 위험이 있다고 주님께서 저에게 말씀하셨습니다.' 하나님의 두려우심이 우리를 휘감고 있었습니다. 너무나 급작스럽게 온 말씀이었기 때문입니다. 그런 내용의 공식적인 뉴스가 무전으로도 없었으며, 우리 자신들도 그전까지는 이태리가 드디어 파시스트와 나치 독재로부터 해방되었다고 기뻐하고 있었습니다. 지체없이 우리는 무릎을 꿇고 개입해 주시기를 하나님께 부르짖었습니다. 성령께서 우리를 사로잡으시더니 갑자기 우리의 기도를 곧바로 승리로 이끄셨습니다. 하나님께서 우리의 기도를 들으시고 응답해 주신 것을 믿어 찬양하며 기뻐하고 있었습니다. 더 이상 기도를 계속할 수 없었습니다. 그래서 무릎 꿇은 자세에서 일어나 찬양하기 시작했던 것입니다. 성령께서는 하나님께서 이탈리아에서 기적적인 개입을 하셨음을 우리 모두의 마음속에 증거하시고 계셨습니다. 승리가 너무도 뚜렷하였으므로 우리가 일어나 노래할 때에 나는 시계를 쳐다보았습니다. 11시를 치고 있었습니다."

"우리는 밤 뉴스를 기다렸습니다. 학장님이 주님으로부터 우리들에게 들려주었던 것과 똑같은 내용을—어떤 기적이 일어나지 않는 한 우리 군대가 날이 밝기 전에 해안 상륙 거점에서 물러나야 하는 위험에 처해 있다는 뉴스를 아나운서가 침통하게 전하고 있었습니다. 이것은 성령의 인도하심을 더욱 확인시켜 주는 구실을 하며 승리가 확실하다고 우리는 어느 때보다 더 강하게 느꼈습니다. 다음날 아침 뉴스는 더 희망적이었으나 전선에 대한 신문 보도를 목이 타게 기다렸습니다. 우리는 좌절하지 않았습니다. 목요일 아침 한 일간신문은 '살러노의 기적'이라는 표제로 톱기사를 실었습니다. 그 전선에 직접 종군한 기자의 설명은 대강 이러했습니다. "월요일에 나는 살러노 점령 작전에서 우리의 상륙한 군대와 함께 있었다. 적의 포병대가 빠른 속도로 진격해 오며 끊임없이 포격을 퍼붓고 있었다. 폭음이 진동하고, 기적이 일어나지 않는 한 우리 군대가 교두보를 구축하기까지 도저히 버틸 수가 없을 것이 분명했다. 갑자기 이해 할 수 없는 일인데 포격이 중단되고 나치 포병대가 그 진격을 멈추었다. 죽음 같은 적막이 전장에 내려앉았다. 우리는 다음에 일어날 것을 초조하게 기다렸으나 아무 것도 일어나지 않았다. 그때 시계를 들여다보니―밤 11시였다. 그때까지 우리는 조마조마하게 기다렸으나 여전히 아무 것도 일어나지 않았다. 밤새도록 아무 것도 일어나지 않았다. 그 유예 시간은 우리의 작전에 완전한 변화를 가져다주었다. 아침에는 교두보가 튼튼하게 구축되었다."

대전 중의 마지막 대기도 전투에서―「제2전선」을 위한―하윌스 선생이 직접 한 말을 또 인용해 보겠다. D 데이(예정 공격 개시일) 바로 두 달 전인 1944년 4월, 그가 집회에서 이렇게 말하고 있었다 "우리는 곧「제2전선」에 참전할 젊은이들에게 관심을 쏟고 있습니다. 우리의 젊은이들이 최소한의 손실로 목표를 달성할 수 있을 것을 믿을 수 없겠습니까? 하나님께서 모스크바와 스탈린그라드와 알렉산드리아와 우리 나라에서 개입하여 주셨다면「제2전선」에서도 개입하셔서 패배로부터 우리를 막아 주실 수 없겠습니까? 우리의 지도자들이 이 전쟁의 결과로서「대서양 헌장」과 그「4대 자유」만을 원하기 때문에 젊은이들과 함께 나아가서서 싸워 주시기를 하나님께 간구할 완전한 권리가 우리에게 있습니다. 우리가 스탈린그라드에서 승리를 획득했다면 여기에서도 승리를 얻을 수 있습니다. 우리는 그분께서 우리 사람들의 편에 서 계심을 압니다. 나는 오늘밤 승리 외에는 아무 것도 보이지 않습니다."

한 달 후에(5월 7일) 그가 이렇게 말했다. "5백만 명의 젊은이들이「제2전선」을 맞고 있는 이때에 말하고 있습니다. 미국에서 온 이 젊은이들은 공격의 명령을 기다리며 우리 나라에 와 있는데, 얼마나 많은 사람이 전사할지 모릅니다. 베르덩(Verdun)에서는 백만 명의 프랑스인을 잃었습니다. 만일 내가 싸움에 부르심을 받지 않았다면, 그리고 그들을 도울 다른 방도를 알고 있는데도 그대로 행동하지 않는다면 그들 대신에 내가 죽임을 당해 마땅할 것입니다.

젊은이들이 죽음을 응시하고 있습니다. 죽음에 직면해 본 사람은 누구

36. 러시아, 북부아프리카, 이태리, 공격 개시일

나 그 심각성을 잘 압니다. 그들이 여러분과 나를 위해 죽음을 마주보고 있는 것입니다. 우리가 그들을 위해 고통을 당하는 것보다 더 많이 그들이 고통을 겪는다면 그것은 우리의 평생의 수치가 될 것입니다. 다음 주에「제2전선」이 펼쳐진다면 관여하실 수 있는 하나님께서 하늘에 계시지 않습니까? 그 전선이 개시되면 뉴욕 주지사 듀이(Dewey) 씨는 모든 주민들에게 기도를 호소할 것입니다. 가장 곤란한 점은 독일이 신교 국가요 우리 나라도 그러하다는 것입니다만 우리가 대항하여 싸우고 있는 것은 독일이라는 국가가 아니라 나치 정권입니다. 우리는 하나님께서 우리편에 계신 것을 믿으며 그분께서 '헌장이 확립되고 세계가 자유롭게 되기까지는 내가 칼을 꽂지 않겠다'라고 말씀하십니다."

다른 집회에서 하나님께서 공격 개시일에 군대에 앞서서 가실 것이니 그들이 패배하지 않을 것이라는 확신을 대학에 주셨다. "믿음이 매우 강력했으므로 우리는 그 확신을 견지할 수 있었다"라고 그 집회에 참석했던 한 사람이 기록했다. "우리가 그 동안 짊어지고 다녔던 그 무거운 짐이 제거되자 홀가분함이 대단하여서 나는 내 방으로 들어가 무릎을 꿇고 울음을 터뜨렸다. 그것은 기쁨의 눈물이었으며 굉장했던 긴장에서 풀려 나온 순전한 해방감이었다. 그때의 확신은 내게 있어서「제2전선」이 성공적으로 전개되어 실제적으로 승리를 획득한 것과 조금도 다름없이 현실적이었다."

6월 6일 :「제2전선」이 개시되는 날, 하월스 선생은 공격 부대에게 아이젠하워 장군이 내린 D 데이의 명령을 큰 공감을 느끼며 읽었다. 그 명령에서 아이젠하워 장군이 이렇게 말했다. "자유를 사랑하는 사람들의 소망과 기도가 어디에든지 그대들과 행군할 것이다. 우리 모두 이 위대하고 고결한 과업에 임하여 전능하신 하나님의 복을 구합시다." 더욱이 전국에 방송하여 국민에게 기도와 헌신을 엄숙하게 호소한 국왕의 놀라운 담화가 있었다. "위대한 십자군이 출발함에 따라 전국적인, 어쩌면 전세계적인 밤낮을 가리지 않는 기도의 사역에서 너무 바쁘다는 핑계로 한 몫을 감당하지 않을 사람은 확실히 우리 국민 중에 한 사람도 없을 것입니다." 하월스 선생은 집회에서 이렇게 말했다 "기도의 날이 공포된다면 그것은 승리의 날, 곧 하나님을 움직이는 날이 되어야 합니다." 그리고 그 집회의 끝에 가서 그는 공격 부대들이 이미 노르만디에 상륙한 것을 생각하고 이렇게 기도했다. "주님께서 던커크에 개입해 주시지 않으셨더라면 우리는 아무도 오늘 여기에 있지 못했을 것입니다. 그러므로 우리에게 짐을 지워 주옵소서. 우리로 하여금 게으름을 피우지 말게 하옵소서. 만약 히틀러가 이겼더라면 기독교와 문명과 자유가 사라졌을 것입니다. 오! 주여, 우리의 장병들을 보호하시고 지켜 주옵소서! 우리가 전선에 나가 싸우고 있는 것과 같이 기도하게 하옵소서. 저희들은 이 결말이 승리일 것을 믿어 의심치 않습니다."

끝으로 7월 8일에 그가 이렇게 말했다 . "우리가 노르만디에 상륙하여 들어간 밤과 비교할 것이 아무 것도 없을 것 같습니다. 하나님께서 우리 장병들 앞에 가실 것이니 던커크에서와 다를 것이 없을 것이라고 우리가 말했습니다. 데일리 텔리그라프(Daily Telegraph) 지의 보도에 의하면 U보트들이 수로를 순찰하지 않은 것은 유독 그날 밤뿐이었습니다. 우리가 어떻게 노르만디에 다다랐느냐는 상상을 넘어서는 것이었습니다—4천 척의 군함과 1만 1천대의 비행기들이 적의 배나 비행기를 하나도 만나지 않았던 것입니다! '내가 갈 것이니 패배가 없을 것이다'라고 하나님께서 말씀하셨습니다. 제가 지금 말씀을 전하고 있는 순간에라도 대전투가 벌어지고 있다 하더라도 실패가 없으리라는 그분의 말씀으로 돌아갈 것입니다."

이 6년 간에 걸친 기도 사역의 절정은 1945년 6월, 샌프란시스코에서의 국제연합의 창설과 함께 왔다. 그러나 종국적인 세계 평화에 대한 헛된 희망을 그런 기구에 걸고 있었던 것은 아니었다. 복음의 각인(各人)에게의 전달과 유대인들의 팔레스타인 귀환을 위한 대학에서의 기도는 항상 영광스러운 구주의 재림과 드디어 "땅의 평화"가 확립될 천년 왕국의 도래라는 하나의 대기대와 연관되어 있었다. 그러나 국제연합의 창설은 모든 사람이 이 세대에 복음을 들을 수 있도록 세계가 다시 복음에 대해 활짝 문을 열기 위한 그 동안의 기도에 대한 응답이었던 것이다.

본향으로 부름받다
37

이 중보의 기간은 이제 끝났다. 하나님께서 한 영혼을 위해 중보하도록 하월스 선생을 은폐시켜 그분과만 사귀도록 하신 것처럼, 전쟁 기간 동안 그분께서 세계를 위해 중보하도록 대학을 따로 불러 세우셨다. 이제 전쟁이 종식되었으므로 국외 동역자들과 교분의 나눔이 다시 새롭게 연결되었다. 대학은 항상 세계의 어느 곳이든지 그리스도의 신실한 종들과 교제하기를 바랬다. 수년 동안 계속하여 학생들이 주님을 섬기기 위한 다양한 조직체로 진출해 나갔으며 수많은 단체들이 재정적으로 대학의 도움을 받아 왔다. 여러 선교회에서 지도자들과 봉사자들이 대학을 다녀갔는데, 대학이 창립된 때부터, 선교사가 방문하면 빈손으로 돌려보내서는 안된다고 하나님께서 그분의 종에게 말씀하셨다—설사 그 선물이 그에게 마지막으로 남아 있는 것이라 할지라도. 대학이 이제 전쟁에 대한 기도의 짐에서 풀려났으므로 새로이 주님께서 선교 분야의 필요들에 대한 책임을 그들에게 맡기기 시작하셨다. 매년 개최되는 전인류복음화회의(Every Creature Conference)가 1950년에 시작되어 각 분야의 학생들이 훈련을 받아 왔다.

하월스 선생의 마음에 나타난 특별한 책임감은 모든 사람에게 복음을 전달하기 위한 재정, 모든 나라의 하나님의 종들로부터 지원을 받아 구애됨이 없이 쓸 수 있는 재원에 대한 것이었다. 이 책임감은 도저히 그를 떠나지 않더니 1950년 1월 15일 주일이 되었다. 그날 밤 9시 집회에 그가 모세와 다윗의 시편들을 읽고서는 이렇게 말했다. "성령께서 '주께서 내게 주신 일을 내가 이루었나이다'라고 말씀하실 수 있기 때문에 내게 있는 모든 것이 하나님을 찬양하고 있습니다. 모든 사람이 복음을 들을 것이며 이 비전을 위한 재정은 안전합니다. 그리고 왕께서 다시 오실 것입니다." 그는 하나님께서 약속된 10만 파운드를 주시리라는 확신을 가졌다. 그러면 그는 그 돈을 하나님의 사업에 바친 다음 모든 민족에게 전도 사명을 위해 백 배의 복을 주장할 것이었다.

그것이 재정 문제를 위한 하나의 승리 집회 이상인 것을 대학 가족들은 깨닫지 못했다. 그것은 주님의 중보자가 지상의 선한 싸움을 완결하는 순간이었다. 그는 대학의 나머지 가족들과 함께 부활의 신앙을 갖고 있었으며, 그리스도를 통한 사망에의 승리 속에서 그분께서 오실 그 위대한 날과 빌립보서 3장 21절의 성취를 고대하고 있었다. 그러나 중보의 이 최종적인 사명을 끝마친 후에 그는 완전한 승리 속에서 하나님의 뜻을 받들었다. 한 달 안에 그는 구주와 상면하였다. 마지막 순간까지 그와 함께 있었던 시몬즈 박사가 우리에게 이런 설명을 들려주었다.

"본향으로 부르심을 받기 약 2년 전에 우리의 친애하는 학장님은 랜드린도드 웰스에서 자기가 성령과 만났던 현장에 가보고 싶어했습니다. 우리들 중의 몇 사람이 그를 따라가는 특권을 입었습니다. 영화로우신 그리스도께서 그에게 계시하였던 작은 예배당(지금은 쓰이지 않음) 밖에서 우리가 서 있을 때에 그의 영혼이 고귀하게 소생하는 것이 역력했습니다. 다음으로 그는 우리를 천막 집회를 쳤던 곳으로 안내하더니 거기에서 성령께서 그를 인격적으로 만나 주시고 그의 몸 전체를 달라 하시던 이야기를 한번 더 우리에게 들려주었습니다. 학장님이 그러한 경험들과 그 이후로 성령께서 그 안에서 또 그를 통하여 하셨던 모든 일들을 다시 돌이켜 볼 때에 앞으로 성령께서 틀림없이 모든 장애들을 극복하시고 이 세대에 복음을 갖고 모든 사람에게 이르실 것이라는 확신이 눈에 띄게 강해지고 있었습니다.

"조금 후에 우리가 언덕을 오르고 있다가 그의 얼굴이 굉장히 창백해진 것을 발견하고 한동안 멈추어야 했어요. 그는 심장마비로 심한 고통을 겪고 있었습니다. 그날로부터 우리들 몇 사람만이 그가 얼마나 많은 고통을 받아 왔는지를 알고 있었습니다. 우리는 그를 쉬도록 설득하려고 애썼으나 그는 하나님의 왕국과 사람들의 죽어 가는 영혼들을 위한 열정에 붙잡혀 기도 집회를 주관하는 것과 왕을 위한 다른 사업들을 돌보는 일을 조금도 늦추지 않았습니다. 그는 또 병고를 덜려고 약 같은 것도 복용치 않고 늘 해 왔던 것처럼 모든 것을 주님께 맡기고 있었습니다."

"재정 문제에 대한 놀라운 믿음의 승리가 있었던 그 주일 밤부터 학장님이 이 땅에서의 자기의 사역이 끝났음을 느끼고 있는 것을 우리는 알게 되었습니다. 그의 주요 임무는 언제나 하나의 중보였습니다. 그는 가끔 이제 본향의 영광에 들어가고 하나님이 부르시는 '여호수아'에게 모든 것을 맡기고 싶다고 나에게 말하였습니다. 영원히 그의 개인적인 기쁨이 될 것은 그가 하나님의 손을 의지하며 토대를 놓는 데 충성스러웠다는 점일 것입니다. 그래서 이토록 열매를 맺었습니다."

"2월 7일 화요일에 대학병원의 간호 부장인 마가렛 라이트(Margaret Wright) 양이 그의 상태가 매우 염려스러워 그가 무사한지 알아보려고 저녁 집회 후에 그의 방으로 갔습니다. 놀랍게도 그가 자기 방안을 왔다 갔다 하며, '낮 빛보다 더 밝은 땅'이라는 성가집 중에서 모친이 늘 불렀던 고대 웨일스 어로 된 찬송가들을 부르고 있었습니다." 그중에서 하나를 번역해 보면 다음과 같습니다.

고귀하고 아름다우신 내 구주
고운 것 중 고운 분이시라
지금부터 영원까지
왕 중 왕으로 환호하여 맞이하리
말로 할 수 없는 아름다움
그분이 내 영혼을 사로잡았네
어둔 그림자 비낀 구름 위를 보라

내 영혼아 빛의 나라를 보라
미풍에 꽃향기가 흩날리는 곳
하늘이 마냥 빛나는 곳
은혜 입은 만만인이
그 완전한 평화에 춤추듯 거니네

지금 거룩한 유산을 바라보니
세상 환난에 곤한 내 심령이
강한 바람 같은 환희로
이제는 떨려 오네
참으로 복 있는 사람
이 안식의 나라를 찾는 자일세

잠시 떠나는 우리
기쁜 소망에 가슴 부푸네
구세주를 사랑하는 이들
마지막 이별일랑 모른답니다!
천복의 연합이
이별의 베일 너머 펼쳐지네.

"다음날 저녁 그러니까 2월 8일, 집회가 끝날 무렵 그는 하늘의 영광에 취해 있는 듯했습니다. 참석한 모든 사람이 일어나 '요단강을 건너 복되신 나의 예수님과 함께'라는 찬송을 불렀습니다. 그 찬송은 지난 해 동안 대학에서 불려지지 않았으나 그 자신이 그것을 선택했습니다. 어떤 사람들은 그의 얼굴이 스데반의 얼굴―천사의 얼굴―을 연상시키더라고 말하더군요. 그가 찬송을 부르면서 손수건을 꺼내 흔들 때에는 마치 구주와 앞서 간 성도들께 인사를 나누는 것 같았습니다. 그 집회가 지상에서의 그의 마지막 집회였습니다."

"반시간이 채 못되어 누가 나를 부르러 왔다. 얼른 달려가 보니, 그는 무서운 심장의 통증으로 침대 위에 엎드려 있었습니다. 내가 깜짝 놀란 것은 약을 복용하겠다고 그가 동의한 것이었습니다. 그것은 나에게 있어 그가 회복될 것을 조금도 기대하지 않는다는 예감이 들었다. 만일 그가 회복을 기대했다면 순전히 믿음으로 버티려고 하였을 것이니까요."

"마지막 순간까지 그는 고통에 관하여 한마디도 입밖에 내지 않았기 때문에 추측으로만 알 수 있는 일이었지만 그는 큰 아픔을 참으면서 누운 채 이렇게 중얼거렸습니다. '그것은 주님이시다.…그것은 주님이야…난 주님의 뜻 안에 있다.…모든 것이 달성되고…그것은 주님이시다.'"

"그 이후 나흘 동안 천국으로 불려 가기 전, 그가 의식이 되돌아 올 때마다 그가 위하여 기도해 왔던 것이 분명한 어떤 선교사(특히 노만 그럽과 존 토마스 씨)나 다른 절친한 친구의 이름을 힘겹게 부르거나 그 비전 전체에 관한 자기의 믿음을 우리들에게 확인하여 주었습니다."

"그의 최후의 말은 2월 12일 주일, 의식이 찾아온 한 순간에 있었습니다. 그는 나를 알아보며, '승리…할렐루야'라고 속삭이듯 조용한 목소리로 말했습니다. 그 동안 여러 번 그는 하월스 여사에게 그와 동일한 말을 했습니다 - '영광스러운 승리'라고. 이 세상에서의 그의 순례 길은 2월 13일 월요일, 오전 10시에 끝났습니다. 우리는 그의 침대 둘레에 무릎을 꿇었을 때 하나님의 경이적인 임재를 느낄 수 있었습니다. '주의 뜻을 이루소서'라고 기도하며 우리로 하여금 구주 예수 그리스도의 그토록 고결한 종의 명실상부한 후계자들이 되게 하여주시라고 주님께 간구하였습니다."

한 시간 안에 사무엘 하월스씨가 대학과 어린이 학교의 전교직원들을 소집하였다. 천성이 조용하고 내성적이었지만, 그의 부친이 초석을 놓은 비전과 사명을 완수하기 위해 그들의 생명을 다시 헌신하라고 모든 교직원들에게 호소할 때에 하나님의 영께서 그 위에 임하신 것은 누가 보아도 분명하였다. 대학에서 부모와 함께 보냈던 지난 13년의 가리어진 그의 생활 가운데 하나님께서 그 종을 하월스 선생의 위치를 승계 하도록 양육하시고 준비시키셨음을 모든 사람이 분명하게 알게 되었다. 세상적인 상속으로는 어떤 아들도 그러한 아버지의 자리를 이어받을 수 없었으나, 하월스 학장 안에 사셨던 그 거룩하신 분께서 그의 아들 안에도 내재하시므로 성경 대학과 부속학교는 여전히 동일한 안내자를, 전능하시며 모든 것을 공급하여 주시는 주님 자신을 가장 중요한 자리에 모시고 있음을 모두가 알고 감사하고 있다.

후기 38

주님께서 그분의 종으로 하여금 설립하고 운영하게 하셨던 웨일스 성경 대학과 그 부속학교는 전과 조금도 다름없는 활동을 계속하고 있다. 성경 대학, 부속병원, 부속학교 그리고 선교사 자녀들의 집의 교직원은 명예 학장인 사무엘 하월스씨를 포함하여 모두 98명이다. 대학 가족의 일원이 된지가 더 오래된 몇 사람과 함께 이들은 전쟁 기간 동안에 하나의 중보자 단체를 형성했다. 그들 중에서 대학에서의 봉사 기간이 10년 이하인 사람이 없으며 15년 혹은 20년에 이르는 사람들도 있다. 그들은 모두 무엇보다도 전인류복음화 비전을 위해 헌신하고 기도 생활을 하는 중보자들이다. 그 외에 그들의 재능과 훈련을 이용하여 갖가지로 봉사한다. 그것은 하월스 선생이 받은 "모든 자원하고 기술을 지닌 일꾼"이라는 그 약속의 한 성취이다. 많은 사람이 교사들이다. 의사가 3명, 간호원은 6명, 또 2명은 음악 학위를 소지하고 있다. 나머지 다른 사람들은 사무관, 가사 담당자, 정원사, 기계 기사 등등이다. 전 교직원은 개인적인 필요에 있어서 그 동안 내내 믿음으로 하나님을 의지하며 살아왔다. 개인적으로 어떤 것이 필요할 때에는 은밀하게 하나님의 보좌를 움직이는 것을 익혀 왔던 것이다. 봉급이나 생활비 같은 것은 아무 것도 지급되지 않았다. 모든 것은 기도에의 응답으로 공급되었다. 주님께서 하월스 선생을 천국으로 불러 가신 이후 첫 해인, 1950~1951 회계연도 동안에 대학 역사상 어떤 회계연도 보다도 더 많은 재원을 보내

주셨다.

성경 대학은 국내외에서 주의 사업에 봉사할 수 있도록, 수업료도 받지 않고 식비는 실제로 소요되는 경비보다 훨씬 저렴하게 받으면서 학생들을 2년 과정으로 교육한다. 아침과 저녁의 기도 집회는 영적 생활의 중심으로 존속되고 있다. 학생들은 성경과 다른 과목들에 관하여 정상적으로 강의를 받는다. 대학은 자체의 병원을 갖고 있는데 약 25명의 환자를 받아들일 수 있으며 더원 포에 자리잡고 있다. 그 병원은 주로 부속학교의 어린이들과 가끔은 휴가 중인 선교사들을 위하여 이용된다. 주님께서 환자들의 치료를 위한 특정한 기도 임무를 대학에 계속하여 내리신다. 대학의 의사들과 간호원들은 자신들의 필요물 이외에도 대부분의 의약품을 개인적으로 하나님께 나아가 공급받는다.

성경 대학 부속학교 위에 하나님의 손길이 머물러 있었음은 개교 시부터 확연했다. 그 학교는 학과 성적이 좋은 예비 학교와 중등학교로서, 아니 그 모든 것에 앞서 교직원 하나 하나가 헌신한 예수 그리스도의 종으로서 소년 소녀들을 그분께로 인도하는 학교로서 영국에서 그 유례를 거의 찾아볼 수 없는 독특한 존재다. 학생 수는 1933년에 개교할 때에 11명의 학생으로부터 5~18세의 400명의 소년 소녀들로 불어났다. 교장인 킹슬리 프리디 박사와 여 교감인 도리스 M. 루스코 씨를 비롯하여 33명의 남녀 선생이 가르치고 있다. 그중의 14명이 대학교 학위와 교사 자격증을 소지하고 있으며 한 명은 체육학을 전공하였다.

부속학교는 공인을 받기 위해 1948년에, 장학관을 보내 줄 것을 정부에 요청했다. 예비 학교와 중등 문법 학교로서 우수하다는 판정을 받았다. 그 동안 22명의 학생들이 여러 대학교에 진학하여 졸업하였으며, 7명은 의학 학위를 취득했고 25명은 사범대학을 졸업했다. 약 20명은 숙련 간호원이 되었다. 이들 중에서 12명이 부속학교의 교직원으로 봉사하라는 주님의 부르심을 받고 되돌아왔다. 재정적인 면에 있어서 부속학교의 교직원들은—대학의 교직원들과 마찬가지로—급료나 수당 같은 것을 지급 받지 않고 순전히 개인적인 믿음으로 해결한다.

서너 번 하나님의 영께서 놀라운 방법으로 역사하셔서 소년 소녀들 사이에 부흥이 일어나고, 무리한 강요가 없었는데도 자원하여 많은 결신자가 생겼다. 그래서 영혼과 마음과 육체의 균형 있는 건전한 발전이 이루어지고 있다. 주님께서 전반적으로 이 학교를 축복하시는 증거는 스완제의 거대한 인구와 인근 지역들이다. 종교적인 신앙에 있어서 대학에 그대로 찬성하지만은 않는 각계 각층의 학부모들도 그들의 자녀들을 일부러 그 학교에 입학시킨다.

선교사들의 자녀들에게 가정집을 제공한다는 학교 설립의 원래 목적이 학교생활 가운데 두드러지게 나타난다. 머나먼 이역으로 복음을 전하러 떠난 선교사들의 자녀들이 끊임없이 그 가정에 찾아왔다. 수년 동안 그 수효는 평균 65명이었다. 학교생활과 가정생활에서 어린이들이 얼마나 행복해 하는지 감탄할 만하다. 처음부터 선교사들에게는 자녀들의 숙식과 교육에 소요되는 경비의 반액만을 납부케 하도록 주님께서 하월스 선생을 인도하셨다. 개교 시부터 하나님께서 로더릭 양을 학교의 보모 장으로 부르셨으며 그 동안 15명의 봉사자들이 그녀를 도와 함께 일해 왔다.

모든 선교 활동에 성경 대학이 관심을 쏟는 것 외에도 대학의 졸업생들이 직접 운영하고 있는 기관들이 해외에 상당히 있다. 그들은 성령에 의하여 대학에서 파송된 자들로서 대학과의 연결 의식을 갖고 있다. 그 첫 예는 파리에 있는 미션 하우스인데, 큰 홀이 있는 4층 건물로 13년 전에 하월스 선생이 구입하였다. 그곳에서 5명의 간사들이 활동하고 있다. 이 기관의 목적은 대륙의 학생들을 훈련하기 위한 성경 대학을 시작하는 것이다.

에티오피아 황제의 직접적인 요청으로 대학 의사들 중의 한 사람으로서 산부인과 전문의인 마가렛 피츠허버트(Margaret Fitzherbert) 박사가 아디스 아바바에 있는 하일레 셀라시에 I세 병원에서 산부인과를 총 책임지게 되었다. 또한 몇 명의 간호원들이 그 여의사와 함께 일하고 있다. 그들은 이러한 전략적인 위치를 점하고, '전문적인 선교사들'은 아니지만 수도의 심장부에서 그리스도를 증거할 수 있다.

38. 후기

　레바논에는 나이 많은 두 명의 미국인 사역자가 약 100명을 수용 할 수 있는 미션 스쿨을 오랫동안 운영하여 왔는데, 이제 성경 대학의 두 멤버가 그들과 함께 일하고 있다. 사무엘 하월스씨가 중동 지방을 방문 한 데 이어 옛 도시 예루살렘에 선교 센터를 개설하려는 계획이 추진 중에 있으며 대학에서 수명이 그곳으로 가게 될 것이다.

　장벽을 뛰어넘어 머나먼 곳에까지 뻗어 나간 성경 대학의 이러한 직속 지부들 외에, 인도와 나이지리아와 브라질에서 활동하는 선교사들과 긴밀한 연결이 맺어져 있다. 여러 선교 단체에 가입하여 봉사하여 온 학생들 외에도 성경 대학의 학생들이 그곳에서 갖가지로 봉사하고 있다.

　대학에서는 매년 하계 집회가 열린다. 하나님의 종의 이 전기를 읽음으로써 하나님의 음성을 듣고, 방문자로서나 혹은 학생으로서 어쩌면 지구의 끝으로부터 찾아와서 직접 성경 대학의 사람들과 함께 살며 교제를 나눌 수 있기를 바라는 사람들이 틀림없이 많이 있을 것이다. 그러한 사람은 언제나 환영이다. 고(故) 하월스 학장의 미망인인 리스 하월스 여사와의 서신 연락이 언제든지 가능하다. 여사는 지금도 웨일즈 성경대학, 더 웬 퍼, 스완제, 남부 웨일즈를 오가며 대학의 가족 가운데서 믿음과 사랑의 지칠 줄 모르는 봉사를 계속하고 있다.

―중보기도자 리스 하월스 · 끝―

CHRISTIAN LITERATURE CRUSADE

기독교문서선교회는 청교도적 복음주의신학과 신앙을 선포하는 국제적, 초교파적, 비영리 문서선교기관입니다.

기독교문서선교회는 한국교회를 위한 교육, 전도, 교화에 힘쓰고 있습니다.

만일 당신이 예수 그리스도와 그리스도인의 생활에 대하여 알기를 원하시면 지체말고 서신연락을 주십시오. 주 안에서 기쁜 마음으로 도움을 드리겠습니다.

서울 서초구 방배동 983~2
Tel. 586-8761~3

기독교문서선교회

중보기도

Rees Howells- Intercessor

1983년 01월 15일 초판 발행
2025년 05월 30일 초판 3쇄 발행

지 은 이 | 노만 그러브
옮 긴 이 | 윤 무 길

펴 낸 곳 | 사)기독교문서선교회
등   록 | 제16-25호(1980. 1. 18)
주   소 | 서울특별시 동대문구 천호대로71길 39
전   화 | 02) 586- 8761~3(본사) 031) 923-8762~3(영업부)
팩   스 | 02) 523-0131(본사) 031) 923-8761(영업부)
홈페이지 | www.clcbook.com
이 메 일 | clckor@gmail.com
온 라 인 | 국민은행 043-01-0379-646, 기업은행 073-000308-04-020
         예금주: 사)기독교문서선교회

ISBN 978-89-341-0095-9 (03230)

* 낙장·파본은 교환해 드립니다.

CLC 도서안내

갈보리 언덕 I
The Calvary Road

로이 헷숀 지음 | 장기순 옮김
| 46판 양장 | 148면

본서는 하나님의 몸된 교회가 심령적으로 메말라서 새 생활이 요구될 때 그 영혼을 변화시킨 부흥운동의 기록으로, 독자들로 하여금 영적 축복과 심령의 부흥을 얻도록 해준다.

갈보리 언덕 II:
예수님을 바라보라
We Would See Jesus

로이 헷숀 지음 | 김철직 옮김
| 46판 양장 | 192면

본서는 『갈보리 언덕 I』의 속편으로 본서를 통하여 수많은 독자들이 예수님을 바로 알았고 풍성한 은혜를 받았다. 진정 눈물겹도록 감격스러운 광경, 기쁨, 환희를 맛보기를!

겨울이 오기 전에 돌아오라
Come before Winter and Share My Hope

찰스 R. 스윈돌 지음 | 박경범 · 한동수 옮김
| 신국판 | 496면

본서는 찰스 스윈돌 목사의 깊은 묵상을 통한 글들로서 독자들로 하여금 끊임없는 영적 성숙의 탁월함을 추구하도록 강력히 도전하고 스스로 영적 각성을 불러일으키게 한다.

주님은 나의 최고봉
My Utmost for His Highest

오스왈드 챔버스 지음 | 이중수 옮김
| 신국판 | 408면

본서는 오스왈드 챔버스 목사의 글과 강연 가운데 선별한 옥고들을 매일의 묵상 형식으로 엮은 것으로, 이 글을 읽는 독자들로 하여금 하나님을 향한 갈망을 불러일으키게 한다.

토마스 왓슨의 묵상

Gleanings from Thomas Watson

토마스 왓슨 지음 | 이기양 옮김
| 46판 양장 | 160면

본서는 토마스 왓슨의 저서 중에서 정선된 영적인 보석들과 짧은 금언들을 수집하여 엮은 것으로서, 독자들로 하여금 하나님의 은혜의 깊은 샘을 경험할 수 있게 해준다.

주기도문 해설

The Lord's Prayer

토마스 왓슨 지음 | 이기양 옮김
| 신국판 | 592면

본서는 주기도문에 대한 강해서로서, 오늘날 그리스도인의 기도 생활의 범위와 궁극적인 목표들을 예수님의 기도 모범을 통해서 명쾌하게 제시해 주고 있다.